{북숍 스토리}

BOOKSHOP STORY
{ 북숍 스토리 }

취향의 시대, 당신이 찾는 마법 같은 공간에 관한 이야기

젠 캠벨 지음 | 조동섭 옮김

더없이 기묘한 모험

_레베카 페리*

이것은 반전과 마술의 방, 줄지어 선
작은 타임머신들, 스펙트럼을 이룬 책등들의 방

이 방에서, 삼백 쪽 떨어져 있던
두 사람은 서로 사랑하기 시작할 수도 있다
해발 사백오십 미터의 일요일 공기 속에서
그리고 알다시피 공기는 떠돈다
공기는 사람 냄새와 과일 냄새로 가득하고
휙휙 스치는 검은 글자 떼로 빽빽하다

삶이 없던 곳에서 삶이 나타난다
납작하고 모난 세계였던 곳이 갑자기
둥글어진다, 오렌지처럼

한쪽 구석, 오래된 은 같은 색의 구두를 신고
작은 꽃으로 만든 모자를 쓴 여자를
마콘도**의 태양이 환히 비춘다

구경하고 있는 여자 옆의 한 남자는

마치 지폐로 집을 도배하는 듯

야금야금, 손으로 표지와 제목을

훑으며 조용히, 체계적으로, 움직인다

다른 곳에서는 등장인물들이 입체적으로 살아난다

어둑어둑한 앞방에서 각자 자신의 고통스러운

질문들에 대답하며 부끄러워한다

밖은 비가 내리고 평범하지만

안에는 (존재와 망각 사이 잠시 머무는 이곳에는)

가벼움과 무거움, 영혼과 육신

책 한 장을 넘기는 것에 불과하다고

오해받는 글들이 있다.

---

* 레베카 페리는 2008년에 맨체스터 대학교 문예창작센터에서 예술 석사 학위를 받고, 지금은 런던에 살고 있다. 2012년 세렌사에서 출간한 간이 시집 《살짝 무장한Little armoured》이 포이트리 북 소사이어티의 '간이 시집 초이스'로 선정된 데 이어 2015년 블러댁스사에서 펴낸 시집 《뷰티/뷰티Beauty/Beauty》도 포이트리 북 소사이어티 추천 시집으로 선정되었다. 레베카는 이 시집으로 펜톤 앨드버그상 최우수 데뷔 시집 부문 후보에 올랐다.

** 가브리엘 가르시아 마르케스의 소설 《백년 동안의 고독cien anos de soledad》의 배경인 가상 도시.

서점은,

타임머신

우주선

이야기 제조기

비밀 보관소

용 조련사

꿈 사냥꾼

진실 탐색기

그리고 가장 안전한 장소다.

－이것이 사실임을 잘 아는 분들께 이 책을 바칩니다.

서점은 여전히 우리에게 의미가 있을까?

서점에는 이야기가 가득하다. 서가에 꽂힌 책 속의 이야기뿐 아니라 숨은 이야기들이 아주 많다. 서점 주인의 이야기가 있고, 그 주인들이 사랑하는 책에 관한 이야기가 있다. 또 작가의 이야기가 있고, 작가들이 첫 책을 쓰기까지의 이야기가 있다. 중고 책 이야기가 있고, 그 책을 소유했던 사람들의 이야기가 있다. 서점 문을 열고 들어오는 모든 손님에게도 저마다의 이야기가 있다.

누구나 이야기를 사랑한다. 이야기 속에는 신비와 모험이 가득하기 때문이다. 내가 파트타임으로 고서점에서 일하던 때였다. 한 어린 여자아이에게 서점을 사랑하는 이유를 물었다. 그러자 그 아이는 서점이 '이야기의 집'이기 때문이라고 답했다. 또 다른 여자아이는 책꽂이를 통과하면 나니아로 갈 수 있냐고 내게 묻기도 했다. 서점 운영에 대해 조언한 어린 남자아이도 있었는데 '서점을 비울 때면 용을 두어서 책을 지키게 하라'고 했다. 내가 '용은 불을 뿜어서 위험하지 않을까?'라고 되묻자 아이는 어이없다는 표정으로 그러니까 당연히 훈련된 용을 구해야 한다고 대답했다.

나는 아쉽게도 아직 서점을 지키도록 훈련된 용은 말할 것도 없고, 용을 본 적도 없다. 그렇지만 이야기가 마법과 늘 연관된다는 것은 알고 있다. 이라크 남부에서 발견된 기원전 4,000년에 적힌 점성술 기록만 봐도 그렇다. 중국에서는 거북이 등껍질 5만 개에 적힌 글도 발견되었는데, 주술사가 등껍질에 질문을 적은 뒤 불빛에 비춰 나타나는 답을 알아보는 데 쓰인 것이다. 이는 점술의 초기 형태다.

나는 '플러리시 앤드 블러트Flourish and Blotts'(해리 포터 시리즈에 등장하는 마법 서점-옮긴이)에서 일하고 싶은 마음이 간절하지만 등껍질에 글을 쓴 적은 없다. 하지만 어릴 적에는 마법사에 관한 짧은 이야기를 쓰곤 했다. 수성 펜으로 나뭇잎에 쓰기도 했고 레몬 즙으로 비밀 일기를 쓴 적도 있다. 동화작가 에니드 블라이튼에게서 배운 비법이다. 레몬 즙으로 쓴 글을 보려면 종이를 다리미에 대야 하는데, 아이들에게 다리미를 쓰게 할 부모는 없다. 그러니 보이지 않는 잉크보다 볼 수 없는 잉크라고 말하는 편이 더 정확하겠지만 그래도 재미있었다. 12세가 되었을 때 처음으로 기계를 이용해 글을 쓰기 시작했다. 터무니없이 요란한 소리를 내는 타자기로 죽은 햄스터에 관한 전기를 썼다. 밤늦게까지 타자를 치는 바람에 아버지와 어머니는 타자기 소리라면 진저리를 쳤다. 손가락이 엉킬 때마다 터져 나오던 한숨 소리가 타자기 키 소리 사이사이에 섞였다. 내가 쓴 글이 걸작이라고 생각했던 나는 그 원고를 남몰래 펭귄 출판사에 보냈다(현명하게도 펭귄 출판사에서는 내 글을 출간하지 않았다).

책과 서점에 관한 최초의 것들

지난 몇 천 년 동안 인간은 갖가지 것들에 관해 이야기를 써왔다. 이야기의 소재는 물론 석판, 상아, 나무껍질, 야자나무 잎 등 이야기를 적는 재료도 다양했다. 《일리아드》와 《오디세이》가 적힌 뱀 껍질만 봐도 잘 알 수 있다. 고대 로마에서는 나무의 안쪽 껍질에 글을 적었는데 이 껍질을 'liber'라고 불렀다. 이것이 라틴어에서 책을 뜻하는 'libri'가 되었고, 여기서 'livre', 'libro', 'library' 등이 나왔다. 고대 그리스에서는 양피지에, 이집트에서는 파피루스에 글을 적었다. 중국에서 종이가 발명되었지만 1,000년 가까이 유럽으로 전해지지 않았다.

고대에는 대부분의 책이 사람들 앞에서 낭독되었다. 낭독하는 사람은 작가 지망생이었고(묵독默讀의 개념은 훨씬 뒤에 나왔다) 청중이 좋아하면 후원자가 돈을 대서 노예에게 작품을 받아 적게 했다. 이 후원자가 최초의 출판인인 셈이다. 그리고 신전 근처와 광장의 식료품 시장에서 책을 팔던 좌판은 최초의 서점이라 할 수 있다.

1400년대까지 책은 큰 목판에 글자를 돋을새김하고 그것을 잉크에 담가 종이에 찍는 방식으로 만들어졌다. 그러나 목판이 쉽게

북숍 스토리

깨져 아주 비효율적이었다. 이후 1450년에 독일의 구텐베르크가 인쇄기를 개발해 더 빠르고 값싸게 책을 만들 수 있게 되자 읽고 쓰는 능력이 대중에게 널리 퍼졌다. 플로렌스의 유명한 책 판매상 베스파시아노 다 비스티치는 더 이상 책이 사람의 손으로 적히지 않을 것이라는 사실에 격분해 서점 문을 닫았고, 책 산업의 죽음을 예언한 최초의 인물이 되었다.

그럼, 나머지 책 판매상과 서점은 어땠을까? 서점이 실재적인 장소로서 널리 퍼진 것은 1500년대가 지나고 나서였다. 이전의 수천 년 동안은 책장수가 이 도시에서 저 도시로 책을 팔러 다녔다(200쪽 몬테레지오의 책장수들과 157쪽 파리의 부퀴니스트 참조). 붙박이로 서점을 만든 최초의 책장수는 런던에 있었는데, 1311년이라는 이른 시기로 올라간다. 초창기에 책을 팔던 사람들은 책과 함께 옷감과 양피지 등 다른 물건도 함께 팔았다. 이동할 수 있는 인쇄기가 발명된 이후에는 책을 파는 사람들이 책을 직접 제본하기도 했다. 그 밖에 특별한 색으로 염색한 천에 고객 이름의 이니셜을 새겨 맞춤 표지를 만들기도 했다.

책과 서점은 여전히 의미가 있을까?

21세기는 책 산업이 큰 변화를 겪는 시기다. 프랜차이즈 서점이 등장했다가 금세 사라지고, 온라인 쇼핑이 기하급수적으로 성장하더니 전자책 독자가 탄생했다. 정말이지 너무 큰 변화여서 많은 사람들이 의문을 품을 수밖에 없었다. '책과 서점이 여전히 의미가 있을까?' 그러나 실제로 손에 쥘 수 없는 개념과 파일을 다루며 컴퓨터에 더 많은 시간을 쏟으면 쏟을수록, 실제로 책을 사며 얻는 경험과 종이 책에 대한 개념은 전보다 더 중요해질지도 모르겠다.

서점을 운영하는 것은 결코 쉽지 않다. 높은 임대료와 운영비, 책값을 후려치는 대형 서점 체인 등으로 인해 폐업하는 서점도 있다. 그렇지만 잊기 쉬운 사실이 있다. 그것은 책 사업은 늘 위험한 일이었다는 것이다. 행상을 다니며 책을 팔던 사람을 생각해보자. 그들은 책을 짊어지고 수백 킬로미터를 걸었다. 1,000년 전의 수도사를 생각해보자. 손으로 한 장 한 장 필사해 책을 만들었다. 언론의 자유를 위한 투쟁을 생각해보자. 오늘날에도 여전히 언론의 자유를 위해 싸우는 곳이 많다.

이런 온갖 도전에 세계 곳곳의 서점들은 자신들이 무엇으로 만들어졌는지 확실히 보여주고 있다. '산리안 타오펀 서점三聯韜奮書店'은 2014년 4월에 베이징에서 처음으로 24시간 서점을 오픈해 크게 매출을 올렸다. 세계 곳곳에서는 '책 도시'가 싹트며 지역 경제에 도움을 주고 주민들을 단결시키고 있다. 2014년 초에 열린 미국 서점 협회 겨울 회의에서 회장 오렌 타이처가 발표한 바에 따르면, 전자책 판매가 정체하기 시작했고 미국 내 많은 독립 서점들이 2013년 크리스마스에 최고의 매출을 올렸다고 한다. 영국 출판전문잡지 《북셀러Bookseller》의 편집자 필립 존스는 선두적인 독립 서점은 앞으로 계속 성장할 잠재력과 시장을 갖추고 있다고 장담한다. 서점의 입장에서는 흥분된 시기다. 서점들은 어느 때보다 힘들게 싸우고 있으며, 따라서 그 어느 때보다 창의적으로 변하고 있다.

나로 말하자면, 죽은 햄스터에 관한 책을 쓰는 일에서 더 나아가 지난 7년 동안 여러 서점에서 일했다. 잉글랜드와 스코틀랜드에서 새 책과 함께 중고 책을 다루었다. 그러면서 서점이야말로 바쁜 세상에서 누구나 잠시 멈춰 생각할 수 있는 안식처를 제공하고 동심에 경이감과 모험심을 스미게 하는 마법 같은 공간이라는 것을 알게 됐다. 서점은 무한한 가능성으로 나아가는 관문이다. 그리고 어린 소녀가 말했듯 서점은 이야기의 집이다.

이야기는 사람들을 연결한다. 나는 6대륙에 있는 300여 곳의 멋진 서점 이야기와 좋아하는 책과 서점에 관해 유명 작가들과 함께한 인터뷰를 많은 사람들과 나누고 싶다. 이제 서점은 도시는 물론, 사막이나 열대 우림 한가운데에도 있다. 이동 서점도 있고, 지하 서점도 있으며 헛간에 있는 서점, 카라반 천막에 있는 서점, 빅토리아 시대 기차역을 개조한 건물에 있는 서점도 있다. 심지어 전쟁터 한가운데에서 책을 파는 사람도 있다.

'서점이 여전히 의미가 있을까?'라는 질문에 대한 내 대답은 '분명히 그렇다'이다.

어느 서점에나 이야기는 가득하다. 그리고 그 이야기는 언제나 전해지기를 원한다.

서점 여행을 떠나기 전에
서점은 여전히 우리에게 의미가 있을까? 8

세계의 서점과 서점을 사랑한 사람들의 이야기 I

세계의 서점과 서점을 사랑한 사람들의 이야기 II

세계의 서점과 서점을 사랑한 사람들의 이야기 Ⅲ

세계의 서점과 서점을 사랑한 사람들의 이야기 IV

세계의 서점과
서점을 사랑한
사람들의 이야기

I

스코틀랜드 ǀ 잉글랜드 ǀ 웨일스 ǀ 아일랜드

서점이 중요한 이유는 아주 다양한 책을 마음
대로 구경할 수 있기 때문이에요. 책을 구경
하는 것은 매우 값진 경험이거든요. 온라인으
로는 그런 경험을 그대로 재현할 수 없어요.
잘 운영되는 서점에 가면 읽고 싶은 책이 꼭
생기게 마련이죠. 그런 책이 없더라도 서점
직원과 대화를 나누다보면 미처 몰랐던 책에
대해 들을 수 있어요. 점원에게 책을 추천받
을 수도 있고, 친분을 쌓을 수도 있죠.

_이언 랜킨(작가)

스코틀랜드

위그타운
Wigtown, Scotland

서점을 열어 지역 경제를 되살려낸 스코틀랜드 공식 책 마을

스코틀랜드 서부 해안, 해수 늪과 숲으로 둘러싸인 곳에 자리한 위그타운은 '스코틀랜드 공식 책 도시'로 알려진 곳이다. 이곳은 인구 1천 명 안팎의 도시로, 모두가 서로의 사정을 알고 있는 곳이기도 하다.

2012년에 내가 위그타운에 도착했을 때 30분도 채 안 되어 10명이나 나에게 다가와 숀 바이델을 만났는지 물었다. 숀은 그 지역의 신화 같은 존재로서 위그타운에서 가장 큰 서점인 '더 북숍The bookshop'을 운영한다. 아니, 사실 더 북숍은 스코틀랜드에서 가장 큰 중고 서점이다.

사람들 말에 따르면 숀은 내 책《서점에서 들은 기묘한 이야기들 Weird Things Customers Say in Bookshops》과 비슷한 책을 쓰려 했다고 한다. 그런데 그 책을 내가 먼저 써버렸으니 그가 분명 화가 났을 거라며 사람들은 나한테 조용히 지내며 숀을 피하라고 했다. 위그타운에서 가장 미움받는 여자가 되거나 성난 스코틀랜드 서점 주인에게 쫓기고 싶지는 않았으므로 나는 위그타운에 도착한 첫날, 더 북숍을 빼고 다른 서점들을 돌아보았다. 위그타운에는 서점이 꽤 많았다.

예전에는 위그타운으로 철도가 지나갔다. 그러나 그 철로는 1960년대에 폐쇄되었고 도시 주민들의 주된 일터였던 유제품 가공업체 '블래드녹 크리머리'의 사업도 부진해졌다. 그로부터 10년쯤 지나 인근 도시인 뉴턴스튜어트에서 보석상을 하던 존 카터가 보석을 도둑맞았다. 보험에 들지 않아 보석을 다시 채울 수 없었던 존 카터는 대신 싼 물건을 팔기로 마음먹었다. 책을 팔기로 한 것이다. 이후 30년 동안 서점 규모는 커졌고, 위그타운의 중심 광장으로 옮겨 지금의 더 북숍이 되었다.

그때까지도 위그타운의 일자리는 여전히 부족했다. 그런 상황에서 마침 아주 크게 성공한 서점이 생기니 위그타운 주민들은 힘을 합쳐 도시 전체를 스코틀랜드 공식 책 도시로 만들려고 했다. 그러자 다른 5개의 도시도 스코틀랜드의 '헤이 온 와이'Hay-on-Wye'(☞142쪽)가 되려고 경쟁하기 시작했다. 놀라울 만큼 많은 서점 수로 행운을 잡은 웨일스 끝자락 작은 도시의 성공을 자신들의 것으로 만들고 싫었기 때문이다. 결국 경쟁에서 이긴 것은 위그타운이었다. 주민들은 위그타운을 스코틀랜드 전역의 서적상과 책 애호가들에게 알렸다. '이곳으로 와서 함께 모험에 뛰어들어요. 서점을 여세요!'

사람들이 모여들었다. 모리아 맥카티는 오크니에 있던 서점을 위그타운으로 옮겼다. 리처드와 매리언 반더부르트 부부도 런던에 있던 SF 서점을 스코틀랜드로 옮겼다. 잉글랜드 북동쪽에서 온 안젤라 에버릿은 페미니즘 서점과 카페를 열었다. 스코틀랜드 공식 책 도시는 큰 성공을 거두었다. 중앙 광장 아래위 모두 서점이 자리를 잡았고, 창고나 가정집 거실에도 서점이 문을 열었다.

위그타운은 여기서 멈추지 않고 한 걸음 더 나아갔다. 연례 책 축제를 시작한 것이다. 매년 가을이 되면 열흘 동안 영국은 물론 외국에서도 사람들이 모여든다. 축제 운영진, 서점 주인, 숙박업소 운영자, 작가, 독자, 자원봉사자들은 열흘 사이에 200가지의 행사를 치르기 위해 일사분란하게 움직인다. 정말 대단하고, 광적이다.

이런 사연으로 나도 위그타운을 알게 되었다. 축제 기간 중에 열리는 책 토론회에 참여한 것이다. 위그타운에는 헛간에서 신화와 동화 등 신비로운 책들이 가득한 서점으로 바뀐 '바이어 북스Byre Books'를 비롯해 '박스 오브 프로그스Box of Frogs', '올드 뱅크Old Bank', '북 코너Book Corner' 등의 서점과 출판사, 제본소까지 20여 개의 책 관련 사업체가 자리하고 있다. 위그타운에서 가장 가까운 기차역이 있는 덤프리스로 축제의 자원봉사자 청년이 나를 마중하러 왔다. 87킬로미터의 길을 자동차로 달리는 동안 그는 자기 집안 이야기와 자기가 차에 태우고 운전한 유명 작가들에 관한 이야기를 자랑스레 들려주었다. 그리고 위그타운의 밤하늘이 유럽에서 가장 어두워 별을 관측하기에 최고라는 말도 덧붙였다. 그의 이야기에 나는 위그타운에서 가능한 한 많은 서점을 둘러보겠다고 마음먹었다.

첫 번째 탐사지는 '리딩래시스 북숍 앤드 카페ReadingLasses Bookshop & Café'였다. 우리 인생에서 책과 케이크 그리고 홍차보다 좋은 것이 있을까? (이 말에 동의하지 않는다면 우리는 절대 친구가 될 수 없을지도 모른다). 리딩래시스에서는 그 세 가지를 한꺼번에 즐길 수 있으니 떠나고 싶은 생각이 들지 않는다. 게다가 그 서점에는 루퍼트 오더 마차스라는 이름의 예쁜 스패니얼도 있다.

루퍼트의 주인인 제리 더글라스 스콧은 말한다.

"수전과 저는 사람들이 들어와서 그냥 편하게 있을 수 있는 곳을 만들자는 목표로 이 가게를 샀어요. 여기에는 일할 수 있는 공간도 있고, 책을 읽을 수 있는 공간도 있어요. 물론 먹고 마시는 공간도 있죠. 머물고 싶은 사람들을 위한 '책 위의 방'도 있답니다."

제리가 하는 일은 서점 운영만이 아니다. 결혼식 주례도 맡는다. 작가 행사를 준비하거나 책을 사고팔지 않을 때면 스코틀랜드 남서부 지역을 돌며 결혼식을 진행한다. 바람이 몰아치는 바닷가에서 열리는 결혼식도 많다.

"서점 안에서도 결혼식을 3번 치렀어요. 식이 끝날 때 마을의 모든 건물들에서 종소리가 울리게 했죠. 그리고 마을에 있는 백파이프 연주자들이 연주를 하고 모두 함께 파티를 즐겼어요. 아주 감동적이었죠."

나는 제리의 말을 들으며 언젠가 결혼하게 되면 결혼식은 꼭 서점에서 올리겠다고 마음먹었다. 전에는 왜 미처 그런 생각을 못했을까? 제리가 말했다.

"사랑 이야기로 가득한 곳에서 결혼식을 올리고 싶지 않은 사람이 어디 있겠어요?"

맞는 말이다.

나는 위그타운 책 축제의 오프닝 파티에 갔다. 하지만 비가 내려서 모두가 텐트 안에서 옹송그리고 있었다. 과연 불꽃놀이를 할 수 있을까 걱정이 오갔다. 결국 나는 사람들의 충고에도 결국 숀의 서점으로 달려갔다. 나를 싫어할 것이 분명한 숀. 나는 얼굴이 빨개지고 안절부절못한 채 말을 더듬거리며 《서점에서 들은 기묘한 이야기들》이라는 책을 먼저 낸 것에 대해 숀에게 사과했다. 그러자 숀은 눈썹을 치켜세우며 씩 웃었다.

"저는 너무 게을러서 그런 책을 쓰고 싶어도 쓸 수가 없어요."

숀은 내게 진토닉을 건넸고 나는 숀을 좋아하게 됐다.

숀은 14년 전에 존 카터에게서 서점을 인수했다. '더 북숍'은 책장 길이만 해도 2킬로미터 가까이 되고 보유 도서는 10만 권이나 되는 아주 큰 서점이다. 숀이 처음 서점을 인수했을 때만 해도 제대로 된 책장이 거의 없었다고 한다. 숀의 말에 따르면 '모든 게 조금 기우뚱했다.' 게다가 방마다 문이 있어서 손님들이 다른 코너로 선뜻 발길을 옮기지 못했다. 그래서 숀은 얼른 문을 없애버렸다.

"문을 없애고 공간을 텄는데 그 탓에 엄청 추워졌어요. 그렇지만 다시 생각하니 이런 생각이 들더군요. 뭐 어때? 여긴 스코틀랜드잖아!"

시집 코너 옆에는 낡은 벽난로가 있고, 여행 도서 코너의 바닥에는 모형 철로가 설치되어 있다. 그리고 자주 집을 비우는 고양이도 있다. 더 북숍의 '바닷가재 비스킷과 해물 요리가 아주 맛있다'는 (수상쩍은) 극찬을 온라인 리뷰에서 읽은 사람이라면, 이 서점에 그런 음식이 없다는 사실에 조금 실망할 수도 있다. 사실 더 북숍에는 카페가 아예 없다. 다만 여행자 리뷰 사이트인 '트립 어드바이저'에 즐겨 접속해 짓궂은 유머 감각을 발휘하는 서점 주인이 있을 뿐.

숀의 최근 프로젝트로는 '랜덤 북 클럽'이 있다. 전 세계 어느 곳에 있는 고객이라도 연회비만 내면 매달 중고 서적들을 보내주는 서비스다. 숀은 14년 동안 책을 팔면서 아무도 외국어로 된 책을 서점에서 실제로 구입하지 않는다는 사실을 깨달았다. 찾는 사람이 있어도 과시하려는 목적일 뿐이라고 했다.

"그런 사람들은 아무것도 사지 않아요. 그런데 우리 서점에는 외국어로 된 책이 아주 많죠."

숀의 살림집은 서점에 붙어 있다. 그래서 계단참에 '관계자 외 출입 금지' 팻말이 달려 있다. 하지만 책 축제 기간에는 살림집을 개방한다. 그때는 살짝 취한 정도부터 만취한 정도까지 다양하게 술에 취한 작가와 예술가들로 방마다 북적인다. 숀은 프랑스 파리의 서점인 셰익스피어 앤드 컴퍼니Shakespeare & Company(☞158쪽)에서 힌트를 얻어 축제 기간 동안 서점 한가운데에 더블베드를 두고 사람들에게 잘 곳을 제공한다.

"서점에 와서 화요일에 숙박을 예약하겠다는 사람이 있었어요. 화요일에는 문학 퀴즈 대회가 있어서 모두 술집에 가 있을 것 같았지만, 어쨌든 옆문을 열어둘 테니 들어오라고 했죠. 그러다가 그만 숙박하러 올 사람이 있다는 사실을 완전히 잊고 말았어요. 퀴즈 대회가 끝나고 새벽 2시쯤 사람들과 함께 돌아온 저는 이 사람들을 어디에 재워야 하나 생각했어요. 그리고 한 작가에게 '아, 선생님은 서점에 있는 침대에서 주무세요!' 라고 말했죠. 그 불쌍한 작가가 서점 침대로 들어가자마자 또 다른 불쌍한 여자가 벌떡 일어나서 작가를 주먹으로 쳤어요. 그러고는 '죄송하지만 저는 여기서 자는 값으로 20파운드나 냈거든요!'라고 소리쳤죠."

위그타운에서 내가 '숀을 만났어요?'라는 질문 못지않게 많이 받은 질문은 '제시카 폭스는 만났어요?'였다. 처음에 나는 제시카 폭스가 누구인지 전혀 몰랐다. 그런데 사람들이 말했다.

"지금은 여기에 없어요."

"당신은 제시카가 여기 있을 때 꼭 다시 와야 해요."

"있죠, 제시카는 미국인이에요. 에너지가 넘쳐요."

어떤 여자는 가까이 오라고 손짓한 뒤 귓속말로 속삭였다.

"제시카는 나사에서 일했대요. 그리고 요가라는 걸 해요!"

사람들로부터 제시카의 이야기를 들을 때마다 내 호기심은 점점 더 커졌다. 나중에 알게 됐지만 제시카는 정말로 나사에서 일했다. 영화감독이기도 한 그녀는 스코틀랜드에 있는 중고 서점에 가보는 것을 늘 꿈꿨다. 로스앤젤레스 생활에 염증을 느낀 제시카는 노트북을 켜고 '스코틀랜드 중고 서점'을 검색했다. 맨 위에 뜬 것이 바로 숀의 서점이었다. 제시카는 바다가 내다보이는 서점에, 벽 한가득 책인 광경을 상상하며 숀에게 이메일을 보냈다. 한 달 동안만 서점에서 일하게 해준다면 돈도 받지 않고 8천 킬로미터를 기꺼이 날아가겠다는 내용이었다. 그리고 30분 뒤, 숀에게서 답신이 왔다.

'자기소개를 좀 부탁합니다.'

제시카는 자기 이야기를 써서 보냈고, 두 사람은 대화를 나눴다. 그리고 몇 달 뒤, 제시카는 짐을 싸서 로스앤젤레스에서 스코틀랜드까지 날아갔다. 그렇게 서점의 사랑 이야기는 시작됐다. 거센 바람이 몰아치는 성, 울 외투, 서점을 돌보는 일로 이루어진 사랑 이야기다(《채링크로스 84번지84, Charing Corss Road》와 비슷하지만, 거기에 이메일을 더하고 달걀과 통조림 이야기를 빼면 된다). 이 이야기는 서점이 사랑의 공간이라는 제리의 이론에 확실한 증거가 된다. 이야기 전부를 알고 싶다면, 제시카가 쓴 《로켓에 대해 알아야 할 3가지Three Things You Need to Know About Rockets》를 확인하면 된다.

석양빛에 '더 북숍'의 마법이 환히 빛나며 그 모습을 드러냈다. 넓은 회랑에 들어서자 책이 꽉 들어찬 검은 나무 책꽂이들이 나를 둘러쌌다. 오래된 종이와 먼지가 사향 향기처럼 내 코를 채웠다. 벽에는 예전 모습 그대로인 벽난로가, 끝없이 이어진 듯한 나무 바닥이, 머리 위에는 샹들리에가 있었다. 그리고 작은 장식품과 보물들이 사방에서 저녁 어스름에 모습을 드러냈다. …… 유화들이 벽에 기대어 세워져 있고, 정해진 규칙 없는 골동품들이 — 여기에는 중산모자, 저기에는 박제 꿩 — 멋지게 또 유머러스하게 전시되어 있었다. 다른 문으로 나가서 어린이 책 코너를 지나 긴 방으로 들어서며 유안이 위쪽을 가리켰다. 고개를 들자 눈에 보이는 것은 천장에 매달려 바이올린을 켜는 해골이었다…….

계속 앞으로 나아갔다. 방은 또 다음 방으로 이어지고, 방마다 각기 개성이 달랐다. 본관 옆에 있는 작은 석조 방은 '탈것 방'으로, 온갖 탈것을 다룬 책들이 가득했다. 유안이 그 방 마룻바닥 아래에 붙은 문을 열었다. 미니어처 모형의 위그타운 광장을 모형 기차가 달리고 있었다. — 바닥에 그런 것이 있는지 아무도 모를 만큼 비밀스럽게 숨겨져 있었다. 본관에서 또 다른 문으로 나가자 정원이 나왔다. 그곳과 잘 어울리는 '정원 방'이라는 이름의 작은 석조 건물은 또 다른 책과 골동품들로 가득했다…….

정말이지 이상적인 서점이었다.

_제시카 A. 폭스,
《로켓에 대해 알아야 할 3가지 Three Things You Need to Know About Rockets》 중에서

에든버러 북숍
The Edinburgh Bookshop, Edinburgh

"작가들이 판매원이 되는 '솔직히 책 팔러 왔어요' 행사도 열려요."

내가 처음으로 책 파는 일을 한 곳은 스코틀랜드에 있는 '에든 버러 북숍'이다. 나는 잉글랜드 북동쪽, 뉴캐슬 근처에서 자랐다. 그곳에는 안타깝게도 독립 서점이 없었다. 에든버러에 있는 대학 교에 입학하고 보니 그곳에는 서점이 어찌나 많은지, 나는 감탄 하며 하나씩 탐험하기 시작했다. 리스워크 아래에 있는 서점에서 는 음반도 팔았는데 이름도 거기에 딱 맞게 '엘비스 셰익스피어Elvis Shakespeare'였다. 그 밖에 서머플레이스에서 제본 서비스도 겸해서 영 업하는 '젠틀리 매드Gently Mad', 멀섬에서 유기농 농사를 지으며 방직 공장을 운영하던 아이네아스라는 남자가 주인인 고서점 '르 트루바 두르Le Troubadour', 은퇴한 육군 소령이 1957년에 문을 연 화랑 겸 서점 '맥노튼스 북숍McNaughttan's Bookshop' 등이 있었다. 동네에서 내가 좋아하 던 곳은 '틸스Till's'였다. 대학교 캠퍼스에서 모퉁이만 돌면 나오는 곳 으로, 캐나다 출신의 친절한 남자가 운영하는 환상적인 중고 서점 이었다. 무엇보다 기억에 남는 것은 그 서점의 냄새다. 공기 중에 먼지와 바닐라 냄새 그리고 수백 년 동안 이야기를 숨기고 있는 종 이 냄새가 섞여 있었기 때문이다.

> **서점에서는 바닐라 향이 난다**
> 나무에 존재하는 고분자 화합물 리그닌은 화학적으로 바닐린과 비슷하다. 바닐린은 바닐라 열매를 발효했을 때 나오는 성분이다. 그러므로 나무를 원료로 한 종이가 책이 되고 그 책이 오래되면, 리그닌이 변해서 바닐라 같은 냄새를 내기 시작한다. 그래서 고서점, 중고 서점에 들어서면 좋은 향을 맡을 수 있다.

그래도 가장 끌렸던 곳은 에든버러 북숍이었다. 브런츠필드 중심에 자리한 이 서점은 8년 전에 바네사와 말콤 로버슨 부부가 처음 문을 열었는데 지금은 마리 모저가 운영하고 있다. 바네사는 '피드라Fidra'라는 작은 출판사도 운영했는데, 피드라는 아쉽게 사람들의 주목을 받지 못한 그림책을 되살리는 일을 전문으로 하는 출판사였다. 나는 서점에서 일하기 전에 피드라에서 인턴으로 일했다. 영문학과 4학년 때였는데 남는 시간에 여러 서점을 돌아다니는 것보다 한 서점에서 일하고 급료를 받는 것이 더 현명한 일 같았기 때문이다.

에든버러 북숍은 작지만 아름답게 꾸며져 있었다. 그곳에서 이웃이나 가족에게 책을 추천하며 토요일을 보내는 것은 즐거운 일이었다. 당시 서점에는 '티가'라는 이름의 크고 다정한 개도 있었다. 레온베르거 종인 티가는 모두에게 사랑을 받았는데 그중에서도 특히 우체부가 좋아했다(정말이다). 우리는 서점에 오는 아이들에게 티가는 사실 《피터팬peterpan》에 나오는 나나라고 말했고, 아이들은 장난에 넘어가 그 말을 믿었다. 아이들은 털이 북슬북슬한 티가를 감탄 섞인 눈으로 바라보며 등에 타도 되는지를 묻곤 했다.

　한편 부모들은 서점에 아이들을 두고 건너편에 있는 테스코 마트에 갔다. 아장아장 걷는 아기들은 닌자라도 되는 듯 책장에 오르려 했다. 어떤 중년 여자는 '트와일라잇Twilight' 시리즈 신간이 서점에 없으면 이성을 잃고 눈물을 흘렸다. 이 모두가 서점 일의 일부였다.

　서점을 지나가다가 쓱 들어와서 인사하고 가는 동네 작가들도 있었다. 서점 옆 카페에서 J.K. 롤링이 글을 쓰기도 했다(롤링이 내 치마를 보고 예쁘다고 말한 적이 있는데 그 사건으로 나는 일 년 내내 행복했다). 작가들이 서점의 일일 판매원이 되는, 이름하여 '솔직히 책 팔러 왔어요Strictly Come Bookselling' 행사가 《인디펜던트 북셀러스 위크》지 주최로 시작됐을 때 에든버러 북숍에도 몇몇 작가들이 일일 판매원으로 왔다. 그중에는 이언 랜킨과 비비안 프렌치도 있었다. 나는 이들에게 왜 책을 사랑하는지, 왜 서점을 중요한 장소로 여기는지에 대해 물어보았다.

홈페이지: www.edinburghbookshop.com

이언 랜킨

Interview

**"서점이 중요한 이유는 책을 '구경' 할 수 있기 때문이에요.
그건 매우 값진 경험이거든요!"**

에든버러에서 살고 있는 이언 랜킨은 영국 최고의 추리 소설 작가로 세계적인 베스트셀러인 '존 리버스' 시리즈를 썼다. 웹사이트는 www.ianrankin.net이며 트위터 계정은 @beathhigh이다.

"맨 처음에 읽은 책은 만화책이에요. D.C. 톰슨이 만든 뛰어난 만화책 《비노Beano》, 《댄디Dandy》는 전부 읽었죠. 남자아이를 주요 독자로 한 《빅터Victor》, 《핫스퍼Hotspur》도 읽었고요. 만화책을 읽으면서 이야기를 만드는 데 사로잡혔죠.

집에는 책이 많지 않았어요. 부모님께서는 그다지 책을 많이 읽지 않거든요. 그렇지만 도서관에 자주 다니면서 한 번에 대출할 수 있는 한도를 다 채워서 책을 대출하곤 했죠. "이제 성인용 서가에 들어가도 되겠다"라는 말을 들었을 때는 얼마나 들떴는지 몰라요. 11세인가, 12세 때였죠. 영화는 나이 제한 때문에 보고 싶어도 볼 수 없는 경우가 많았는데, 책은 뭐든 읽고 싶은 것을 읽을 수 있었어요. 흥미진진했죠. 어른들의 세상이 보여주지 않는 것들도 책으로는 볼 수 있었어요. 12세 때 크리스마스에는 받고 싶은 선물로 《대부The Godfather》, 《뻐꾸기 둥지 위로 날아간 새One Flew Over The Cuckoo's Nest》가 있었어요. 영화는 나이 제한 때문에 볼 수 없으니 책으로라도 읽고 싶었기 때문이죠. 15세 이상이나 18세 이상 관람가인 영화는 책으로 구해서 읽으며 '아하! 이 부분 때문에 애들은 못 보게 하는군!' 하고 생각했어요. 제게 책은 성인 세계로 들어가는 길이었어요.

동네에 서점은 하나도 없었지만, 페이퍼백을 파는 신문 판매대가 있었어요. 그래서 신문 판매대에 가서 페이퍼백을 뒤적이곤 했죠. 그곳을 통해 알리스테어 맥클린이 쓴 스릴러들을 읽었는데, 당시에는 그 작가가 스코틀랜드 출신인지도 몰랐어요. 이상하게 맥클린은 미국 스타일의 스릴러를 썼지만 스코틀랜드어를 쓸 줄 알았죠. 나중에는 로버트 러들럼, 프레데릭 포사이드 등의 책도 읽었어요. 남자들이 특히 좋아할 만한 스릴러 작품들이었는데 그런 작가들의 책은 아버지와 공감대를 만들어주기도 했죠. 아버지는 여름휴가 때 (아주 드문 경우이기는 했지만) 책을 읽었어요. 그럴 때 아버지가 읽던 책은 언제나 스릴러였죠. 그래서 스릴러는 우리 부자 관계를 돈독하게 만드는 매개체이기도 했답니다.

제가 처음으로 가본 진짜 서점은 버스로 30분 거리에 있는 커크칼디에 있었어요. 거기에 가면, 스코틀랜드의 WH 스미스(영국의 큰 기차역에는 꼭 있는 최대 서점 중 하나)라고 할 수 있는 '존 멘지스John Menzies'에서 책을 볼 수 있었죠. 그러다가 제가 15세 때 동네에 제대로 된 서점, 즉 책만 파는 서점이 생겼어요. 베스트셀러뿐 아니라 문학 작품도 팔았어요. 거기에 가면 토마스 하디의 시집도 구할 수 있었죠. 제가 그곳에서 구입한 첫 번째 책은 알렉산드르 솔제니친의 《수용소 군도The Gulag Archipelago》 2권이었어요. 2권부터 샀다니 조금 이상한가요? 네, 저도 알아요. 당시 텔레비전에서 솔제니친 이야기가 많이 나오는 것을 보고 저는 '이 유명한 작가의 이 두꺼운 책을 새 서점에서 사야겠어!' 하는 생각으로 샀던 거예요. 끝까지 읽지는 못했어요. 아마 지금도 집을 찾아보면 그 책이 나올 거예요.

에든버러에 꽤 오랫동안 살다보니 이제는 서점 세계의 변화를 알 수 있어요. 원래 에든버러에는 '틴스Thin's'와 '바우어마이스터스Bauermeister's'라는 큰 독립 서점 두 곳이 있었어요. 거기서 할인된 가격에 책을 살 수 있어 아주 좋았죠. 그런데 이제 그 서점들은 모두 사라졌어요. 틴스는 '블랙웰스Blackwell's'로 바뀌었죠. 전반적으로 서점 상황이 위축된 것으로 보이지만 좋은 소식도 있어요. 지난 몇 년 사이에 '에든버러 북숍', '루킹 글래스 북스Looking Glass Books'를 비롯한 서점 몇 곳이 에든버러에 새로 문을 열었거든요. 예전부터 있었던 '워터스톤즈Waterstones'도 당연히 건재하고, 블랙웰스도 있는 데다 중고 서점도 많죠.

요점은 에든버러가 여전히 문학 도시라는 사실이에요. 에든버러 출신 작가들과 에든버러에서 지금도 작업하고 있는 많은 작가들이야말로 에든버러의 자랑거리죠. 또 에든버러에는 훌륭한 대학교와 훌륭한 영문학과가 있어요. 열렬한 독자들도 있고요. 에든버러 북 페스티벌은 1년에 2~3주밖에 열리지 않지만 정말 훌륭하답니다. 에든버러는 유네스코가 지정한 '문학 도시'로, 많은 행사가 열릴 뿐 아니라 작가들에게도 많은 혜택을 줘요. 확실히 적극적이죠.

에든버러 북숍에서 '솔직히 책 팔러 왔어요' 행사에 참가한 적이 있는데, 다른 작가들이 계산대를 너무 좋아해서 저는 계산대 근처에는 가보지도 못했어요. 매기 오패럴도 잠시 다녀갔고, 비비안 프렌치와 사라 셰리든도 들렀던 것 같아요. 애인이 바우어마이스터스 서점에서 일한 적이 있어서 서점 일이 힘들다는 것은 알고 있었

북숍 스토리

지만, 실제로 해보니 정말 힘들더군요.

제가 만약 책 파는 일을 한다면 손님에게 권하고 싶은 책이 아주 많아요. 뮤리엘 스파크의《진 브로디 양의 전성기》The Prime of Miss Jean Brodie는 제가 사람들한테 늘 추천하는 책이죠. 125쪽의 얇은 책이라 부담이 없어서 책을 많이 읽지 않는 사람에게 특히 추천해요. 길이는 짧아도 그 안에는 아주 많은 것이 담겨 있죠. 웃음과 울음을 자아내면서도 심오하고 시적이에요. 에든버러의 분위기와 닮았죠.

저는 작가 행사 덕분에 많은 서점에 가보았어요. 오리건 주 포틀랜드에 있는 '파월스Powell's'는 언제 들러도 아주 즐거운 곳이에요. (☞ 239쪽). 한 블록 전체를 차지하고 있는 아주 거대한 서점이죠. 원하는 책은 뭐든 구할 수 있어요. 행사뿐 아니라 그냥 둘러보기에도 정말 좋은 곳이에요. 예전의 미국은 작은 도시마다 범죄 소설을 전문으로 취급하는 독립 서점이 있었어요. 뉴욕만 해도 5~6곳이 있었죠. 그런데 지금은 한 곳만 남았을 거예요. 벨파스트에도 '노 알리바이스No Alibis'라는 서점이 있어요. 여건이 허락할 때마다 저는 아직 남아 있는 범죄 소설 서점에 들르려고 애써요. 우리 범죄 소설 작가들도 독자들과의 만남을 위해 축제와 회의를 연답니다.

독자 입장에서 서점이 중요한 이유는 아주 다양한 책을 마음대로 구경할 수 있기 때문이에요. 책을 구경하는 것은 매우 값진 경험이거든요. 온라인으로는 그런 경험을 그대로 재현할 수 없어요. 잘 운영되는 서점에 가면 읽고 싶은 책이 꼭 생기게 마련이죠. 그런 책이 없더라도 서점 직원과 대화를 나누다보면 미처 몰랐던 책에 대해 들을 수 있어요. 점원에게 책을 추천받을 수도 있고, 친분을 쌓을 수도 있죠.

아이들도 마찬가지예요. 지난주에 에든버러 북숍에 갔는데, 마침 아이들을 위한 낭독 행사가 열리고 있었어요. 서점 직원은 아이들에게 둘러싸여 바닥에 앉아 함께 책을 읽고 있었죠. 굉장했어요. 우리 아이들은 이제 성인이 됐지만, 아이들을 서점에 데려갔을 때 멋진 그림과 좋은 이야기가 있는 그림책이나 유치하지만 자기들이 읽으면서 재미를 느끼는 운율을 갖춘 책을 찾아내고는 흥분하던 모습이 지금도 눈에 선해요. 아이들은 책을 찾아내고, 부모는 아이들이 고른 책을 사서 집에 돌아오죠. 집에서 아이들에게 책을 읽어주다 보면, 부모도 아이들이 느끼는 만큼 즐거움을 느끼게 됩니다.

바로 며칠 전, 저는 누이를 만나러 퍼스에 다녀왔어요. 누이의 손녀, 그러니까 제 종손자도 거기에 있었는데, 두 살밖에 안 된 이 종손자가 크리스마스 선물로 책을 아주 많이 받았더군요. 종손자는 안락의자에 앉아 저한테 계속 책을 읽어달라고 했어요. 아주 즐거웠어요. 덕분에 옛 추억들이 고스란히 떠올랐거든요. 어린 아들에게 닥터 수스의 《녹색 달걀과 햄Green Eggs and Ham》을 읽어주던 기억, 더 옛날로 올라가서 여름휴가 때 아버지와 범죄 소설을 읽던 기억들이 떠올랐죠. 서점과 문학이 없으면 세상은 아주 우울할 거예요. 문학은 사다리 같아요. 만화가 저를 책으로 이끌었듯 그림책은 어린 독자를 소설로 이끌죠. 부모는 문학을 통해 아이들의 독서욕과 지식욕, 오락 욕구 등을 키워줘야 해요.

작가의 입장에서도 서점은 중요해요. 서점은 작가와 독자를 연결하는 중요한 고리이기 때문이죠. 어쩌면 책을 사러 서점에 갔다가 이런 말을 들을 수도 있어요. '지난번 작품 정말 좋았어요. 책에 사인을 받고 싶어요(혹은 친구한테 선물할 책에 사인을 받고 싶어요, 할머니한테 선물할 책에 사인을 받고 싶어요).' 좋은 서점에서는 작가와 독자를 연결하는 행사를 진행하기도 해요. 저는 자료 조사를 하기 위해 책을 구입하러 서점에 가면 제 책과 경쟁하는 책들을 눈여겨보기도 합니다. '노르웨이 범죄 소설이 왜 이렇게 많아?' 하면서 제 책을 그 책들 위에 슬쩍 올려놓기도 하죠. 여행할 때 공항 서점에 가면 앞서 다녀간 작가가 누구인지 쉽게 알 수 있어요. 진열대 위에 온통 그 작가 책이 깔려 있을 테니까요!

당신이 꿈꾸는 서점은 어떤 모습인가요?

제가 서점 주인이 되어 마음대로 물건을 팔 수 있다면, 저는 멀티미디어 서점을 열 거예요. 음악에 관한 책을 팔면서 음반도 팔고 싶거든요. 작은 카페도 있고 싱어송라이터가 라이브로 노래를 부르는 서점에서 저는 책상 뒤에 앉아 발을 까딱거릴 거예요. 아무것도 팔지 못해도 신경 쓰지 않을 거예요. 그저 즐기면 돼요. 버나드 블랙(블랙북스라는 서점을 배경으로 한 동명의 영국 시트콤 주인공인 서점 사장의 이름-옮긴이)처럼 살 거예요. 읽고 싶은 책을 읽고, 팔고 싶은 책을 팔고, 틀고 싶은 음악을 트는 거죠. 제 서점을 좋아하는 사람이 아무도 없다면? 모두가 각자 자기 서점을 열면 되죠."

비비안 프렌치
Interview
"글이야말로 세상 무엇보다 힘이 셉니다."

비비안 프렌치는 학창 시절에 쉴 새 없이 말하는 것과 깡마른 몸매로 유명했다. 그래서 언어를 좋아하게 됐고 훗날 배우가 됐다. 그리고 마침내 그림책 작가가 되어 200권이 넘는 책을 썼다. 에든버러에 살고 있는 비비안 프렌치는 네 딸의 어머니이기도 하다.

"지난 몇 년 동안 에든버러 북숍에서 '솔직히 책 팔러 왔어요' 행사에 참여했어요. 매번 즐거웠죠. 이언 랜킨, 매기 오패럴, 래리 돈, 사라 세리든 등 사랑스러운 여러 작가들과 함께였어요. 그때 전 서점 사람들이 얼마나 힘들게 일하는지 깨달았어요. 책을 파는 일은 미소를 지은 채 가만히 앉아서 사람들이 책을 사기를 바라는 게 전부가 아니에요. 절대 아니죠. 저는 사람들에게 책 권하는 걸 아주 좋아해요. 물론 그러려면 사람들이 정말로 소중히 여길 만한 책을 찾기 위해 애써야 하죠.

저는 덜 알려진 색다른 책을 좋아해요. 유머러스한 책도 아주 좋아하고요. 나온 지 오래됐지만 사람들이 모르고 지나친 책들을 추천하는 것도 재미있어요. 그러면 책에 새 생명을 불어넣은 것 같은 기분이 들거든요. 제가 그 책과 관련 있는 사람이라는 기분까지 들죠. 실제로 저는 페르세포네 클래식의 열혈 팬인데 책을 팔 때 페르세포네 클래식을 3명에게나 팔았답니다. 그 시리즈는 모두 아름답지만, 그중에서도 《랜스킬 양 집에 오다Miss Ranskill Comes Home》를 특히 좋아해요.

아이를 키우는 엄마로서, 또 아이들을 위한 그림책 작가로서 아이들을 서점에 데려가 자유롭게 구경하면서 직접 책을 보고 만지게 하는 게 아주 좋은 일이라고 생각해요. 무엇보다 책 냄새를 맡게 하는 것은 중요하죠. 제 큰딸은 4세 때 카이사르의 《갈리아 전기The Gallic Wars》를 늘 가지고 다녔어요. 나이가 어리니 당연히 글은 읽을 줄 몰랐지만 책이 좋은 것이라는 건 알고 있었어요. 작은 판형의 그 책이 손에 잡히는 감촉이 좋아서, 또 책을 품에 안을 수 있어서 좋아했어요.

당신이 꿈꾸는 서점은 어떤 모습인가요?

제가 서점을 차린다면 그림책을 주로 팔겠어요. 홍차와 케이크도 가져다 놓고, 손님들이 '딱 맞는 책'을 확실히 찾을 때까지 서점에 머물 수 있도록 편안한 의자를 많이 놓아둘 거예요. 서점의 이름은 '파워하우스' 같은 것으로 정할래요. 글이야말로 세상에서 가장 힘 있는 것이라고 진심으로 믿고 있으니까요.

에든버러 북숍에서 일하면서 알게 됐는데, 책을 살 마음은 없지만 소나기를 피할 목적으로 서점에 들어오는 사람들도 있더군요.

그럴 때 저는 부담스럽지 않게 그 사람들에게 다가가 조심스럽게 다정한 대화를 나누곤 했어요. 그러다 보면 온통 책으로 둘러싸인 곳이니 당연히 책에 관한 이야기를 하게 되고, 그 사람에게 딱 맞는 책을 추천하면 그 사람이 책을 사기도 했죠. 저는 그렇게 사람들이랑 대화하는 게 좋았어요. 물론 사람들한테 책을 강요해서는 안 되지요. 당신은 92세의 할머니가 《헝거 게임The Hunger Games》을 좋아하지 않을 거라고 확신할 수 있나요?

저희 집은 에든버러 북숍에서 아주 가까워요. 그래서 요즘 그 서점에 들르면 저도 모르게 사람들한테 열정적으로 책을 소개하곤 해요. 손님들이 '저 여자는 누구야?' 하고 생각하는 게 눈에 보이는 것 같아요. 제가 너무 나서기는 하죠. 그건 솔직히 저도 인정해요. 하지만 책을 정말 사랑하다 보면 자기도 모르게 그러게 된답니다."

로크 크로이스폴 북숍

Loch Groispol Bookshop, Durness

"책 읽을 때 파도 소리만큼 훌륭한 배경음악도 없지요."

2013년 5월, 영국에서 가장 외딴 곳에 있는 서점이 매물로 나왔다. 케빈과 사이먼은 스코틀랜드 서북단에서 지난 14년 동안 서점과 식당을 운영했다. 정말 외딴 곳(가장 가까운 병원도 160킬로미터나 떨어져 있다)이라 생필품을 구하기가 힘들 때도 있다. 하지만 바다와 붙어 있는 서덜랜드 해안은 책 읽기에 더없이 좋은 곳이다. 이 글을 쓰고 있는 지금까지도 아직 서점을 매입한 사람이 없다. 그러니 만약 당신이 이 서점의 주인이 되고 싶다면 어서 서두르시길!

파 프롬 더 매딩 크라우드

Far From the Madding Crowd, Linlithgow

이색적인 신간 행사로 언제나 떠들썩한 곳

린리스고에 있는 질 패틀의 이 서점 덕분에 나는 오랫동안 품고 있던 궁금증을 풀었다. 그것은 바로 '케이크가 나오면 서점 행사가 더 성공할까?' 라는 궁금증이었다. '파 프롬 더 매딩 크라우드'에서는 늘 온갖 행사가 열리고 케이크가 나올 때도 많다.

질은 말한다.

"저희 서점의 해리 포터 신간 출시 행사는 유명해요. 자정에 거리에서 콜드런 케이크로 축제를 벌이거든요. 온갖 사람들이 모여드는데 분장을 하고 오는 사람들도 많아요. 진짜 올빼미들도 왔답니다. 그중에는 아주 멋진 흰 올빼미도 있었는데, 잘 시간이 지나자 조련사의 팔에서 잠이 들었어요! 독립 서점이 아니라면 한밤중에 이 작은 거리에서 벌어지는 이런 행사를 볼 일이 있겠어요?"

홈페이지: www.maddingcrowdlinlithgow.com

워터밀

The Watermill, Aberfeldy

책들의 쉼터로 변신한 오래된 오트밀 제분소

10년 전, 제인 래미지와 케빈 래미지는 런던을 떠나 스코틀랜드에 서점을 차리기로 결심했다. 두 사람은 퍼스샤이어 애버펠디에서 낡은 오트밀 제분소를 발견하고 이곳을 3층짜리 상점으로 바꾸었다. 서점과 갤러리, 카페를 겸하며 인테리어 소품도 파는 상점이었다. 겨울에는 스키를 신은 손님들이 서점으로 온다. 근처 스코틀랜드 성에서 행사를 열기도 한다.

케빈은 전자책도 필요하다고 인정한다. 제인과 함께 해마다 3주씩 알프스 산맥으로 하이킹을 갈 때 각자 10킬로그램이나 나가는 배낭을 짊어지는데, 그중 3킬로그램은 책이 차지하기 때문이다(책을 이용한 운동에 관심이 있다면 유튜브에서 존 그린의 동영상 'Fitness for Nerds'를 검색해보시길).

워터밀은 아주 넓어서 그 도시 주민 1인당 900제곱센티미터의 서점을 소유하는 셈이다. 케빈은 서점에 대해 다음과 같이 말한다.

"이 건물은 그레이드 1로 등록됐어요(영국에서는 건축물을 역사적 가치에 따라 등록하는 제도가 있다.-옮긴이). 저희가 이 건물을 샀을 때만 해도 내부는 빗물과 쥐들로 엉망이었어요. 그래도 저희는 이 건물의 잠재력을 보았고, 그 결과 이렇게 바뀌었습니다. 저는 이전에 켄티시타운에서 '아울 북샵Owl bookshop'이라는 서점을 운영했어요. 그

곳도 무척 좋았지만 런던에서 서점을 운영하려면 세가 너무 비싸서 공간의 제약이 많았죠. 여기서는 책에 숨을 쉴 여유를 줄 수 있어요. 표지가 보이게 내놓을 수도 있고, 책이 가진 잠재력을 최대한 드러낼 수도 있지요. 마침내 서점을 책이 주인공인 무대로 만들 수 있게 됐죠.

서점 오프닝 때 배우이자 작가인 마이클 페일린이 행사를 진행했어요. 멋진 하루였죠. 페일린이 아동 서적 코너 바로 뒤에 있는 '로미오와 줄리엣' 분위기의 발코니에 서서 주차장 쪽을 내다보며 연설을 했어요. 사람들은 모두 아래에서 경청했고요. '친구들, 로마인들, 동포들이여!' 이런 분위기였어요!"

홈페이지: www.aberfeldywatermill.com

메인스트리트 트레이딩 컴퍼니

The Mainstreet Trading Company, St Boswells

"무엇보다 책을 친근하게 느끼도록 해주는 게 중요합니다."

스코틀랜드의 경계를 넘어 잉글랜드의 서점들을 살펴보러 떠나기 전에 꼭 언급하고 넘어가야 할 곳이 있다. 바로 '메인스트리트 트레이딩 컴퍼니'다. 나는 사장인 로저먼드 드 라 헤이를 5년 전에 만났다. 로저먼드는 당시 블룸스베리의 아동 서적 마케팅 팀장이었는데 요리사인 남편 빌과 함께 런던을 떠나 스코틀랜드 세인트 보스웰스에 있는 낡은 경매장에서 서점 겸 카페를 열기로 마음먹은 상태였다.

문을 연 뒤 부부는 건물 바깥마당에 있는 헛간까지 매장을 확장했다. 그리고 식당(톰 키친이 오픈했다)과 인테리어 소품 상점도 열었다. 치즈도 판다는 말을 했던가? 2012년에 '올해의 독립 서점'으로 선정되기도 했던 이 서점에는 계단 아래에 해리 포터의 방 같은 멋진 '책 굴'이 2개 있다. 거기서 아이들은 책을 읽거나 오디오북을 들을 수 있다. 로저먼드와 직원들은 바닥 아래에 아주 작은 집을 만들고 그 안에 사람 모형의 인형도 넣었다. 손님들은 그 작은 집의 내부를 엿보곤 한다. 로저먼드는 말한다.

"책을 친근하게 느끼게 하려는 거예요. 서점에 오면 책을 아주 가까이에서 접할 수 있다는 것을 느끼게 하고 싶거든요. 이제 저희는 어느 때보다도 강하고 집중력 있으며 좋아졌어요. 이곳에서 지역

세계에서 가장 큰 지도

세계에서 가장 큰 지도는 1660년 네덜란드의 요한 마우리츠 왕자가 만든 클렌케 지도Klencke Atlas다. 가로와 세로 길이 약 1.8미터의 지도가 36장 들어 있으며, 6명이 함께 힘을 합쳐야 들 수 있다. 영국 왕 찰스 2세가 왕정복고 후 즉위했을 때 선물로 보내졌고, 당시 지리학 지식이 모두 담겨 있다고 한다. 지금은 런던에 있는 영국 박물관 고지도 전시실에서 볼 수 있다. 그런데 클렌케 지도가 350년 동안 지켜온 왕좌가 2012년에 오스트레일리아 출판사 밀레니엄 하우스에서 펴낸 《어스 플래티넘Earth Platinum》으로 넘어갔다. 이 책은 클렌케 지도보다 30센티미터 크고, 책에 들어 있는 시각 자료로는 세계 최대의 것, 상하이 스카이라인 사진을 담고 있다. 이 사진은 272기가픽셀이며 12,000개가 넘는 이미지들을 하나로 합쳐서 만들었다.

공동체와 환경을 만들어가고 있죠. 저희는 이 지역 서점들과 늘 연락하고 있어요. 좋아하는 서점으로는 핵삼에 있는 '코기토 북스Cogito Books'와 코브리지에 있는 '포럼 북스Forum Books'를 꼽을 수 있어요."

메인스트리트 트레이딩 컴퍼니는 다른 8곳의 서점 사장들과 힘을 합쳐 '보더스 북 트레일Bordes Book Trail'을 결성하고 '보더스 북 페스티벌'에 온 관광객들이 그 지역의 문학 관련 명소를 찾는 데 도움이 될 아름다운 지도와 소책자를 만든다.

"저희 서점의 다섯 번째 생일 파티는 제게 즐거운 추억으로 남아있어요. 아이들은 각자 좋아하는 인물로 분장했고 저희 직원들은 누가 시킨 것도 아닌데 다들 화려한 옷을 입고 왔죠. 아주 재미있었어요. 최고는 작가 매기 오패럴과 윌리엄 서클리프 부부가 세 자녀와 함께 《이상한 나라의 앨리스alice in wonderland》 속 인물들로 분장하고 나타났던 거예요. 저희가 부탁한 것도 아니었는데 말이죠. 책 속으로 들어가 그 인물들을 살려내고 싶은 마음은 누구에게나 있는 게 분명해요!"

홈페이지: www.mainstreetbooks.co.uk

커스티 로건

Interview

"어떤 혼란한 상황에서도 이야기에 빠져들면 위안을 얻을 수 있었죠."

커스티 로건의 첫 책 《대여품 심장과 동화들The Rental Heart and other

Fariytales》은 솔트 출판사에서 출간됐다. 그리고 소설 데뷔작인 《그레이스키퍼스The Gracekeepers》는 2015년 봄에 출간됐다.

"저는 서점에서 자랐어요. 어머니가 서점을 운영했거든요. 저는 재고 관리나 책 진열 등 서점 일을 도왔죠. 행사 때면 그림책에 나오는 인물로 분장도 했어요. 그리고 일한 대가로 늘 책을 달라고 했어요. 16세 때는 일요일마다 서점에서 일했고, 여름방학과 크리스마스 연휴에는 책장 사이에서 내내 시간을 보냈어요.

10대 시절은 누구에게나 가장 힘든 시기잖아요? 저는 그 시기를 책 속에서 보낸 것이 도움이 됐어요. 어떤 혼란스러운 상황에서도 이야기에 빠져들면 위안을 얻을 수 있었죠. 이야기들은 현실적인 제 모습에서 한 발 물러나 스스로를 객관적으로 이해하게 만들고 제가 어떤 사람이 되고 싶은지 깨닫게 도와주었어요. 어떤 곤경에 처하더라도 책은 바쁘게 돌아가는 세상에서 잠시 멈출 수 있는 지점이 된답니다."

북숍 스토리

잉글랜드

바터 북스

Barter Books, Alnwick, Northumberland

책장 위로 모형 기차가 지나다니는 오래된 기차역의 추억이 깃든 곳

옛날 옛적에 기차를 사랑하는 잉글랜드 남자와 책을 사랑하는 미국 여자가 있었다. 남자와 여자는 대서양을 건너 비행기 안에서 만났고, 남자가 여자에게 쪽지를 건네면서 두 사람의 이야기는 시작되었다. 쪽지에는 '안녕하세요?'라고 적혀 있었다.

3년 뒤, 그때의 인연으로 스튜어트와 메리는 결혼했다. 그리고 각자의 관심사를 합치기로 마음먹었다. 그렇게 해서 잉글랜드 북쪽에 있는 노섬벌랜드 안위크의 빅토리아 시대 기차역 안에 서점 '바터 북스'가 들어섰다. 처음에는 작게 시작했다. 역사 안에 있는 공간 7개 중 하나만을 사용했다. 그러다가 점점 규모가 커졌다. 이제는 유럽에서 가장 큰 중고 서점으로 손꼽힐 뿐만 아니라 놀랍게도 안위크에서 가장 많은 고용을 창출하는 사업체가 됐다. 이런 자랑을 할 수 있는 서점은 많지 않다.

책장들 위로 모형 기차가 달리고, 책장 선반 위에는 시가 적혀 있는 이곳은 책을 사랑하는 사람이라면 누구나 꿈꿀 만한 공간이다. 예전에는 대합실이었던 공간에는 석탄 난로가 놓였고, 역장 사무실은 차를 마시는 곳이 됐다. 책장 사이에는 소파를 두어 손님들이 앉아 책을 읽을 수 있게 했고 벽에는 서점 측에서 화가들에게 의뢰한 그림이 그려져 있다. 이 서점의 특별한 점은 그것만이 아니다.

제2차 세계대전이 발발하기 전 대중의 의식이 무엇보다 중요하던 시기에 영국 정부는 3가지 디자인의 포스터를 만들었다. 그 가운데 2가지의 포스터가 1939년 여름에 배포되어 영국 곳곳의 상점 쇼윈도에 붙었는데 하나에는 '자유가 위기에 처했다!'라는 문구가, 또 하나에는 '나의 용기, 나의 활기, 나의 결심이 우리의 승리를 낳는다!'라는 문구가 적혀 있었다. 그리고 마지막 포스터는 공습으로 사람들의 기가 꺾였을 때 배포하기 위해 남겨졌다. 그런데 결국 마지막 포스터는 배포되지 않았고, 그것을 본 사람은 거의 없었다.

2000년에 스튜어트와 메리 부부는 경매를 통해 서점에서 판매할 책을 구했다. 그때 책이 담긴 박스 아래쪽에서 먼지에 덮인 포스터 한 장을 발견했는데 포스터에는 'Keep Calm and Carry On('침착하게 계속 나아가자'라는 뜻-옮긴이)'이라고 적혀 있었다. 그것은 바로 배포되지 못한 마지막 포스터였고 그 문구는 서점 주인에게 아주 잘 맞는 메시지였다. 스튜어트와 메리는 그 문구가 마음에 들었다. 그래서 포스터를 액자에 넣어 서점 한쪽 벽에 걸었다. 'Keep Calm and Carry On'.

포스터를 좋아한 것은 스튜어트와 메리 부부만이 아니었다. 관심을 갖는 손님이 아주 많아서 1년 뒤부터는 서점에서 복사본을 만들어 팔기 시작했다. 포스터에 얽힌 역사적 사실은 별로 알려지지 않은 채 'Keep Calm and Carry On'이라는 문구만 점차 널리 퍼졌다. 포스터나 머그잔, 카드, 티셔츠 등에 프린트되어 21세기의 유행이 되었다. 세계 곳곳에서 패러디할 정도였다. 그중 내가 좋아하는 패러디는 'Keep Calm and Expecto Patronum!'('침착하게, 엑시펙토 파트로눔!'이라는 뜻으로 해리 포터에 나오는 마법 주문을 넣은 것이다.-옮긴이)이다. 물론 'Keep Calm and Read a Book'도 좋아한다. 세상에 '좋은 충고'란 없지만, 그래도 있다면 바로 '침착하게 책을 읽자'가 아닐까.

어비블리오포비아
읽을 것이 떨어져갈수록 마음이 불안하고 두려워지는가? 그렇다면 당신도 '어비블리오포비아abibliophobia'에 사로잡힌 책벌레다!

올드 피어 북숍
The Old Pier Bookshop, Morecambe.

"무질서해 보여도 곳곳에 탄성을 지를 만한 보물이 숨겨져 있어요."

모어캠 해변에 있는 올드 피어 북숍은 중고 서적과 골동품 서적을 다룬다. 타디스(영국 BBC 텔레비전 시리즈 '닥터 후'에 나오는 공중전화부스 같은 기구로, 시간 여행 장치다. ─옮긴이)라고 부를 만한 서점이 있다면, 아마 이곳일 것이다. 책이 넘치게 쌓여 있고 완전히 무질서해 보이지만, 서점 주인 토니는 어디에 무엇이 있는지 다 알고 있다. 토니는 말한다.

"늘 서점이 갖고 싶었어요. 어릴 적 저희 집은 책과 거리가 멀었습니다. 초등학생 때 만난 훌륭한 선생님 덕분에 처음으로 책을 손에 쥐어보았죠. 부모님은 모어캠 항구 옆에서 피시 앤드 칩스 식당을 했어요. 그런데 항구가 운영되지 않으면서 식당도 더 이상 버틸 수가 없었죠. 그래서 제가 책을 팔기 시작했어요. 그러다가 점점 더 많은 책이 식당을 차지하게 되었죠."

서점을 시작하고 처음 5년 동안 토니는 운영비를 벌기 위해 택시를 운전했다. 그러나 이제는 전국 각지에서 사람들이 찾아오고, 식당 창고로 쓰던 공간과 주방까지 건물 1층은 모두 서점이 됐다. 책을 좋아하는 사람이라면 탄성을 지를 만한 미로 같은 공간이다.

"이런 생각이 들 때가 있어요. '책장과 선반이 없었던 예전에는 어떤 모습이었지?' 전혀 떠오르지 않더군요. 지금 책이 너무 많다고 생각할 수도 있어요. 그렇지만 책을 버릴 수는 없잖아요? 절대 안 되죠. 다음 상자 바닥에 뭐가 있을지 결코 알 수 없어요. 무엇을 발견하게 될지 절대로 알 수 없죠. 한번은 《호빗The Hobbit》 초판본이 나온 적도 있어요. 그건 절대 팔지 않을 거예요. 또 필립 K. 딕의 첫 책인 《기회의 세계World of Chance》의 원본을 발견한 적도 있어요."

어떤 손님이 《더버빌 가의 테스Tess of the d'Urbervilles》가 있는지 물어본다는 게 '저빌 가의 테스Tess of the Gerbils'가 있냐고 물어본 일도 토니가 즐겨 들려주는 일화다. ('gerbil'은 애완용으로 키우기도 하는 설치류 동물 게르빌루스 쥐를 뜻한다. ─옮긴이)

"서점을 연 뒤로는 제 성격도 차분해졌어요. 저는 예전에 군인이었는데 늘 정신없이 바빴어요. 서점을 운영하는 것은 아주 멋진 일이에요. 자기 자신을 위한 삶을 사는 방식으로 이보다 더 좋은 건 없을 거예요."

서점에서는 어떤 책을 발견하게 될지 알 수 없을 뿐만 아니라 문 너머에서 누가 들어올지도 알 수 없다. 8년 전, 이레나라는 여자가 올드 피어 북숍에 들어왔고 토니는 이레나와 대화를 나누기 시작했다. 이레나는 폴란드에서 영국으로 여행을 왔는데 이렇게 영국 북쪽까지 올라온 것은 순전히 켈트 십자가 때문이라고 했다. 사실 이레나는 폴란드로 돌아가 수녀가 될 계획이었다. 그러나 토니와 이레나는 사랑에 빠졌고, 이레나는 폴란드로 돌아가지도, 수녀가 되지도 않았다.

조세핀 윌킨슨

"올드 피어 북숍에서는 오래된 책들과 행복한 기억의 냄새가 나요!"

조세핀 윌킨슨은 올드 피어 북숍의 열성 팬이다.

"올드 피어 북숍은 사장님 혼자서 운영해요. 처음으로 서점에 갔을 때 사장님은 제게 그날이 아내의 출산 예정일이라고 말하면서도 그냥 책을 팔고 있었어요. 그리고 몇 달 뒤에 제가 다시 서점에 갔을 때는 사장님이 아들을 안고 있었죠. 그러면서 '아이가 아직 너무 어린데 밖에 데리고 나왔죠?'라고 말하며 웃더라고요. 서점에는 개도 있어요. 그리고 책들이 쌓여 있고, 또 쌓여 있죠. 책 더미가 어찌나 많은지 안으로 들어갔다가 책 더미 하나라도 무너져 그 안에 묻히면 영원히 나오지 못하는 건 아닐까 하고 조금 겁까지 날 정도예요. 그래도 생각해보면 책 더미에 깔리는 게 그다지 비극적인 운명은 아닌 것 같죠? 이곳 책 더미에는 아무런 질서가 없어요. 정말로 말도 안 되게 아무렇게나 쌓여 있죠.

어머니께 선물하려고 《레베카Rebecca》를 찾은 적이 있어요. 사장님한테(여기 손님들은 모두 사장님을 '미스터 북숍'이라고 불러요) 그 책이 있는지 물어보았죠. 물어보면서도 소용없는 일일 것 같았어요. 아무리 사장님이라도 서점 안에 무슨 책이 있는지 모조리 알 수는 없잖아요? 이렇게 많은 책 가운데 어떤 책이 어디에 있는지 아는 건 정말 불가능해 보였죠. 그런데 사장님이 미소를 지으면서 《레베카》의 첫 구절을 읊으셨어요. 그리고 왼쪽 책장들 사이를 간신히 비집고 들어가서 책 선반 4개에 꽂힌 책들의 책등을 훑었어요. 그러다가 '아하!' 하더니 책 한 권을 반쯤 앞으로 꺼냈죠. 정말로 찾기 힘든 곳에 《레베카》가 꽂혀 있었어요. 하지만 사장님은 머뭇거리지도 않았어요. 서점 지붕 아래에 있는 모든 글들과 연결되어 있는 것 같았죠. 우리는 입이 떡 벌어졌어요.

올드 피어 북숍에는 옛날 연감과 잡지들이 있고, 동화책만 꽂힌 엄청나게 큰 책장도 있어요. 범죄 소설만 있는 방과 화려한 하드커버 고전들이 가득한 선반도 있죠. 1800년대 말에 셰익스피어의 글을 가죽에 필사한 책들이 가득 들어 있는 종이 상자도 있고요. 그냥 종이 상자에 들어 있어요! (나는 이곳에서 할머니 선물로 《헛소동Much Ado About Nothing》을 샀다) 잠긴 유리 진열장들도 있는데 거기에는 '좋은 것'들이 가득해요. 책장 사이로 작은 여유 공간이라도 찾으려면 엄청나게 어질러져 있는 상자들을 넘어가야 할 때도 있죠. 밖에서 보기에는 아주 작은 서점이지만 일단 들어오면 미로가 기다리고 있어요. 그리고 그 안에서 맡게 되는 냄새가 참 좋아요. 오래된 책들과 행복한 기억의 냄새죠."

조세핀 윌킨슨은 랭커셔주에 살고 있으며, 더 이상 책을 지나치게 많이 사지 않겠다고 애인과 약속했다. 물론 그 약속을 지킬 날이 언제일지는 모른다.

데이비드 알몬드

Interview

"좋은 서점은 늘 관습에 대항해야 해요."

데이비드 알몬드는 《스켈리그Skellig》,《피라냐와 수영한 소년The Boy Who Swam with Piranhas》,《줄타기 곡예사The Tightrope Walkers》를 비롯해 여러 장편 소설과 단편 소설, 희곡 등을 썼다. 카네기상, 국제 안데르센상 등 많은 상을 수상하기도 한 그는 배스스파 대학교 문예창작학과 교수로, 노섬벌랜드에 살고 있다.

"딱 떠오르는 서점은 '울티마 튤Ultima Thule'이에요. 사실 이 서점은 제 소설 《줄타기 곡예사》에 나오기도 해요. 제가 청소년이던 1970 년대에 그 서점에 자주 갔었죠. 울티마 튤은 뉴캐슬에 있는 핸디사이드 아케이드 안에 있었는데 옆에 카페나 다른 상점들도 있었어요. 시인과 소설가가 같이 운영하는 서점으로, 미국 책과 작은 소책자가 많았어요. 서점 바로 옆에는 모덴 타워가 있었어요. 모덴 타워는 뉴캐슬시의 유적지 성에 있는 탑으로 지난 45년 동안 세계 곳곳에서 온 수백 명의 시인이 그곳에서 시를 낭송했어요.

이런 유형의 서점에서만 구할 수 있는 책들이 있어요. 문예지나 아주 작은 출판사에서 나온 책 같은 것들이죠. 울티마 튤에서는 그런 책들을 팔아요. 샌프란시스코에 있는 '시티 라이츠 서점City Lights

Bookstore'(☞ 261쪽)이 울티마 튤의 기초가 되었죠. 울티마 튤에 앨런 긴즈버그도 다녀간 적이 있어요. 어릴 때 저는 '앨런 긴즈버그가 서 있던 서점에 내가 서 있다니 더없이 감격스럽다'고 생각했어요. 작가가 되겠다는 꿈을 품고 있던 제게는 정말 중요한 곳이었어요.

어릴 때 저는 도서관도 아주 중요하게 생각했어요. 집에서 길을 따라 조금 내려가면 작은 도서관이 있었죠. 신문을 인쇄하는 숙부도 있었는데, 정말이지 저는 마치 운명처럼 아기 때부터 인쇄된 종이를 사랑했던 것 같아요. 인쇄된 종이는 경이로울 정도로 아름다웠죠. 작가의 꿈을 품게 된 데에는 책과 이야기도 영향을 끼쳤지만 인쇄된 종이가 끼친 영향도 커요. 어른들이 이야기를 들려주는 방식이나 자기들끼리 농담하고 노래하는 방식들을 보면서 그 모든 것을 종이에 기록하는 것이 제 사명이라고 느꼈죠.

집에는 책이 많지 않았어요. 그렇지만 크리스마스 아침에 책을 선물받았을 때 느낀 흥분은 지금도 기억나요. 크리스마스 선물이 들어 있는 양말에서 책을 꺼내 바닥에 펼친 뒤 아름답게 인쇄된 종이를 보는 모습을 떠올려보세요. 또 때때로 책에 들어 있는 환상적인 그림을 볼 때를 떠올려보세요. 그게 바로 '책' 자체가 주는 아름다움과 경이감이죠.

'워터스톤즈'가 뉴캐슬에 처음 생겼을 때 느낀 흥분도 아직 기억나네요. 워터스톤즈가 생기기 전에는 대형 서점이 없고, 특정한 책을 파는 서점들만 있었어요. 그런데 책으로 꽉 찬 4층짜리 서점이 문을 연 거예요. 처음 구입한 책이 무엇이었는지는 정확히 기억나지는 않아요. 아마 당시 관심을 가지고 있던 초심리학과 초자연에 관련된 책을 찾으려 했을 거예요. 그런 책이 많지는 않았지만, 13세 때 롭상 람파가 쓴 《제3의 눈The Third Eye》을 샀어요.

요즘 여기 헥삼에는 '코기토 북스'라는 아주 좋은 서점이 있어요. 운영을 아주 잘하는 서점으로, 딱히 찾는 것이 없어도 일단 안에 들어가면 마음에 드는 것을 발견하게 되죠. '포일스Foyles'도 요즘 잘하고 있어요. 책 산업에 대해 아주 낙관적인 태도를 가지고 긍정적이면서도 미래 지향적인 변신을 시도하는 곳이죠. (☞115쪽).

저자 행사를 다니다보면 멋진 서점에 가볼 기회가 많아요. 뉴욕에 있는 '북스 오브 원더Books of Wonder'도 환상적이죠. 샌프란시스코에 있는 '시티 라이츠 서점'에 갔을 때는 정말이지 들떴어요. 어릴 때 수천 킬로미터 떨어진 곳에서도 동경하던 곳이었거든요. 파리에 있는 '셰익스피어 앤드 컴퍼니'(☞158쪽)도 좋죠. 한번은 미국 중부에서 작은 독립 서점에 갔는데, 닭들이 뛰어다니고 유리로 된 바닥 아래에서는 쥐들이 집을 짓고 돌아다니고 있었습니다(☞이곳은 '와일드 럼퍼스Wild Rumpus'로, 272쪽).

영국에는 아동 서적을 전문으로 파는 뛰어난 독립 서점들도 있어요. 노퍽에는 매릴린 브로클허스트가 운영하는 '칠드런스 북 센터Children's Book Center'가 있고, 뉴캐슬에는 '세븐 스토리스Seven Stories'라는 아동 서적 서점이 훌륭해요. 머스웰힐에 있는 '칠드런스 북숍Children's Bookshop'은 늘 사람들로 북적대서 요즘 아이들은 책을 읽지 않는다는

북숍 스토리

말이 근거 없는 소문임을 증명하죠. 이 서점들에 가보면 실제로 아이들과 책 사이에 에너지가 오가는 게 보인답니다.

좋은 서점은 관습에 대항해야 해요. 코기토 북스처럼, 포일스처럼, 세븐 스토리스처럼 비관주의에 굴복하지 않고 신념을 밀어붙여야 하죠. 서점은 문화의 힘이에요. 제가 보기에는 전반적으로 사람들이 책을 대하는 태도에 약간의 변화가 생겼어요. 몇 년 전까지만 해도 망했다는 분위기가 감돌았죠. 다 끝장났다는 생각에 동조하는 듯한 출판사들도 있었어요.

그러나 이제는 아주 뛰어난 독립 출판사들과 독립 서점들이 있어요. 그래서 저는 미래를 아주 밝게 보고 있습니다. 출판사들은 다시 새롭고 멋진 책을 내놓고 있고 책의 질감이나 디자인을 환상적으로 만드는 데 큰 노력을 기울이고 있어요. 좋은 서점은 그저 선반에 꽂힌 책을 판매하는 데서 그치지 않고 세상으로 뻗어나가 변화를 일으키죠. 서점에 가면 값진 것을 발견할 수 있을 거라는 생각은 사람들의 머릿속에 영원히 남아 있을 거예요. 정말 좋은 서점에서는 갖고 싶은 책을 항상 만날 수 있거든요. 온라인 서점을 둘러보는 것과는 전혀 다르죠.

당신이 꿈꾸는 서점은 어떤 모습인가요?

제가 직접 서점을 연다면 뉴캐슬에 열 거예요. 울티마 튤과 비슷한 곳이 될 것 같아요. 한적하고 외딴 곳에 있으며 규모도 크지 않지만, 사람들은 그 서점이 어디에 있는지 잘 알고 있을 거예요. 정말 오래된 책도 많고 번역서도 많겠죠. 일러스트레이션이 들어간 책만 꽂힌 책장도 여러 개 있을 겁니다. 제가 글과 그림을 한데 섞는 작업을 좋아하거든요. 다양한 형태의 책이 많아서 좋은 아동 서점이 될 수 있을 거예요. 하지만 어린이를 위한 서점으로 한정하지는 않을 거예요. 모두를 위한 서점이자 오늘날 출판계에서 가능한 모든 것을 보여주는 곳으로 만들 거예요."

북엔드

Book End, Bakewell, Peak District

"서점 덕분에 광장 공포증을 이겨냈어요!"

'북엔드'는 2009년에 엘리 포튼이 어머니와 함께 문을 연 서점이다(모녀는 지난해 말에 서점을 팔았고, 지금은 새로운 주인이 계속 영업하고 있다). 이 중고 서점은 피크 디스트릭트에 있는 오래된 석조 건물 안에 자리를 잡고 있는데 건물 옆에는 700년 된 다리가 있고 주위에는 닭들이 뛰어다닌다. 첫 손님은 데이비드라는 남자였는데 데이비드는 이후 서점에 들를 때마다 감사의 표시로 홍차와 비스킷을 대접받았다.

엘리는 자신이 '한번 책을 사랑하게 되면 영원히 책을 사랑하게 된다'는 말에 딱 들어맞는 사람이라고 말한다. 예전부터 엘리는 드라마 '블랙 북스'를 좋아했고, 노라 에프론의 로맨틱 코미디 영화 〈유브 갓 메일You've Got Mail〉의 주인공인 캐슬린 켈리를 우상으로 여겨왔다. 그러다가 제레미 머서의 《시간이 멈춰 선 파리의 고서점Time Was Soft There : A Paris Sojourn at Shakespeare & Co.》이라는 책을 읽고는 서점을 운영하고 싶은 꿈이 더욱 커졌다. 그 책은 저자가 파리에 있는 셰익스피어 앤드 컴퍼니에서 주인 조지 휘트먼과 지내며 겪은 일을 적은 책이다. 엘리는 말한다.

"저희가 서점을 내겠다고 말하고 다닐 때는 불경기였어요. 사람들은 저희를 보며 미쳤다고 생각했죠. 그렇지만 아이디어는 딱 맞는 때에 또 딱 맞는 장소에서 샘솟기도 해요. 서점을 열겠다는 아이디어가 떠올랐을 때는 사실 인생에서 가장 힘든 시기였어요. 20세 때 광장 공포증이 시작됐는데, 집 밖으로 한 발짝도 나갈 수 없는 지경이 되어서야 제 증세가 너무 심해졌다는 사실을 깨달았죠. 다니던 대학교를 그만두고 고향 집으로 돌아가기로 결정했어요. 힘든 결정이었죠. 1년이 지나도 저는 여전히 현관 밖으로 거의 나가지 못하고 있었어요. 어머니는 제 회복을 돕느라 휴직을 했어요. 그러다가 복직하고 싶지 않다고 느끼셨죠. 때마침 제 건강도 조금씩 좋아졌고, 어머니와 저는 다시 일을 시작하기로 마음먹었습니다. 그때 '서점'이라는 말이 우리 입에 처음 오른 거예요.

2009년 초에 진지하게 가게 자리를 알아보면서 아직 현실화되지 않은 우리의 서점을 어디에 열면 좋을지 생각하기 시작어요. 그리고 마침내 베이크웰이라는 관광 도시를 찾아냈어요. 피크 디스트릭트의 보석이라 불리는 작고 예쁜 도시였죠. 집에서 계곡을 따라 차를 몰면 15분 거리에 있었어요. 700년 된 유명한 다리 바로 옆에 있는 작은 점포를 발견했어요. 시내 중심에 있는 상점 임대료는 꽤 비쌌지만, 그곳은 우리 예산 안에서 해결할 수 있는 가격이었죠. 내부는 손봐야 할 곳이 아주 많았지만요. 그곳은 사람이 많이 다니지는 않았지만 조용하고 그림 같은 곳에 있어서 정말 좋았어요. 여름철이 특히 더 좋았는데 문을 열어 두면 오리나 거위 소리가 들렸죠.

부동산 중개업자와 그곳에 가서 계약서에 서명하던 날은…… 정말 꿈만 같았어요. 대학교를 중퇴하고 집 밖으로 나가지도 못하던 제가 늘 꿈꾸던 일을 시작하게 되리라고 누가 상상이나 했겠어요? 그렇지만 그런 즐거움도 잠시뿐 힘든 일이 시작됐어요. 이전에 중고품 상점이던 이곳의 허름한 내부를 최선을 다해 고쳐야만 했죠. 할아버지, 할머니, 아버지까지 도왔어요. 빠듯한 예산으로 모든 것을 해결해야 했죠. 힘들었다는 말로는 표현이 부족해요. 어쨌든 밝은 색으로 페인트를 칠하고 바닥에 바니시를 바르는 것만으로도 그곳이 얼마나 환해지는지 놀랄 정도였어요!

주위에는 이미 큰 중고 서점 두 곳과 서점들이 있었어요. 저희도 잘 알고 있었죠. 그래서 오랫동안 명성을 쌓은 그 서점들과 대결하기보다 저희가 잘할 수 있는 일을 찾았어요. 지역 주민들에게는 가족이 운영하는 작은 서점이라는 점을 적극 어필하면서 책을 직접 가져가는 서비스를 제공했어요. 여름 동안 머무는 관광객을 위해 호텔에서 읽을 만한 책과 책 관련 기념품도 팔았어요.

책을 구경하고 고르기 좋은 분위기를 만드는 데에도 신경을 썼어요. 저희가 재미있게 읽은 책에는 작은 카드를 붙이고, 저희가 읽은 책 목록과 전국 베스트셀러 목록, 책 리뷰 등을 벽에 붙였죠. 아동 서적 코너에는 책 읽는 모습의 곰 인형을 놓았고요. 곰 인형에게는 앨로이시어스라는 이름도 붙였답니다. 책장 맨 밑 칸에 꽂힌 책들을 볼 때 쓸 수 있게 쿠션도 벽에 걸었어요. 저희가 기르는 닭이 낳은 달걀도 한 다스씩 묶어서 팔았는데 책보다 달걀이 더 인기 있을 때도 있었어요!

동생도 가끔 일을 도왔는데, '한나-집안 노예'라고 장난스럽게 쓴 명찰을 달고 있었어요. 동생은 카운터에서 깍지째 먹는 콩을 커다란 봉지에 담아서 옆에 놓고 책을 읽었어요. 할머니는 한 손에는 홍차를, 다른 한 손에는 밀스 앤 분에서 출간된 소설을 들고 서점 여기저기를 다니셨죠. 저희는 얼마 후 다리 옆에 있는 올빼미 동상, 맞은편의 커피숍 사람들, 옷 가게 여자 분들과 모두 친해졌어요. 저희 서점을 다녀가는 손님들과도 당연히 친해졌죠."

페이스북: www.facebook.com/bookendbakewell

영국에서 가장 작은 도서관

잉글랜드 남동부 웨스트서섹스주에 있는 '보샴 북 박스The Bosham Book Box'는 원래 전화박스였다. 작은 책꽂이들이 설치돼 있고 책이 가득 꽂혀 있다. 지역 주민은 누구나 집에 있는 책을 한 권 가져와서 놓아두고 다른 책을 가져간다. 서로서로 책을 교환하는 것이다.

- 웨스트요크서에 있는 '솔츠밀Salts Mill'은 1853년 완공될 당시만 해도 전 체 건물 면적으로 세계에서 가장 넓은 곳이었다. 1987년에 새로 인테 리어를 하면서 지금과 같이 서점과 갤러리가 있는 섹션으로 나뉘었다. 화가 데이비드 호크니의 컬렉션이 있는 영국의 갤러리로는 솔츠밀이 유일하다.

- 뉴캐슬에 있는 '세븐 스토리스'는 영국의 국립 아동 책 연구소다. 창고를 개조한 7층짜리 건물에는 갤러리와 공연장, 서점, 카페가 있다. 2005년 에 문을 연 이래 50만 명이 넘는 사람들이 다녀갔고, 세븐 스토리스에 서 기획해 영국 곳곳에서 열린 전시회에는 80만 명이 다녀갔다. 세븐 스토리스는 아동 자선 단체들과도 손잡고 취약 아동을 위해 그림책을 제공함으로써 아이들이 창의력을 발휘하도록 돕고 있다.

- 랭커셔주에 있는 '스토리텔러스Storytellers Inc.'의 첫 손님은 80세의 전직 교 사 호레이스였다. 그는 자신이 교편을 잡았던 학교에 가져가려고 《알록 달록 코끼리 엘머Elmer the Elephant》를 샀다. 당시 호레이스의 친구가 그의 일거수일투족을 모두 촬영했는데 이 책을 사는 모습도 촬영했다. 그래 서 처음으로 판매된 책에 대한 기록이 남아 있다. 스토리텔러스를 운영

하는 케이티 클래펌은 가장 나이 어린 손님이었다. 태어난 지 3일된 아기에게 책을 판 적도 있다고 한다.

- 헥삼에 있는 '코기토 북스'는 지역의 합창단을 후원하는데 합창단은 그 보답으로 크리스마스 때 서점에 와서 캐럴을 부른다. 이곳에서는 《월리를 찾아라Where's Wally?》와 로알드 달의 책 속 등장인물로 분장하고 모이는 파티도 열린다. 코기토 북스의 주인인 클레어는 말한다. "서점이 없는 마을은 생각만 해도 슬퍼요. 그래서 이 서점을 운영하는 데 제 전부를 쏟을 수밖에 없지요. 여기에는 '코기토 리딩 트리트Cogito Reading Treat'도 있어요. 손님들이 홍차와 비스킷을 들면서 저와 책 이야기를 나눌 수 있는 곳이죠. 그러고나서 저는 그 손님한테 딱 맞는 맞춤 책 목록을 만들어줘요. 그런 다음에 책 6권을 제가 직접 골라서 추천하죠."

- 사우스포트에 있는 '브로드허스츠 북숍Broadhursts Bookshop'은 고서점상협회의 회장직을 역임한 적이 있는 찰스 브로드허스트가 1920년에 문을 연 서점으로, 지금은 로리 하드먼이 운영하고 있다. 이 서점이 자리한 건물은 1875년에 건축되었는데 처음에는 가정집이었다. 현재 서점의 사무실인 곳은 원래 벽난로가 있던 화장실이었다. 한편 이곳에는 책뿐 아니라 유고슬라비아 알렉산드라 여왕의 편지를 비롯해 왕실의 편지들도 있다.

캐리 브레이

Interview

"서점에 들어서면 언제나 마법 같은 세상이 펼쳐져요."

캐리 브레이는 단편 소설집《즐거운 집Sweet Home》으로 솔트퍼블리싱 출판사 스코트 상을 수상했다. 첫 장편 소설인《이지 브래들리를 위한 노래A Song for Issy Bradley》는 허친슨 출판사에서 출간됐으며 현재는 남편, 네 자녀와 함께 잉글랜드 스톡포트에 살고 있다.

사우스포트에 있는 '브로드허스트 서점Broadhursts Bookshop'에 처음 들어간 것은 비 때문이었어요. 비를 피하려고 2시간 동안이나 거기에 있었죠. 아동 판타지 소설로 유명한 테리 프래쳇이 사인회를 열 서점을 결정하려고 진열 대회를 열었을 때 브로드허스트 서점에서는 '죽음'(근처 대학교에서 빌린 해골)과 '여행의 짐'(이베이에서 구입한 인형 다리 12개로 장식한 서랍장)을 주제로 한 작품을 만들어 우승했어요. 그 일을 지역 신문에서 읽은 저는 10월의 어느 날 저녁에 아이들과 함께 가랑비를 핑계 삼아 두 블록이나 떨어진 브로드허스트 서점에 갔죠.

비에 젖은 채 떨면서 서점으로 들어가자 다른 세상이 펼쳐졌어요. 벽은 온통 책꽂이와 앞 유리가 있는 진열장으로 꽉 차 있었어요. '아이들을 위한 즐거운 책'이라는 골동품 표지판 아래에는 갈색 종이와 끈이 놓인 책 포장대가 있었어요. 공기는 포근했고, 종이 냄새와 함께 나무 냄새도 났어요. 벽난로 때문이었죠. 해리포터 시리즈에 나오는 다이애건 앨리의 상점 안으로 마법처럼 들어온 것 같았어요. 마법 지팡이를 만드는 올리밴더 씨의 사촌이 선반 뒤에서 나타나 '책이 주인을 고릅니다' 하고 말해도 놀라지 않을 것 같았죠.

사람들은 줄을 서 있었고, 앞에는 난간 기둥을 녹색으로 칠한 계단이 있었어요. 계단에 올라서자《피터 팬》그림과 고지도 등이 들어 있는 액자들도 보였죠.

작은 층계참에서 잠깐 걸음을 멈췄어요. '윌리엄 브라운'과 '아기곰 루퍼트' 시리즈, '소년' 지 등 오래된 책들로 가득한 진열장이 있었죠. 계단참에서 꺾어진 곳으로 몇 단을 더 올라가니 열린 문이 나왔어요. 문 안쪽으로 들어가지 못하게 술이 달린 진홍색 줄이 걸려 있었죠. 그 뒤로 책상과 골동품 스탠드, 금색과 붉은색 장정의 두꺼운 책들이 가득한 책꽂이들이 보였어요. 그리고 몇 단을 더 올라가자 마침내 아이들을 위한 아늑한 서가가 나왔어요. 큰 지구본이 천장에 매달려 있었고, 그 아래에는 책상이 놓여 있었는데 검정 페도라를 책상 위에 올려놓고 앉아 있는 한 사람이 보였어요. 바로 테리

프래쳇이었어요. 그는 어느 모로 보나 마법사 같았어요. 아이들과 제가 다가가자 프래쳇이 제게 묻더군요.

"전에 사인을 해드린 적이 있던가요?"

'아뇨' 하고 짧게 대답하면 어쩐지 무례해 보일 것 같아서 이렇게 대답했죠.

"그런 적 없는 것 같아요."

프래쳇은 잠시 생각하더니 이러더군요.

"어찌나 반가운 표정을 지으시든지 전에 우리가 만난 적이 있는 줄 알았습니다."

얼마 후 지역 신문에 프래쳇의 인터뷰 기사가 실렸어요. 브로드 허스트에 대한 소감을 묻자 프래쳇은 이렇게 말했죠. '진짜 현실에 존재하는 공간이라는 것이 믿기지 않을 정도였다. 아직도 이런 서점이 존재한다는 사실이 정말 믿기지 않는다.'

그런 장소가 과연 존재할 수 있을까 하는 의심과 진짜 그런 곳을 발견했다는 기쁨을 동시에 느낀 사람이 저 혼자만은 아니었던 거예요!

링엄스
Linghams Booksellers, Heswell, Wirral

"살면서 위기를 겪을 때 사람은 책에서 길을 찾으려 하죠."

엘레너와 피터 데이비스 부부가 헤스월에서 운영하는 링엄스 서점은 2013년에 독립 서점 상을 수상했다. 이곳 직원들 중에는 책을 사랑하는 고객과 사랑에 빠져 결혼한 사람이 셋이나 된다. 2013년 에는 마이클(서점의 유일한 남자 직원)이 링엄스 북 클럽에서 만난 조 앤과 결혼했다. 결혼식이 끝난 뒤 이 부부는 서점 앞으로 와서 손님 들이 뿌리는 색종이 조각 아래에서 기념 촬영을 했다.

엘레너는 책을 팔면서 겪은 기묘한 일들을 나에게 들려주었다. 한번은 어떤 손님이 종이와 펜을 엘레너 앞에 내밀며 다음과 같이 말했다고 한다.

"음반도 팔죠? '해피 버스데이' 곡조를 아세요?"

엘레너는 안다고 대답하고, 그 곡을 불러달라는 것인지 물어보 았다. 손님은 고개를 가로저었다.

"아뇨, 아뇨. 그냥 여기 종이에 적어주세요."

"음계를 적으라고요?"

"네, 음계요. 그 음계 그림을 우리 딸 생일 케이크에 장식하고 싶 어요!"

물론 엘레너는 악보를 그려주었다. 이 일화를 들려주며 엘레너 가 말했다.

"프랜차이즈 서점에서는 그런 특급 서비스를 받을 수 없을걸요?"

엘레너가 각별하게 생각하는 서점 행사로는 작가 레이철 조이스 와 함께한 행사가 있다. 레이철 조이스는 《해럴드 프라이의 놀라운 순례The Unlikely Pilgrimage of Harold Fry》의 작가로, 이 소설은 아침에 편지를 부 치러 나간 해럴드라는 남자가 어떤 사람의 생명을 구하려고 영국

한쪽 끝에서 다른 끝까지 걸어가게 되는 이야기다.

엘레너가 말했다.

"저희는 서점에 오는 작가들에게 각각 맞는 선물을 하려고 애써요. 레이철 조이스한테는 영국 지도가 그려진 쇼핑백을 준비했어요. 그 지도에 해럴드 프라이의 여정을 표시해 두었죠. 그런데 프라이의 여정을 표시한 곳에다 위럴로 빠져서 링엄스에 들르는 길도 추가했어요. 그리고 이런 문구도 넣었죠. '해럴드 프라이의 더 놀라운 순례'. 행사는 정말 대단했어요. 그 책은 인기가 아주 좋았거든요. 행사 표를 사러 온 어느 손님은 자기 남편 이야기를 들려주었어요. 남편 분이 그 소설을 읽고 동생한테 전화를 했대요. 크게 다툰 뒤로 15년 동안이나 연락을 끊고 지내던 동생과 화해하려고 말이에요. 《해럴드 프라이의 놀라운 순례》에 담긴 화해 메시지에 감화돼 그런 전화를 걸게 된 거죠. 레이철이 서점에 왔을 때 제가 그 얘기를 들려줬어요. 그러자 레이철은 감동해서 눈물을 글썽였죠.

많은 사람들이 살아가면서 힘든 순간이 오면 서점을 찾아요. 위기를 겪을 때 사람은 책에서 길을 찾으려 하거든요. 사별한 지 얼마 되지 않은 사람, 이혼을 한 사람, 자녀 문제로 큰 곤란을 겪는 사람, 건강에 큰 문제가 생긴 사람 등 심리적으로나 사회적으로 문제가 있는 사람 등 서점은 온갖 사람들이 모이는 곳이에요. 고민을 안고 찾아와도 따뜻하게 반기는 곳이 있다는 사실에 날마다 저희 서점을 찾아오는 분들도 있어요. 그분들에게는 서점이 보호소죠."

홈페이지: linghams.co.uk

스카신 북스

Scarthin Books, Cromford, Peak District

미로 같은 서점 곳곳에 독자를 위한 깜짝 선물을 숨겨두는 서점

스카신 북스는 자칭 '소수의 다수'를 위한 서점이다. 데이비드 미첼이 운영하는 이곳은 신간과 중고 서적 모두를 취급한다. 직원도 없이 방 한 칸에서 시작한 스카신 북스는 이제 12개의 공간과 창고에서 직원 7명이 풀타임으로 일하는 곳이 됐다. 40년에 가까운 세월에 걸쳐 이뤄낸 성공에 대해 스카신 북스는 '직원들이 헌신적으로 노력했고 다른 일에 눈을 돌릴 능력이 없었기에 자연스레 성장했다'고 농담처럼 말한다. 그리고 '전에는 직원 모두 30세 언저리였는데 이제는 대부분 50세가 넘었고, 조기 은퇴한 사람들을 부러워하는 마음과 싸우면서 암을 걱정하고 있다'고 덧붙인다.

데이비드는 노샘프턴셔 주립 도서관에 매주 다니던 기억을 되살려 스카신 북스의 매장을 구성했다. 많은 책 사이로 통로가 미로처럼 이리저리 이어져 있어서 책장 사이사이에 할인 쿠폰을 숨기기도 쉽다. 예를 들어 높은 대들보에는 '키가 아주 큰 아버님께 드리는 상'이라는 문구와 함께 '이 대들보에 아버님의 머리가 닿으면(받침에 올라서거나 까치발로 서는 것은 무효!) 3파운드 상당의 책 쿠폰을 드립니다'라고 써 있는 식이다. 데이비드가 좋아하는 곳은 아동 서적 코너다.

"1년 반 전에 아동 서적 코너에 책장을 새로 설치한 뒤, 이 지역 설치 미술가 케이티와 클레어에게 새로운 분위기를 불어넣어 달라고 부탁했죠. 와인과 피자를 대접한 뒤에 두 분만 남겨 두고 저는 서점에서 나갔어요. 이튿날 아침 8시 30분에 결과를 보러 갔는데 천장에 못 쓰는 책들이 붙어 있더군요. 머리 위에 팝업북이 펼쳐진 것 같았어요. 조명은 천으로 감쌌는데 동네 아이들이 직접 글을 쓰고 그린 천이었어요. 구석진 곳, 후미진 곳마다 종이로 만든 작품이 놓여 있었는데 정말 아름다웠어요."

내가 좋아하는 스카신 북스 이야기도 있다. 스카신 북스에는 1941년에 발간된《야생 새의 노래Songs of Wild Birds》라는 책이 있었는데 책 안쪽에 다음과 같은 낙서가 있었다.

'이 책을 펼치면 새들이 노래하기 시작한다.'

낙서를 쓴 연도는 1944년이라고 적혀 있었다. 2010년 어느 날에 누가 그 책을 구입했다. 그런데 며칠 뒤 서점 매니저인 데이비드 부커가 책장에 다시 꽂혀 있는《야생 새의 노래》를 발견했다. 매니저는 그 책이 팔렸다는 사실을 잘 알고 있었으므로 이상하게 여기며 책을 펼쳤다. 그러자 놀랍게도 새소리가 들렸다. 알고보니, 그 책을 산 손님이 책을 집으로 가져가 책장을 넘길 때마다 다른 새소리가 나도록 특별한 장치를 설치한 뒤 다시 서점 책꽂이에 꽂아 둔 것이었다. 그리고 '이 책을 펼치면 새들이 노래하기 시작한다'라고 적힌 1944년의 낙서 아래에는 새로운 낙서가 덧붙어 있었다. '이제 정말 노래한다.'

홈페이지: www.scarthinbooks.com

북스 앤드 잉크
Books & Ink, Banbury

"빌려 읽은 책은 꼭 주인에게 돌려주세요!"

샘 반스와 셰릴, 두 친구가 옥스퍼드주에서 북스 앤드 잉크의 문을 연 것은 2005년 핼러윈 때였다. 북스 앤드 잉크는 신간과 구간 모두를 취급하는 서점으로 '서점의 사랑 이야기'에 관해서는 단연 특별한 이야기가 숨어 있는 곳이다.

샘은 서점에서 애인을 만났다. 서점에 손님으로 오던 남자와 사랑에 빠진 것이다. 샘 반스는 자기 일을 무척 좋아하는 사람인데 그 사실은 서점을 잠깐만 둘러봐도 알 수 있다. 일단 서점에 있는 책장들이 모두 수공품이다. 게다가 샘은 처음 서점 문을 열 때 옥스퍼드 브룩스에서 책 제본 강좌를 수강했다. 직접 책을 수선하기 위해서였다. 내가 북스 앤드 잉크에 갔을 때 샘과 샘의 어머니는 홍차와 생강 비스킷을 내놓고 아동 도서 고서적 코너로 나를 안내했다. 샘은 자기가 좋아하는 글귀가 적힌 책이 있다면서 내게 보여주었다. 20세기 초에 나온 이야기책 안에는 아주 깔끔한 소녀의 글씨체로 다음과 같은 글귀가 적혀 있었다.

이 책은 애니 제프리의 것입니다.

저한테서 이 책을 빌린 친구라면 재미있게 읽고,

다른 사람에게 빌려주지 말고 꼭 저에게 돌려주세요.

저의 향학열은 어떤 일에도 꺾이지 않지만,

빌려준 뒤 못 받은 책이 많아요.

이 책을 읽고, 이해하고, 얼른 돌려주세요.

그리고 책 귀퉁이는 접지 마시고요.

링엄스처럼 샘의 서점도 힘든 일을 겪는 사람들에게 힘이 되어
주었다. 하루는 어떤 손님이 《하이디Heidi》를 찾았다. 위중한 병에
걸린 친구가 그 책을 한 번 더 읽고 싶다고 했기 때문이다. 축약본
과 새로 나온 것을 찾아냈지만, 친구가 원하는 것은 그런 것이 아니
었다. 그래서 샘은 자기 서점에 있는 책을 모두 뒤져 옛날 푸핀 출
판사에서 출간된 《하이디》를 찾아냈다. 손님의 친구가 옛날에 가
지고 있던 책과 같은 것이었다.

홈페이지: www.booksandinkbookshop.com

캐롤라인 스메일스

Interview

"등대 같은 서점이라니, 멋지지 않나요?"

캐롤라인 스메일스는 남편, 세 자녀와 함께 잉글랜드 북서부에 살고
있다. 《아서 브랙스턴의 익사The Drowning of Arthur Braxton》가 다섯 번째 소
설이다.

"제 상상의 서점은 등대예요. 바닷가나 바위 위가 아니라 시내 한 가운데에 있는 등대죠. 이상하게 보이겠죠. 혀를 차는 사람이나 흉물이라고 수군거리는 사람도 있을 거예요.

서점 꼭대기 층에는 색다른 게 있을 거예요. 롤러스케이트 장과 디스코 볼이 있고, 헤드폰도 무료로 빌릴 수 있는데 그것으로 1980년대 유명 발라드 음악을 들을 수 있죠. 그러다보니 누구나 들어갈 만한 곳은 아니어야 해요.

아래층에는 벽을 따라 구불구불 놓인 책장 가득 온갖 재미있는 책들이 뒤죽박죽 섞어 있을 거예요. 제 서점에서는 손님이 스스로 책을 찾아내야 해요. 나선형 계단을 올라가서 자기만의 보물을 찾아야 하죠. 먼지가 뽀얗게 앉은 책들이 자기를 데려갈 사람을 기다리고 있겠죠. 책 표지가 보이게 늘어놓은 진열대 같은 것은 없어요. 저는 모든 책을 동등하게 대접할 거예요.

제 서점은 피난처가 되어야 해요. 현실 세계에서 벗어날 수 있는 피난처요. 서점에 숨을 곳들도 만들어 둘 거예요. 모든 사람이 자신을 드러내기 좋아하는 건 아니니까요. 어둠과 빛이 공존하는 시간에 문을 열고, 케이크도 무료로 나눠 줄 거랍니다. 아주 많이……."

세계의 서점과 서점을 사랑한 사람들의 이야기 I

북 바지
The Book Barge, Lichfield
강물 위를 자유롭게 떠다니는 배로 만든 서점

나는 늘 살림을 살 수 있는 배를 갖고 싶었다. 이유는 모르겠다. 어쩌면 '로지와 짐'이라는 어린이 텔레비전 프로그램 때문인지도 모른다. (어쨌든 배보다 더 좋은 것은 사실, 서점이다!) 책들을 실은 배. 운하를 자유롭게 떠다니며 책뿐만 아니라 홍차와 비스킷 그리고 몰래 홀짝일 수 있는 와인도 있는 배. 토요일 아침이면 아침 식사도 할 수 있는 배!

북 바지는 리치필드에 정박해 있다. 전장 18미터의 배가 서점으로 변신했다. 이곳을 운영하는 사람은 사라 헨쇼다. 북 바지에는 소파가 놓여 있고, 간식도 있다. 여기저기에 타자기가 멋지게 장식되어 있다. 책장 곳곳에는 직접 만든 책 쿠폰도 숨어 있다. 사라는 북 바지에 자신의 전부를 걸었다. 내가 찾아 갔을 당시에 헨쇼는 그곳에서 살고 있었다. 집세로 나갈 돈까지 북 바지에 투자한 것이다.

북 바지가 된 배의 원래 이름은 조셉호였다. 사라는 2009년에 조셉호를 구입하면서 노를 저어 움직이는 작은 배도 함께 구입했다(그 작은 배의 이름은 조세피나호였다). 서점에는 토끼도 살고 있다. 토끼의 이름은 '나폴레옹 버니파르트'다(종종 토끼가 책을 먹을 때도 있다).

5년 동안 바빴다고 한다. 배를 서점으로 만들겠다는 아이디어를 처음 떠올린 후 사라는 은행에 가서 스타트업 창업 대출을 받으려 했다. 은행에서 사업 계획을 프레젠테이션하기 위해 사업 설명서를 단행본처럼 만들었다. 배로 만든 서점이 얼마나 멋질지 잘 보여주기 위해 《버드나무에 부는 바람The Wind in the Willows》 속 그림들과 가상의 리뷰들로 책을 만든 것이다. 설명서에 클레오파트라의 바지선 묘사(셰익스피어의 《안토니우스와 클레오파트라》)도 함께 넣었다.

> 그녀가 앉은 빛나는 왕좌 같은 바지선이 물 위에서 불탔네
> 선미루는 금빛으로, 돛은 자줏빛으로 물들었네
> 바람이 이들에게 상사병을 앓아서 향기도 자줏빛이니

북 바지가 전설적인 서점이 될 것이라고 단언하는 사업 설명서를 들고 사라는 은행원 앞에서 더없이 다정한 미소를 지었다. '이런 서점을 만들게 도와주세요!' 그러나 은행원들은 눈썹을 치켜세우고 한숨을 쉬었다. 그리고 대출을 거절했다.

사라는 낙담하고 포기하는 대신 방향을 틀어 두 번째 안에 착수했다. 가족에게 지원을 받아 배를 사고 개조해 2009년에 드디어 북 바지의 문을 연 것이다! 처음에는 순조로웠다. 사람들은 북 바지를 '마법'이라고 칭송했고, '세계 서점 베스트 10' 같은 목록에도 많이 들었다. 북 바지는 여러 모로 '마법'이라 불릴 만했다. 하지만 마법이 서점을 운영하는 사람들이 먹고사는 문제까지 해결해주지는 않

았다. 마법이 매출로 이어져야 했지만 쉽지 않았다. 경기는 침체되고 서점 세계는 변하고 있었다. 어느새 사라가 받는 질문은 '왜 배에 서점을 차렸어요?'가 아니라 '애당초 왜 서점을 차렸어요?'로 바뀌었다.

서점이 멸종 위기에 처하지 않았음을 증명하려고, 또 배를 개조해 만든 서점인 만큼 한자리에서만 책을 팔지 않아도 되는 장점을 이용하려고 사라는 반년 동안 영국 운하를 도는 여행을 결심했다. 북 바지에는 주방이나 욕실, 화장실이 없었다. 그래서 페이스북과 트위터를 활용해 배가 도착할 곳을 미리 알리고, 그곳에서 책을 받고 욕실과 잠자리를 제공할 사람을 찾기로 계획했다. 사실 사라의 계획에는 더 큰 뜻도 있었다. 책을 잠자리와 교환할 수 있다면 그건 실제로도 책이 가치 있다는 뜻이며, 그럼으로써 사람들에게 책의 가치를 재발견하게 하려는 것이었다.

용감한 행동이었다. 2011년 5월에 사라는 출발했다. 운하에 있는 암초의 위치도 미처 다 파악하지 못했고, 매일 배를 정박할 곳에서 과연 잠자리를 구할 수 있을지도 전혀 알 수 없는 상태였다. 모르는 사람에게 휴대폰 전화번호를 알려주고 음식을 받는다는 것은 상대를 신뢰하지 않으면 상상할 수 없는 일이지 않은가? 사라는 항해 중에 특이한 사람을 여럿 만났다. 그중에 한 명은 오스트레일리아 사람으로, 사라에게 항로를 바꿔 오스트레일리아로 오라는 이메일을 보냈다. 세계를 일주하며 오스트레일리아로 향하는 항로를 그려 보내면서 연말은 아시아에서 보내라고 제안하기도 했다. 사라는 정중히 거절했다. 반년 동안 사라는 1,500백 킬로미터가 넘는 거리를 여행했다. 배에서 비둘기를 길렀고 도둑을 만났으며, 전국 신문에도 기사가 났다. 브리스톨에서는 쫓겨나기도 했다. 사라의 즐겁고 재미있는 모험담은 《떠다니는 서점The Bookshop That Floated Away》에 모두 담겨 있다. 내 책《서점에서 들은 기묘한 이야기들》에도 북 바지 이야기가 나온다.

물에 떠 있는 서점이니 이상한 질문을 하는 사람이 많은 것은 당연하다. 내가 마지막으로 갔을 때(이때는 사라가 배에서 살기 전의 시절로 그냥 서점이었다) 어떤 여자는 30분 넘게 소파에 앉아 책을 읽다가 사라에게 말했다.

"이렇게 집으로 사람들을 초대하다니, 정말 친절하시네요."

사라와 내가 이곳은 집이 아니라 서점이라고 설명하자 그 여자는 화들짝 놀랐다. 그런데 생각해보면 남의 집에서 그처럼 편하게 있는 게 더 놀라운 일이 아닐까? 그 여자가 왜 그랬는지는 나도 모르겠다. 내가 좋아하는 또 다른 일화는 어떤 남자 손님이 들어와 이렇게 속삭인 것이다. '제가 사담 후세인을 닮았죠? 저도 압니다. 하지만 걱정 마세요. 사담 후세인은 아니니까요.'

북 바지에서는 활판 인쇄 워크숍, 아주 성공적인 독서 토론회 등 이벤트가 많이 펼쳐진다. 이따금 토요일 아침에 열리는 조찬 모임에서는 사라가 만들어주는 아침을 먹고, 운하를 항해하는 배에서 책을 읽을 수도 있다. 조찬 모임이 생긴 것은 사라의 애인인 스튜

덕분이다. 목수인 스튜는 배에 화장실과 작은 주방을 만들고 아이들이 앉을 수 있는 독서 공간도 만들었다.

변화는 꼭 필요했다. 사라가 새로운 큰 모험을 계획하고 있었기 때문이다. 사라는 인터넷 서핑을 하다가 부르고뉴 지방에 있는 니베르네 운하 주위의 땅이 매물로 나와 있는 것을 보았다. 개조하지 않은 농장 주택을 포함해서 가격은 1만 9천 파운드쯤이었다. 북 바지로 프랑스까지 항해하는 것은 사라가 늘 꿈꾸던 일이었다(언젠가는 흑해까지 가는 날이 오기를 바라고 있다). 사라는 스튜에게 매물 정보를 보여주었고 두 사람은 함께 프랑스로 갔다.

"그곳을 둘러보면서 거기서 생활하려면 무엇이 필요하고 또 무엇을 해야 할지 생각했어요. 정박 허가를 받기까지 거쳐야 할 복잡한 업무, 집 안에 살고 있는 박쥐 및 주위에 둥지를 트고 있는 새들과 치러야 할 싸움 등을 생각한 뒤에 잠시 머뭇거렸죠. 그리고 우리가 프랑스어를 조금밖에 못한다는 사실과 이 벽촌에서 영어책을 살 사람은 고작해야 30가구밖에 없다는 사실, 운하로 항해를 나가기에 충분할 만큼 고요한 바다를 기다리려면 아주 오랜 시간이 걸린다는 사실도 생각했어요. 그래도 그 땅을 샀어요. 우리는 바보니까요. 이유는 또 있었어요. 당시 바다 너머에 있는 커다란 집에서 바이올린 소리가 바람에 실려왔거든요. 그때 우리는 우리의 미래가 신비롭고 아름다울 거라고 느꼈어요."
홈페이지: www.thebookbarge.com

왜 배에 서점을 차렸느냐고 묻는 손님을 거의 매일 만난다. 말투에서 정말 궁금한 마음이 느껴지는 사람도 있다. 대개는 자신이 참신한 말장난을 한다고 생각하며 '소설'이라는 뜻과 '신기한'이라는 뜻을 다 가진 'novel'을 써서 'novel' 아이디어라고 말한다. 미국인 손님은 바다의 사나운 물결과 신기하다는 뜻을 다 가진 'swell'을 써서 'swell' 아이디어라고 하기도 한다.

한번은 어떤 여자가 선창 밖을 내다보다가 히스테리에 가까운 어조로 호들갑을 떨었다. '지금 우리가 정말 물 위에 있는 거잖아! 얘, 너는 왜 여기가 진짜 배라고 진작 말해주지 않았니? 거기, 계산대에 있는 분, 왜 이 서점이 물에 떠 있는 건가요?' 여자는 잠시 말을 멈추고 바다의 주술을 막기라도 하려는 듯 페이퍼백 한 권을 가슴에 끌어안았다. 그렇게 한참을 골똘이 생각하더니 다시 말했다. '그런데 정말 물에 떠 있어? 아니 그게 아니라, 이게 다 무슨 입체 영상 같은 거 아냐?' 그리고 잠시 더 생각하더니 덧붙였다. '그래, 틀림없어.'

_사라 헨쇼,
《떠다니는 서점^{That Floated Away}》 중에서

옐로라이티드 북숍
The Yellow-Lighted Bookshop, Tetbury & Nailsworth

"우리는 사회에 긍정적인 영향을 미치려고 항상 노력해요."

히어워드 코벳은 글로스터셔의 테트베리와 네일워스 두 마을에서 옐로라이티드 북숍 지점 두 곳을 운영하며, 옐로라이티드 북 페스티벌을 만들었다. 서점 이름은 미국 작가 루이스 버즈비의 《노란 불빛의 서점The yellow-lighted bookshop》에서 따왔다.

"루이스 버즈비는 고흐가 동생에게 보낸 편지에서 그 책 제목을 땄어요. 한때 서점을 운영하기도 했던 고흐는 동생한테 파리로 돌아갈 수 있으면 좋겠다고 적고, 비에 젖은 11월 저녁 서점의 노랑과 분홍 쇼윈도와 검은 행인들을 그렸어요. 이런 것들의 영향으로 서점을 시작했어요. 그리고 6년 후, 두 번째 서점도 문을 열었죠. 저희는 윤리적 경영을 염두에 둬요. 예를 들면 친환경 전력만 사용하죠. 그리고 좋은 책을 구비하고 어떤 일에든 신중하고 친절하려고 애씁니다. 저희가 사회에 조금이라도 영향을 미칠 수 있다면, 그 영향이 긍정적인 것이기를 바라거든요. 고맙게도 저희 서점에서 일하시는 분들은 저보다 뛰어나요. 여기까지 온 것은 정말 행운이죠. 누가 저를 '몸을 파는 문명인'이라고 묘사한 적이 있어요. 제가 윤리적으로 책을 팔면서 성공할 수 있다면 그건 큰 성과겠죠."

홈페이지: www.yellow-lightedbookshop.co.uk

조지 밴튼
George Bayntun, Bath

11명의 제본 장인이 모여 직접 책 제본을 하는 곳

배스는 내가 좋아하는 도시다. 건물들이 아름답고, 운하를 따라 걸으며 요트에서 생활하는 백일몽에 잠길 수 있기 때문이다. '목욕'을 뜻하는 '배스Bath'라는 지명에 걸맞게 온천도 있다. 전설에 따르면 고대 블라두드 왕이 2,500년 전에 마법으로 온천을 만들었고, 왕과 돼지들이 여기서 목욕한 뒤 나병이 나았다고 한다.

조지 밴튼 서점은 기차역 근처에 있다. 그래서 배스에 가면 늘 맨 처음 이 서점에 들른다. 그렇지만 그냥 들어갈 수는 없다. 벨을 누르고 기다려야 한다. 나는 기다리는 동안 상상의 날개를 펼친다. 안에서 나를 관찰하며 과연 여기에 들여보내도 될 만큼 책을 사랑하

사람 피부로 만든 책

'피부 제본술Anthropodermic bibliogegy'은 사람의 피부로 책을 제본하는 기술을 일컫는다. 런던 국회 의사당을 폭파하려던 1605년 화약 음모 사건의 주모자 중 한 사람인 헨리 가넷 신부는 체포되어 재판을 받았는데, 참수형에 처하고 그 얼굴 피부에 죄목을 적어 책으로 제본하라는 판결을 받았다. 19세기 초 미국에서는 살인범을 처형한 뒤 그 피부에 살인 판결을 적으라는 판결이 내려진 일이 최소 한 번은 있었다. 1877년 프랑스 천문학자 카미유 플라마리옹은 《하늘의 세계Les Terres du Ciel》라는 자신의 책을 여성의 피부로 제본했다. 그를 흠모한 여성이 죽을 때 피부를 그에게 기증했던 것이다.

세계의 서점과 서점을 사랑한 사람들의 이야기 Ⅰ

는 사람인지 평가하고 있지는 않을까. 이런 상상을 하면 서점 안에 들어가는 게 더욱더 신비롭게 느껴진다.

벨을 누르고 안으로 들어가면, 가죽과 금박이 넓게 펼쳐진 곳을 돌아다닐 수 있다. 아동용 서적이 지하를 채우고 있고 계단 아래에도 책장이 있다. 마치 크게 키운 인형의 집 같다. 마음껏 돌아다니다가 책장 뒤에 있다보면 한두 시간이 휙 지나간다. 조지 밴튼은 1800년대부터 책 제본으로 유명하다. 지금도 11명의 장인들이 세계 곳곳의 고객들이 주문한 책을 제본한다. 이곳에 있는 제본 기구의 수만 해도 1만 5천개가 넘는다. 세계 최다 기록을 자랑하는 제본 기구 중에는 18세기에 만들어진 것도 있다. 조지 밴튼은 1950년에 메리 여왕으로부터 왕실에 책을 납품하는 서점으로 인증을 받기도 했다.

홈페이지: www.georgebayntun.com

미스터 비스 엠포리엄 오브 리딩 딜라이츠

Mr. B's Emporium of Reading Delights, Bath

책을 소재로 곡을 만들어 연주하는 '북숍 밴드' 의 음악이 흐르는 곳

닉과 줄리엣 보톰리 부부는 각각 런던과 프라하에서 변호사로 일했다. 신혼여행 때 두 사람은 나중에 무엇을 하고 싶은지 이야기했다. 두 사람 모두 책을 사랑하는 애서가인 데다 당시 변호사 일에 조금 질려 있던 터라 두 사람은 일을 그만두고 영국에서 서점을 열기로 결심했다.

닉은 서점 일을 제대로 시작하고 싶었다. 그래서 자동차를 몰고 1개월 동안 잉글랜드 북부와 스코틀랜드 남부를 돌아다니며 최대한 많은 독립 서점을 찾아다녔고 서점 운영에 대한 조언을 들었다. 독립 서점을 운영하는 사람들은 같은 일을 시작하려는 닉에게 친절하게 자신들의 성공은 물론, 실패까지 상세히 들려주며 기꺼이 도움을 줬다. 닉과 줄리엣 부부는 줄리엣의 동생 하비, 체코 개 블라시카와 함께 2006년 배스에 서점 문을 열었다.

"모든 걸 몸으로 배웠어요. 서점 문을 연 첫날에는 금전 등록기를 사용하는 법도 몰랐죠. 저희는 직접 몸으로 부딪치면서 성장했어요. 층을 추가해 확장하는 법과 애서가에서 손님을 정말 잘 대하는 서점 주인으로 변신하는 법 그리고 지역 특성에 맞춰 책을 흥미롭게 전시하는 법도 배웠죠. 예를 들어 저희는 욕조를 개조해 책 전시대로 쓰고 있어요. 또 손님 한 사람 한 사람에게 맞춤 도서 목록을 만들어주는 '책 테라피 룸'을 만들어 '독서 스파'를 경험하게 하기도 하죠. 출판사와 함께 한정판 도서도 만든답니다. 이 모든 노력은 손님들께 저희 서점에서만 누릴 수 있는 독특한 경험을 드리기 위한 것이죠."

서점의 저자 행사를 더욱 색다르게 만들기 위해 닉은 음악을 하는 친구 3명을 불러 '북숍 밴드'를 조직했다. 북숍 밴드는 행사에 참여하는 작가가 쓴 책을 소재로 노래를 만든다. 이 밴드는 매우 유명해져서 영국 순회공연도 다닌다. 지금까지 100곡이 넘는 노래를

만들었는데, 닉이 특히 좋아하는 곳은 《해럴드 프라이의 놀라운 순
례》를 소재로 한 '여자에게 구애하지 않는 법'이다.

홈페이지: www.mrbsemporium.com

레이철 조이스

Interview

"마치 친구를 고르듯 세심하게 책을 골라야 해요."

레이철 조이스는 세계적으로 베스트셀러가 된 《해럴드 프라이의 놀라
운 순례》 이후, 2013년에 두 번째 소설 《퍼펙트Perfect》를 출간해 평단
에서 호평을 받았다. BBC 라디오 4에서 20편이 넘는 오리지널 드라
마를 집필한 것을 비롯해 텔레비전과 라디오의 대본을 쓰기도 했다.

"아주 어릴 때 《못 말리는 내 동생My Naughty Little Sister》을 매우 좋아했
어요. 어린아이들이 다 그렇듯 운율이 있는 책을 좋아했죠. 집에 책
이 많았지만 도서관에도 자주 갔죠. 지금 제 아이들을 데리고 서점
에 가는 것처럼 서점에 가지는 않았죠.

특별히 좋아하는 서점을 고르기는 힘들어요. 서점마다 특별한
면이 있거든요. 저는 밝고 공간이 넓은 서점이 좋아요. 토론토에 가
면 무도회장처럼 거대한 유리 샹들리에가 달려 있는 멋진 서점이
있어요. 그 서점에 들어서는 순간, 특별한 일이 일어날 것 같은 기
분이 들죠. 배스에는 빼어난 서점이 2곳 있어요. '토핑Topping'에는 반

짝거리는 나무 바닥과 우아하게 포장된 초판본들이 있어요. 문을 열면 콧노래가 저절로 나오죠. 거기서 길 하나만 내려가면 '미스터 비스 엠포리엄 오브 리딩 딜라이츠'가 있어요. 이 서점에도 샹들리에가 있어요. 북숍 밴드도 있고요. 자기가 쓴 책을 소재로 만든 노래가 있다면 무척 감동하지 않을까요? 축복 같은 선물이죠. 저는 《해럴드 프라이의 놀라운 순례》로 만든 노래를 처음 들었을 때 눈물이 났어요. 노래로 책을 칭송하다니, 저는 그렇게 멋진 음악은 처음 들어봤어요!

우리 애들은 컴퓨터로 쇼핑하는 데 익숙하지만 서점에 가는 것은 무엇으로도 대체할 수 없어요. 책을 살지 말지 결정하기 전에 직접 손으로 책을 펼쳐보고 스타일을 잘 살필 수 있으니까요. 서점에 가서 빈손으로 나오는 일은 없죠.

서점에서 책과 함께 떠나는 여행은 정말이지 의례에 가까워요. 우선 제목이나 표지에 끌리고, 그 책을 집어서 표지 문구를 읽죠. 그런 다음에는 펼쳐서 본문을 읽어요. 잡을 수 있고 무게감이 느껴지고 냄새도 나는 실물을 손에 들고 있는 거죠. 그리고 어떤 서체를 썼는지, 글과 그림은 어떤 식으로 배치되었는지 살펴봐요. 서점에서 책을 보고 만지는 일은 해도 해도 부족해요. 친구를 고르듯 책을 골라야 하죠. 저는 이런 사실을 제 아이들이 잘 이해하고 책을 귀하게 여기기를 바라고 있어요.

저는 손으로 쓴 리뷰와 함께 추천 도서를 진열한 서점을 좋아해요. 서점 직원이 다가와서 대화를 나누고 책을 추천해주는 것도 좋아하죠. 저는 세계 곳곳에서 멋진 직원들을 많이 만났어요. 특히 기억에 남는 사람이 한 명 있는데 토론토에 있는 큰 체인 서점에서 일하는 직원이었죠. 그 서점에서는 직원들한테 판매량을 할당했는데, 그 직원은 제 책《해럴드 프라이의 놀라운 순례》를 400권 파는데 온 힘을 쏟았어요. 그 책을 파는 걸 자기 프로젝트로 생각하고, 책을 미처 모르고 있던 남자 손님들한테 집중적으로 팔았어요. 남자 손님한테 집중한 데 별다른 이유가 있는 건 아니었어요. 작가인 제가 여자이기 때문이었죠.

당신이 꿈꾸는 서점은 어떤 모습인가요?

제가 서점을 연다면? 글쎄요, 큰돈은 벌지 못하겠죠. 그러니까 누구한테도 도움이 안 될 거예요. 그래도 굳이 낸다면 정원이 있고, 창으로 햇빛이 쏟아지는 곳에 내겠어요. 햇빛 속에 앉아서 손님들에게 말할 거예요. '이 책을 한번 읽어보세요. 잠깐 앉아서 책을 읽는다고 해가 될 건 없잖아요?'"

해리스 앤드 해리스 북스

Harris & Harris Books, Clare, Suffolk

서점은 주인을 닮는다

해리스 앤드 해리스의 한쪽 벽에는 이런 글이 적혀 있다.

'책은 절대로 빌려주면 안 된다. 책을 돌려주는 사람은 없다.
내 서재에 있는 책들은 다른 사람한테서 빌린 것뿐이다.'

_아나톨 프랑스(작가, 1844~1924)

재미있는 글이다.

해리스 앤드 해리스를 돌아다니다 보면 서점 주인인 케이트 해리스의 머릿속을 돌아다니는 기분이 든다. 매장 구성이 케이트의 면면을 그대로 닮았기 때문이다. 사실 이 말은 어떤 손님이 케이트에게 들려준 말이다. 서점 주인을 실재하는 책으로 표현하는 서점. 내가 생각하는 좋은 서점은 바로 그런 곳이다.

케이트는 직접 서점을 열기 전까지 '머치 어두Much Ado'를 비롯한 여러 군데 서점에서 일했다. 그러다가 아주 우연한 계기로 자기 서점을 내게 되었다.

"서퍽으로 이사한 지 5개월밖에 안 됐을 때였어요. 어머니가 찾아오셨다기에 차를 몰고 클레어에 갔는데, 주차할 곳이 딱 한 자리 남아 있었어요. 골동품점 앞이었죠. 차에서 내리는데 그 골동품점에 있는 윌리엄 셰익스피어 동상이 눈에 딱 띄었어요. 더 자세히 보려고 안으로 들어갔는데 어머니께서 제게 말했어요. 이 동상을 사줄 테니 서점을 열라고요. 이런 동상은 서점에 있어야 제격이라고요. 골동품상이 그 얘기를 듣고 저희한테 귀띔했어요. 길 위쪽에 매물로 나온 선물 상점이 있다고요.

그래서 윌리엄 셰익스피어 동상을 사서 겨드랑이에 끼고 선물

상점으로 달려갔어요. 그런데 그 상점에 들어오겠다는 사람이 벌써 나타났다고 하더군요. 며칠 뒤에, 전화가 왔어요. 그 계약이 깨졌으니 만나고 싶다는 거예요. 그렇게 계약이 성사됐죠. 3개월 뒤에 서점 문을 열었고요. 우연히 나눈 대화와 윌리엄 셰익스피어 덕분이었죠!"

홈페이지: www.harrisharris.co.uk

머치 어두
Much Ado, Alfriston, Sussex

작가 빌 브라이슨이 사랑하는 서점

머치 어두는 서섹스의 알프리스톤에 있는 서점이다. 책장 앞쪽에는 중고 서적이, 뒤쪽에는 신간이 꽂혀 있으며 골동품 같은 서적은 바닥 가까이의 아래 칸에 꽂혀 있다. 주인은 케이트 올슨과 내시 로빈스다.

케이트는 미국 펜실베이니아에 있는 아미시 교도 공동체 농장에서 자랐다.

"어릴 때부터 서점을 운영하는 게 꿈이었어요. 할아버지 책상 밑에 앉아서 선반 아래쪽에 있는 책을 꺼내 할아버지한테 파는 놀이를 하곤 했죠. 제가 책을 좋아해도 도서관 사서가 되지는 않을 거라고 할아버지는 말씀하셨어요. 어릴 때는 영국에 빠져 있었어요. 용돈을 받으면 그게 파운드로 얼마인지 어른들한테 묻곤 했죠. 그렇게 달러를 파운드로 생각하면서 용돈을 썼어요. 제게 영국은 아주 특별한 곳이었어요."

케이트는 뉴잉글랜드에서 처음 서점을 열었고, 거기서 내시를 만났다. 당시 내시는 그 지역 신문사 기자로 일하고 있었는데 팔 책들을 케이트의 서점으로 가져왔다. 그후 내시는 케이트 옆을 떠나지 않았고, 뒤돌아보지 않았다고 한다.

"미국에서는 서점을 3곳이나 운영했어요. 모두 서로 100미터 이상 떨어지지 않은 거리에 있었죠. 확장을 거듭했거든요. 그렇게 큰 성공을 거두기까지는 케이트와 제가 영국을 아주 좋아한 것도 한 요인이었을 거예요. 저희는 영국까지 와서 책을 사서 미국으로 부쳤어요. 저희가 느끼기에는 영국판이 느낌이나 모양이 더 좋았거든요. 그중에는 한 번도 미국에 오지 않은 책도 있었어요. 덕분에 저희는 미국 어디에서도 쉽게 볼 수 없던 책들을 팔 수 있었죠."

케이트와 내시는 영국에 갈 때마다 조금씩 더 오래 머물렀다. 그러다 결국 별장 같은 집을 구입했고, 미국에 머물 때는 그 집을 세놓았다. 케이트는 말한다.

"영국에 오면 미국에 있는 서점에서 팔 책들을 구하느라 바빴어요. 그리고 하루 일과가 끝나면 처음 가보는 독립 서점에서 저희가 읽을 책을 구입하는 게 스스로에게 주는 선물이었죠. 몇 해가 지나자 영국에서도 새로운 독립 서점을 볼 기회가 점점 줄어들었어요."

미국에서 20년 동안 머치 어두를 운영한 뒤, 케이트는 마침내 2003년에 영국으로 이주하기로 마음먹었다. 내시와 함께 서점도 영국으로 옮겨왔다. 서섹스로 옮긴 머치 어두는 작가 빌 브라이슨이 좋아하는 서점이라고 한다. 서점 바로 옆에 두 사람의 살림집이 있는데 서점과 살림집 사이에는 정원과 마당이 있다. 마당에는 닭 3마리가 즐겁게 돌아다닌다.

케이트와 내시는 2013년부터 연회비 100파운드를 내고 가입하는 '프렌즈 오브 머치 어두' 회원 시스템을 시작했다. 회원은 무료로 독서 상담을 받을 수 있고, 케이트와 내시가 '책을 구경하고 읽고 꿈꿀 수 있는 방'이라고 부르는 '프렌즈 스위트룸'에 들어갈 수 있다. 프렌즈 스위트룸은 서점 1층에 있는 독립된 공간으로 아름다운 희귀본과 책상들이 있는 곳이다. 케이트와 내시는 '프로스페로 프로젝트'도 운영한다. 이것은 문맹 퇴치 기금을 모으는 자선 기구다. 2013년에 그들은 또 산타클로스의 요정이 되어 크리스마스 양말 수백 개를 만든 뒤 서점에서 판매했다. 그리고 수익금 2,300파운드는 '키즈 컴퍼니(영국 도시 빈민 아동을 돕기 위한 독립 자선 기구-옮긴이)'에 기부했다.

홈페이지: www.muchadobooks.com

알리 스미스

Interview

"중고 책은 저마다 각각의 역사를 지니고 있어요."

알리 스미스는 1962년 스코틀랜드 하일랜드에 있는 인버네스에서 태어났고 지금은 케임브리지에서 살고 있다. 첫 번째 책《자유 연애 Free Love and Other Stories》는 샐타이어상을 수상했고, 두 번째 소설《호텔 월드Hotel world》 오렌지상과 맨부커상 후보에 올랐다. 최근작으로는 《그리고 사라진There but for the》, 《아트풀Artful》, 《샤이어shire》 등이 있다.

"제가 이야기를 사랑하게 된 것은 어머니 덕분이에요. 어머니가 책을 읽어주지는 않았어요. 아버지도 마찬가지였고요. 제가 넷째 여서 부모님은 아이들한테 책을 읽어주는 것에 이미 진력이 나 있 었거든요. 그 대신 토요일 밤에는 언제나 이야기를 들려주셨어요. 토요일 밤은 목욕하는 시간이었는데 그때는 중앙난방이 없었기 때 문에 토요일 저녁에만 온수 히터를 틀었죠. 목욕이 끝나면 어머니 는 저를 무릎에 앉히고 이야기 속 인물을 연기하면서 이야기를 들 려줬어요. 그중에는 아주 무서운 인물도 있었죠. 겁을 먹었던 기억 이 나요. 다른 형제들한테는 들려주지 않고 저를 위해 남겨둔 이야 기도 있었어요. 어머니는 아일랜드 사람이지만 우리는 스코틀랜드 북부에서 자랐어요. 어머니가 지어낸 인물 중에는 전형적인 스코 틀랜드 북부 사람도 있었는데 이름은 모락이었죠. 모락은 항상 불 평만 해요. 그렇지만 사실은 아주 부자고, 그래서 사는 게 지루한 인물이었죠. 어머니가 모락을 연기할 때면 산문 같은 시처럼 느껴 졌어요. 그 순간에 어머니와 함께 있는 게 정말 좋았죠. 어머니는 아주 바쁘게 살고 있었기 때문에 그 정도라도 제게 시간을 할애한 건 정말 많이 애쓴 것이었어요.

어릴 때 저는 공공 도서관에는 가지 못했어요. 제가 태어나기도 전에 이미 어머니는 12년 동안이나 도서관에 애들을 데려가야 했죠. 하지만 집에 이미 책이 많았어요. 언니와 오빠의 책들이었죠. 대부분 학교 수업에 필요한 책이었는데, 제가 어릴 때만 해도 스코틀랜드의 학교 교과 과정은 매우 훌륭했어요. 선반에 정말 뛰어난 책이 가득했죠. 그래서 8~10세부터 저는 조지 오웰과 제임스 조이스의 책을 읽었어요. 그게 어떤 책들인지는 나중에야 알았지만요.

인버네스에는 '멜브스Melvens'라는 서점이 있었어요. 스코틀랜드 관광객을 위한 책을 주로 파는 곳이었죠. 네스 호의 괴물, 스코틀랜드 메리 여왕 같은 책들이었어요. 제가 15세쯤 됐을 때, 멜브스 지하에 새로운 매장이 생기면서 펭귄이나 파버 앤드 파버, 피카도르 같은 출판사에서 나오는 신간 페이퍼백이 판매되기 시작했어요. 맨 처음 발견한 것은 시몬 드 보부아르의 책이었을 거예요. 그리고 다른 작가들도 알게 됐죠. 서점 지하로 내려가면 책을 사랑하는 멋진 사람들을 늘 만날 수 있었어요. 흥미로운 모험 같았죠.

그 즈음에 중고 서적을 파는 작은 독립 서점도 문을 열었는데 거기에도 자주 갔어요. 그 서점의 이름은 '리키스Leakey's'였고, 중고 펭귄 북스를 팔았어요. 존 윈덤이나 도리스 레싱, 토마스 만의 책과 함께 소포클레스의 책도 거기서 샀어요. 에피쿠로스나 테네시 윌리엄스 책도 샀죠. 특이하게 조합된 책들을 들고 집에 오곤 했어요. 토요일에는 리틀우즈라는 카페에서 일당 10파운드를 받고 일했는데, 일을 마치면 서점으로 갔어요. 급여 봉투를 받으면 음반 가게나 서점에 가서 돈을 다 썼죠.

제가 글을 쓰기 시작한 것은 7세 때였어요. 학교에서 시를 여러 편 쓰는 숙제를 내주었는데, 저는 제가 쓴 시로 얇은 책을 만들었어요. 책으로까지 만들 필요는 없었지만, 시를 쓰는 게 그만큼 좋았어요. 당시에 《담 너머 진저Ginger Over the Wall》라는 책을 읽고 있었는데, 남자아이들이 공을 차고 놀다가 노파가 사는 집 담장 너머로 공이 들어가 노파와 남자아이들이 친해지는 이야기였어요. 저는 그 이야기에 여자아이는 1명도 나오지 않는 게 불공평하다고 생각했어요. 그래서 제가 여자아이들을 주인공으로 해서 이야기를 다시 썼어요.

자신이 쓴 첫 번째 책이 서점에 놓여 있는 모습을 보면 어느 작가라도 흥분되죠. 케임브리지에 있는 워터스톤즈 서점에서 《자유 연애》를 처음 봤어요. 미국 보스턴에 있는 서점에서도 그 책을 봤는데, 그렇게 먼 곳까지 제 책이 가 있다니 정말 놀랐어요. 그렇지만 거기에 비할 수 없이 흥분되는 일이 또 있죠. 몽땅 다 집으로 가져가고 싶은 책들, 차마 거기에 그냥 두고 나올 수 없는 책들로 가득한 서점에 가는 일이죠.

지금 살고 있는 케임브리지의 중고 서점들에는 재미있는 책들이 많아요. 추상적인 걸 연구하는 대학교 학자들이 있기 때문이겠죠. 그런 사이클이 좋아요. 책들이 들어오고 다시 도시로 나가죠. 잠시 여행을 다녀온 책을 좋아해요.

중고 서점에서 D.H. 로렌스의 《새, 짐승과 꽃Birds, Beasts and Flowers》

을 발견했는데, 1930년대에 발행된 책이라 표지는 누렇게 바랬죠. 'P. A.가 F. N. LW에게. 1933년 9월'이라는 짧은 글과 함께 사진도 끼어 있었어요. 그란체스터 강가에서 수영복을 입은 여자가 작은 거울을 보고 있는 모습인데, 화장을 하고 있는 것 같았죠. 로렌스의 작품인 만큼 책에는 감각적이며 에로틱하고 논쟁을 일으킬 만한 사랑의 운문이 가득했어요. 그런데 맨 뒤쪽 페이지들은 그때껏 아무도 펼쳐보지 않았더군요. 로렌스의 글에 질렸기 때문일까요? 아니면 책을 주고받은 두 사람 사이에 무슨 일이 생겨서 책을 읽다 만 걸까요? 정말 궁금했어요. 하지만 절대로 알아낼 수 없다는 걸 잘 알죠. 책은 저마다의 역사를 담고 있어요. 그래서 전 중고 책을 사랑해요. 책을 손에 쥐면 글자로 적힌 이야기를 제외하고도 이야기가 가득하거든요.

특이한 책들을 서점에 갖추려면 팔리지 않을 위험도 감수해야 하는데, 체인 서점들은 그럴 수가 없죠. 하지만 독립 서점들은 한 발짝 앞서서 기꺼이 그런 모험을 감행해요. 새로운 독립 서점의 시선은 시대에 부합하고 흥미로운 것들을 보며 레이더에 잡히지 않던 것들을 찾아내죠. 좋은 서점은 직감으로 알 수 있어요. 좋은 서점 앞을 지나갈 때면 그냥 지나칠 수가 없으니까요. 서점은 집단적 개성이며 일종의 지성이에요. 저는 서점을 그렇게 보죠. 좋은 서점은 우리 모두의 취향을 각각 만족시키면서도 우리 모두에 대한 시각을 동시에 갖고 있어야 해요. 서점은 서점 주인의 비전이고 책을 사랑하는 사람들은 그 비전을 공유하죠.

결론적으로 말하자면 출판사가 주장하는 최근 경향이나 그해 어떤 어떤 상을 수상했다더라 하는 건 그다지 중요하지 않아요. 서점의 목표는 독자의 목표와 같아요. 그 목표는 시대에 구애받지 않죠. 세상의 안정에 기여하고 모든 것의 균형을 맞춥니다. 그들이 원하는 것도, 우리가 원하는 것도 오로지 좋은 책뿐이에요.

당신이 꿈꾸는 서점은 어떤 모습인가요?

제가 서점을 연다면? 맨 처음 토베 얀손의 《여름책The Summer Book》을 발견했을 때가 떠오르는군요. 1970년대에 펭귄 출판사에서 나온 책인데 얇아서 책장에 꽂혀 있는지도 잘 모르죠. 집자마자 그날 읽게 되리라고 직감하는 책들. 아니, 어떤 계획을 세웠더라도 그 계획을 접고 우연히 손에 쥔 그 책을 들고 앉아 읽게 되는 책들. 제 서점은 그런 것들로 가득할 거예요. 다 읽을 때까지 일어설 생각조차 들지 않을 만큼 좋은 책을 읽는 날, 그날이 아마 우리 인생 최고의 날일 거예요."

더 혼티드 북숍
The Haunted Bookshop, Cambridge
아동 문학 고서적 전문 서점

더 혼티드 북숍은 케임브리지 골목에 숨어 있다. 주인인 사라 키는 1987년부터 서점을 운영했으며 서점을 지탱하고 있는 것은 책들이라고 농담처럼 말한다. 매장은 1, 2층으로 이루어져 있다. 고서적, 특히 아동 문학 고서적을 주로 취급하지만 중고 책을 팔러 온 사람이 어떤 책을 가져올지는 알 수 없다. 상자에서 낚시를 주제로 한 17세기 책이 나온 적도 있다.

나는 '더 혼티드 북숍'이라는 서점의 이름이 도서관과 서점에 있는 유령들 이야기를 다룬 크리스토퍼 몰리의 책《유령서점The Haunted Bookshop》의 제목에서 따온 것인 줄 알았다. 그러나 사라가 들려준 사연은 달랐다.

"저는 1990년대에 이 서점을 샀는데, 전부터 이미 서점 이름이 더 혼티드 북숍이었어요. 전 주인인 데이비드가 그러는데 이 서점에는 유령이 있대요. 지하실에는 아주 심술궂은 남자가 있고, 계단에서는 여자가 어슬렁거린대요. 데이비드는 세상을 떠나기 2주 전에 저한테 전화해서 할 수만 있다면 자기도 유령이 되어 서점에 머물겠다고 말했어요. 데이비드가 죽던 날, 책꽂이들이 막 흔들리고 책들이 이상했어요. 그렇지만 그걸 어떻게 생각할지는 자유죠!"

홈페이지: www.sarahkeybooks.co.uk

더 매드해터 북숍

The Madhatter Bookshop, Oxfordshire, Burford

"우리 서점에서는 책뿐만 아니라 모자도 함께 팔아요"

옥스퍼드셔주 버포드 코츠월드에 있는 더 매드해터 북숍은 반은 서점이고 반은 모자 상점이다. 서점 주인인 사라는 매물로 나온 동네 서점을 인수하면서 생각했다. '다른 물건도 함께 팔면 더 많은 손님을 끌 수 있지 않을까?' 마침 사라의 증조할머니가 맨체스터에서 모자를 만들어 팔고 있었는데 사라의 딸이 '서점에서 모자도 팔아야 해요!' 하고 말했다.

사라는 말한다.

"가지각색의 모자들이 들어오자 순식간에 크리스마스가 된 기분이었어요. 저희는 모자와 책을 함께 파는 효과에 놀라고 있답니다. 이 정도일 줄은 몰랐어요. 모자를 사러 온 손님이 책까지 살 때도 있고, 그 반대인 경우도 있죠."

옥스퍼드셔주는 루이스 캐럴의 고향이다. 사라는 그 점에 착안해 앞으로 《이상한 나라의 앨리스》를 주제로 홍차 파티를 열 계획을 세우고 있다. 1년 364일 '안 생일 파티'를 즐길 수 있다!

홈페이지: madhatterbooks.co.uk

블랙웰스
Blackwell's, Oxford

140년을 이어온 영국 옥스퍼드의 대표 서점

옥스퍼드 브로드 스트리트에 있는 블랙웰스는 1879년에 문을 열었다. 사서의 아들인 벤자민 헨리 블랙웰이 서점 주인이며, 그의 아들 바질 블랙웰은 그 집안에서 처음으로 대학교에 진학했다. 바

세계의 서점과 서점을 사랑한 사람들의 이야기 I

질은 런던에서 출판업을 하다가 1913년부터 서점에서 일을 시작했다. 바질은 출판 경험을 살려서 블랙웰스에 출판사도 만들었다. 실제로 블랙웰스를 등용문 삼아 인기 작가로 발돋움한 사람도 많다. 톨킨의 첫 시도 블랙웰스에서 발표됐다. 1915년에 발행된 옥스퍼드 시선집에는 톨킨의 시 〈고블린 발^{Gobliin Feet}〉이 실려 있다. 톨킨은 블랙웰스에서 외상으로 산 책이 많았는데, 블랙웰스에서는 톨킨의 시를 받고 원고료 대신 외상값을 없애주었다.

1990년대까지만 해도 100년 넘게 옥스퍼드에 있는 서점은 블랙웰스 매장이 유일했다. 그러나 이후 사업을 확장해 체인점이 되었고, 이제는 영국 전역에 40곳이 넘는 지점이 있다. 각 지점마다 그 지점의 점장이 운영하지만 체인 본부는 여전히 블랙웰 집안이 소유하고 있으며 지점 외에 임시 특별 매장들도 있다. 옥스퍼드에 있는 본점은 원래 1제곱미터 크기였지만, 이제는 책 매장이 4개의 층에 걸쳐 있으며 별도의 포스터 매장도 있다. 본관 꼭대기 층은 중고 서적 매장이고 아래로 내려가면 지하에 넓은 '노링턴 룸'이 있다. 이 지하 매장의 책장 길이만 해도 5킬로미터쯤 된다. 매장 가운데에 서 있어도 벽을 볼 수가 없다. 여기에는 2011년에 완공된 무대도 있어서 저녁에 연극 공연이 펼쳐지기도 한다.

옥스퍼드 대학교의 탄생은 프라이즈와이드라는 신앙심이 깊은 공주와 연관이 있다는 전설이 있다. 공주는 수녀가 되고 싶었지만, 왕은 공주를 결혼시키려 했다. 공주는 옥스퍼드로 달아났고 왕이 따라왔지만 옥스퍼드에 들어서자마자 시력을 잃고 말았다. 왕은

북숍 스토리

하나님께 용서를 구하며 공주에게 자유를 주겠다고 약속했다. 그러자 왕의 시력이 돌아왔다. 공주는 현재 옥스퍼드 대성당이 있는 자리에 수녀원을 지었다. 그리고 그 주위에 수도사들이 교육받는 곳도 만들었다. 이것이 바로 옥스퍼드 대학교의 시초다. 이후 옥스퍼드의 아름다운 건물들은 문학 작품에 실리기 시작했다. 《이상한 나라의 앨리스》와 《황금 나침반His Dark Materials》의 배경이 바로 옥스퍼드다. 제2차 세계대전 때 옥스퍼드가 폭격을 전혀 받지 않은 것도 그 때문일 것이다. 만약 히틀러가 영국을 정복했다면 분명 옥스퍼드를 수도로 삼았을 것이다.

2012년 4월, 나는 블랙웰스의 매니저인 줄 버지의 초청을 받고 옥스퍼드에 도착했다. 책을 팔러 간 것은 아니었다. 나는 《서점에서 들은 기묘한 이야기》를 쓰기도 했지만 시인이기도 하다. 줄 버지는 나에게 블랙웰스 각 층에 맞게 시를 한 편씩 써달라고 의뢰했고, 그 작업을 위해 난 하루 동안 서점 안을 돌아다니게 됐다. 내가 서점에 도착했을 때는 폐점 시간이었다. 서점 직원들이 '옥스퍼드 문학 페스티벌' 행사를 막 치른 시점이기도 했다. 이 문학 페스티벌은 9일 동안 열리는데, 그 기간 동안 작가 행사가 350건이나 열린다. 생각만 해도 골치가 아플 만큼 분주한 행사다. 행사 운영에 있어서 블랙웰스 서점은 가히 전설적이다. '옥스퍼드 문학 페스티벌'을 빼고도 한 해에 운영하는 행사가 250가지라고 한다. 그동안 초청한 뛰어난 작가들이 남긴 메시지로 가득한 '작가 방명록'도 있다.

방명록에는 1980년대의 동화 작가인 모리스 센닥이 《괴물들이 사는 나라Where the Wild Things Are》의 '괴물'을 직접 그린 그림도 있는데, 나는 작가 방명록에서 그게 특히 마음에 든다. 또 꼭대기 층에 있는 서점 사무실에는 블랙웰스 서점이 언급된 책만 모아 놓은 곳도 있는데, 그런 책들이 책장 하나를 다 채울 만큼이나 많다.

나는 블랙웰스 음반 매장 맞은편에 있는 서점 숙소에서 편하게 잠을 잔 뒤(서점 안에서 그냥 잤어도, 책들에 둘러싸여 편하게 잤을 것이다), 이튿날 아침 9시에 열리는 서점 직원 회의를 참관하려고 서점으로 향했다. 그리고 회의가 끝난 뒤 조용히 서점을 돌아다니기 시작했다. 살 것을 찾기 위해서가 아니라 서점의 분위기를 온몸으로 느끼기 위해서였다.

옥스퍼드 학술 서적 매니저인 유안 허스트가 내게 말했다.

"책장 사이로 걸어가면 책들이 속삭여요. '왜 아직도 나를 안 읽어요?'라고 말이에요."

맞는 말이다. 서점 안을 돌아다닐수록 서점의 침묵이 점점 높이 차오르는 것이 느껴졌다. 책들은 숨을 참고, 자기 안에 있는 이야기를 지키려 애쓴다. 다음은 그날 내가 쓴 시들 중 두 편의 일부다.

잃어버린 세계
중고 서적과 고서적 코너

우선, 우리는 시간을 거슬러 간다.

고향을 잃어버린 이들,

떠나오는 도중에 먼지 앉은 표지를 찢긴 이들,

수많은 사람들을 알게 될 이들에게.

그들은 가만히 앉아 있다.

그 가죽은 피난처를 제공할 사람을 떠올리라고

우리에게 속삭인다. 높게 자란 이름표.

'저를 데려가세요.'

허리가 부러진 채

평생을 기다리고 있다.

황동색으로 색이 바랜, 얼굴도 희미한 이가 말한다.

'우리는 이런 대접을 받을 사람이 아니에요.'

그러자 모두가 고개를 끄덕인다, 정색하며.

태양계는 알파벳순으로

돌아간다.

그들은 언젠가 가게 될 집을 기다리며 숨을 참는다. 그리고

맨 끝, 고고학이, 뾰족한 귀를 늘어뜨리고,

가만히 서 있다, 나머지 모두가

자기 아래에 있는 것이 자랑스럽다는 듯.

마술사의 책

소설과 아동 서적 코너

이곳은 리라*의 옥스포드
책들에게 데몬이 있다면
책들도 이야기를 속삭이겠지
하나의 이야기가 끝나기 전에 또 후에.

우리가 태어나기 전부터
책들은 동화를 우리 귀에 재잘댔지.

* 리라는 《황금 나침반》의 주인공 이름이다. — 옮긴이

유안과 줄 그리고 체인점 매니저인 레베카 매칼리스터는 '블랙웰 가족 the Blackwellian Family'이라는 말을 즐겨 쓴다. 이는 블랙웰 가문의 사람만을 가리키는 말이 아니다. 블랙웰스에서 일하는 사람 모두를 가리킨다. 나는 그 사람들과 함께 홍차를 마시면서 그들이 이 서점을 그토록 사랑하는 이유에 대해 들을 수 있었다. 레베카가 말했다.

"처음 여기에 매니저로 입사하려고 원서를 넣었을 때였어요. 저를 사장님 자택으로 데려가더니 30분만 기다리라고 하더군요. 엄청나게 긴장했죠! 그런데 사장님을 만난 뒤로 이 서점에서 정말 일하고 싶어졌어요. 사장님은 아직도 회사에 대한 열정이 대단해서

본점에는 매니저를 고용하지 않을 생각이었대요. 블랙웰스에서 일하면서 가족의 일원이 된 기분이에요. 매일 밤 서점 문을 닫을 때마다 제가 역사를 되풀이하는 느낌이 들어요. 여기서 일하면 그런 낭만을 느낄 수 있죠. 그래서 여기서 일하는 거예요."

유안이 덧붙였다.

"저희가 이 서점의 역사를 짊어지고 있는 느낌이라고나 할까요. 이 서점은 140년 넘게 아주 많은 일을 해왔어요. 그리고 저희가 앞으로 할 수 있는 일이 무엇인지 계속 길을 제시하고 있죠. 5년 안에 출판도 다시 시작할 계획이에요. 이 서점의 역사를 완벽하게 되살리기를 모두가 원하고 있죠.

저희의 캐치프레이즈는 '전통의 첨단'이에요. 딱 맞는 말이죠. 저희는 옥스퍼드의 역사와 함께하거든요. 그러면서도 인터넷 상거래를 처음 시작한 서점이기도 하죠. 중요한 불꽃의 수호자임을 잊지 않는 것과 혁신을 게을리하지 않는 것. 이 두 가지를 잘 섞는 게 저희에게는 관건이에요. 저희는 모험과 개발을 좋아해요. 그렇지만 이 서점에 컴퓨터 알고리즘이 있는 건 아니죠. 이 서점에는 책을 파는 사람들이 있어요. 그리고 저희는 병적일 만큼 호기심이 많죠."

홈페이지: bookshop.blackwell.co.uk/bookshop/home

브라이언 올디스

Interview

**"책은 세상을 보는 새로운 관점을 열어줘요.
책은 멸종하지 않을 거예요."**

1925년생인 브라이언 올디스는 SF와 단편소설로 유명하다. 2000년
에는 미국 SF 작가 협회에서 주는 '그랜드 마스터' 칭호를 얻었고 휴
고상(2회), 네뷸러상, 존 캠벨 기념상 등을 수상했다. 최근 프라이데
이 프로젝트 출판사에서 올디스의 작품들이 재출간되고 있다.

"제2차 세계대전이 끝난 뒤 데번에 있는 고향으로 돌아갔어요.
그런데 아주 지루하더군요. 미얀마 같은 곳에서 지내왔으니 데번
이 지루한 건 당연했죠. 그래서 기차를 타고 옥스퍼드로 떠나왔어
요. 그 뒤로 자연스레 쭉 옥스퍼드에서 살고 있죠.

옥스퍼드에 도착했을 때 당장 일자리가 필요했어요. 근처 서점
에 자리가 있는지 알아보았죠. 마침 '샌더스'라는 고서적 서점에서
사람을 구했어요. 이 서점은 지금도 영업하고 있어요. 당시 사장이
었던 프랭크 샌더스도 데번 주 출신이었는데 우리는 죽이 아주 잘
맞았어요. 저는 프랭크에게서 아주 많은 것들을 배웠어요. 프랭크
는 뭐든 버리지 않고 모아 두는 사람이었는데 희귀한 책들이 많아
저한테 큰 도움이 됐죠. 서점 위층에는 문이 잠긴 작은 방 하나가
있었어요. 거기에는 《애커먼 옥스퍼드Ackerman's Oxford》와 《애커먼 케임

브리지Ackerman's Cambridge》같은 갖가지 신비한 것들이 가득했어요. 애커먼 시리즈는 대학교의 역사를 그림과 함께 실은 책으로, 아주 아름답고 뛰어난 예술품이죠. 윌리엄 호가스의 판화가 많이 실려 있는 거대한 책도 있었어요. 정말 다양한 책들이 바글바글했어요. 책이 아주 많았죠.

책을 팔면서 상반된 두 가지와 금세 사랑에 빠졌어요. 하나는 토마스 하디의 시였고 다른 하나는 러시아 소설이었죠. 저는 러시아 작가들을 존경했어요. 데번에서도 어찌어찌해서《마리 바시키르체프의 일기The Diary of Marie Bashkirtseff》를 구할 정도였죠. 누구나 알 만한 이름은 아니지만, 저한테는 깨우침을 준 책이랍니다. 마리 바시키르체프는 부유한 러시아 집안 출신으로, 부모가 이혼한 뒤 러시아에 남은 아버지를 떠나 어머니와 함께 니스로 가 살았어요. 마리의 뛰어난 일기는 여러 차례 번역됐어요. 그 어떤 책보다 좋아하는 책으로, 8세 때부터 미친 듯이 읽었어요. 지금도 책장에 꽂혀 있죠. 그 책을 읽다가 도스토옙스키를 알게 됐고, 톨스토이도 알게 됐어요. 이제는 늙은이라서 톨스토이의 작품, 그중에서도《부활Resurrection》만 읽죠. 그 책에는 인생의 요소가 아주 많이 들어 있거든요. 제 인생의 요소도 아주 많이 들어 있어요.

서점에 대해 다시 말하자면, 미처 발견하지 못한 책에 대한 호기심을 느낄 수 있는 게 가장 좋았어요. 저는 부지런히 책을 읽어왔지만, 옥스퍼드 대학생들이 읽는 책들은 저한테는 낯선 것이 많았어요. 그런 책들을 읽는 것이 즐거웠죠.

손님들은 서점의 중요한 요소 중 하나예요. 하지만 종종 점원인 저희가 손님들을 비웃을 때도 있었어요. 서점에 오던 어떤 옥스퍼드 학자는 자기가 항상 떠들던 말을 적어서 시집을 내더군요. 그것도 여러 권 냈어요. 따분했죠. 유명한 작가들도 많이 왔어요. 그중에는 아주 친절한 작가들도 있었어요. 존 메이스필드가 그랬죠. 화가 존 파이퍼는 조수들한테 아주 거만했어요. 에벌린 위는 항상 아주 우울했고요.

토요일 저녁이면 딜런 토머스가 와서 주인인 프랭크와 대화를 나누곤 했어요. 당시 딜런 토머스는 한창 유명세를 떨치고 있었죠. 폐점 시간이 되면 프랭크와 딜런은 팔짱을 끼고 거리를 걸었어요. 그러면 딜런이 이랬어요. "프랭크, 10파운드만 빌릴 수 있을까요?' 그러면 프랭크는 '되고말고!' 라고 소리치며 계산대로 다시 달려왔죠. 그러면 딜런은 프랭크에게 고맙다고 인사하며 어둠 속으로 사라졌어요. 그때서야 프랭크는 자기 이마를 때리며 소리쳤어요. '아, 이런! 내가 또 당했네! 나는 정말 바보야!' 샌더스에서 일하며 볼 수 있었던 살아 있는 코미디였어요.

그다지 즐겁지 않았던 것도 있어요. 바로 월급이었어요. 정말 박봉이었죠. 그래서 잠시 일하다가 떠났어요. 3~4년쯤 샌더스에서 일하다가 '파커스'로 갔어요. 브로드 스트리트에 있는 서점으로, '블랙웰스'가 운영하는 곳이었죠. 거기서 옥스퍼드의 서점계가 정말 특별하다고 느꼈어요. 그래서 《북셀러Bookseller》의 편집자에게 편지를 썼어요. 제가 아직 발표한 작품이 없다는 말은 적지 않았죠. 당시에 제가 쓴 글이 책에 실린 것은 단편 소설 2편쯤이었나, 별것 없었거든요. 저는 《북셀러》에 매주 옥스퍼드 서점들에 관한 재미있는 글을 쓰겠다고 했어요. 그리고 '브라이트파운트 일기'를 연재했죠. 브라이트파운트는 블랙웰을 모델로 한 것이었어요. 제 글은 꽤 인기를 끌었고 2년 뒤에 파버 앤드 파버 출판사의 편집자가 그 연재 칼럼을 책으로 내보지 않겠냐고 제안했어요. 저는 생각했죠. '독자들이 웃지 않으면 다시 안 하면 되지.' 어쨌든 독자들은 좋아했고, 저는 작가로서 이름을 얻기 시작했어요.

요즘에 저는 '이들러 아카데미Idler Academy'라는 런던의 작은 서점에서 친구와 함께 책과 글쓰기에 대해 이야기하곤 해요. 옥스퍼드 대학교 안에 있는 보들리인 도서관과도 마침 가까워져서 제가 죽으면 손으로 쓴 글과 그림이 있는 일기를 그곳으로 보내려고요. 이제 일기장을 78권째 쓰고 있는데 일기 분량은 책장 공간 길이로 치면 2.3미터쯤 돼요. 보들리 도서관에는 《휩 도노반의 모험Whip Donovan》의 원본도 있어요. 제가 14세 때 쓴 것이죠. 글씨는 손으로 쓰고 수채물감으로 그림도 그렸어요. 프라이데이 프로젝트 출판사에서 그 글과 그림을 그대로 인쇄해 출간했죠. 재미있지 않나요?

당신이 꿈꾸는 서점은 어떤 모습인가요?
제가 서점을 연다면, 옥스퍼드 안에 열 거예요. 이곳에 아주 큰 빚을 졌거든요. 예전에 뉴욕에서 단편 소설들을 여기저기로 투고할 때, 저는 늘 '옥스퍼드'가 들어 있는 제 주소를 적었어요. 저는 옥스퍼드라는 도시에 살고 있는 것이 아주 자랑스러웠거든요.

옥스퍼드에 서점을 열면 신간과 중고 서적을 모두 팔 거예요. 그리고 그밖의 영업에는 아주 신중을 기할 거예요. 이제 모든 게 변하고 있으니까요. 다행히 출판산업은 잘 해나가고 있어요. 제가 요즘 함께 일하는 출판사인 프라이데이 프로젝트 역시 시대의 흐름에 맞춰 일을 아주 잘하고 있죠.

책이 멸종될까요? 그럴 거라고 예견한 사람은 아주 많아요. 그렇지만 저는 그런 일은 일어날 수 없다고 믿어요. 책은 중요하거든요. 아주 중요하죠. 책은 가르침을 줘요. 세상에 대한 다른 관점도 열어주죠. 누구라도 책을 좋아하지 않을 수 없어요. 그리고 책이 담고 있는 모든 것을 좋아할 수밖에 없죠.

P & G 웰스
P & G Wells, Winchester

현존하는 영국에서 가장 오래된 서점

P & G 웰스는 영국에서 현재 영업 중인 서점으로는 가장 오래된 곳이다. 현재 남아 있는 영수증에 찍힌 날짜만 확인해봐도 1729년까지 올라간다. 지역 대학교와 거래한 영수증인데, 라틴어 문법책(9펜스), 종이(4펜스), 논문집(3펜스), 잉크병(4펜스) 등의 내역이 적혀

있다. 청구서들 중 돈으로 결제를 받은 것은 절반뿐이고, 나머지는 모두 외상으로 이루어졌다. 당시에는 그것이 관행이었던 듯하다. 이런 관행 때문에 소매업은 더 어려움을 겪어야 했다.

유럽에서 가장 오래된 서점은 포르투갈에 있는 '베르트란드 서점 Bertrand Bookstore'으로, 1732년에 문을 열었다. P & G 웰스에 남아 있는 거래 서류는 그보다 연도가 앞서지만, 서점 건물을 기준으로 보면 P & G 웰스는 1750년대에 들어서야 칼리지 스트리트에 있는 지금의 건물에서 영업을 시작했으므로 포르투갈의 서점을 가장 오래된 것으로 본다.

서점이 위치해 있는 윈체스터는 앵글로색슨 시대 잉글랜드의 수도였다. 이곳에 있는 장대한 고딕 대성당은 유럽에서 가장 큰 성당으로 손꼽힌다. P & G 웰스는 여러 사람의 손을 거쳤다. 최초의 주인은 앰브로스 할러웨이였는데 1750년대 말에 버튼 집안으로 넘어갔다. 버튼 부부는 서점을 확대하는 한편, 윈체스터 대학교의 교재 출판도 시작했다. 새로운 주인인 로빈스와 휠러는 지역 신문을 발간하고, 지역 도서관에 새 열람실을 만드는 사업을 지원했다. 지역 신문의 구독료로 책을 기부받거나 첫 1년 동안 부당 4펜스를 받아 도서관을 지원한 것이다. 그러나 안타깝게도 로빈스는 술집을 열었다가 파산했고, P & G 웰스는 런던의 데이비드 너트와 그의 조수 조셉 웰스에게 넘어갔다. 1866년에 조셉 웰스가 서점을 인수하면서 서점의 이름과 동일한 최초의 주인이 되었다. P & G 웰스는 문을 열고 들어서자마자 이 서점의 역사를 볼 수 있다. 마호가니 카운터와 책상, 책장 등은 1889년부터 내려오는 것들이다.

이 서점에는 유명한 유령들이 살고 있다. 먼저 제인 오스틴을 꼽을 수 있다. P & G 웰스는 그녀가 즐겨 찾던 동네 서점이다. 제인 오스틴은 서점 옆집에서 살았는데 죽은 뒤에는 윈체스터 대성당에 묻혔다. 제인 오스틴이 이 서점에서 책을 고르며 돌아다니는 모습을 상상만 해도 재미있다. '제인 오스틴의 손길이 여기에도 닿았을까? 그랬다고 생각하자.' 존 키츠의 〈가을에게Ode to Autumn〉는 P & G 웰스가 있는 칼리지 스트리트를 배경으로 삼은 시다. 그러니까 존 키츠도 이 서점에 들렀을 만하다. 샬럿 영, 존 키블도 19세기에는 이 서점의 손님이었다.

P & G 웰스 뒤쪽에는 특별한 곳이 있다. 제본소다. 이곳은 옛날과 크게 달라지지 않았다. 18세기에 책을 재단하는 데 쓰던 커다란 가위가 지금도 천장에 매달려 있다. 제본소를 운영하는 팀 월트셔와 피트 월트셔 부자는 대학교를 비롯한 여러 고객들의 의뢰에 따라 낡은 책을 손보며 워크숍도 운영한다. 팀은 말한다.

"서기 1500년 이전에 나온 책도 제본해봤어요. 제가 제본한 책 가운데 가장 오래된 책이죠. 캑스턴(영국에서 최초로 활판 인쇄 기술을 사용한 인물)의 견습생인 윙킨 더 워드가 만든 책이었어요. 아쉽게도 캑스턴이 만든 책은 수선해보지 못했죠. 그래도 캑스턴보다 앞선 시대에 나온 책은 수선해봤습니다. 1400년대에 유럽에서 나온 책이었죠."

팀의 책상 옆 책꽂이에는 《거울 나라의 앨리스Through the Looking-Glass Vand What Alice Found There》 초판본이 꽂혀 있다. 팀은 엘리자베스 1세의 소장품이던 책들, 찰스 디킨스가 직접 서명한 책들, 1,000년 전의 원고, 스페인 대사가 캔터베리 주교에게 바친 고대 그리스의 신약 성서 등도 손보았다.

"오래된 책만 좋아하는 건 아니에요. 대학교에 윌리엄 새커리의 책들이 아주 잘 갖춰져 있어요. 새커리와 디킨스는 절친한 사이였는데 디킨스가 새커리에게 책을 자주 보냈어요. '이 책 재미있네. 분명히 자네 마음에도 들 거야.' 이런 글을 표지에 적어서 말이죠. 저는 그런 게 좋아요. 볼 때마다 즐겁죠. 그런 책들도 몇 권 손을 봤답니다."

P&G 웰스는 옛것과 새것이 매혹적으로 섞여 있는 특별한 곳이다. 지역 사회, 신문 발행, 도서관 개관 등에도 참여한 역사를 간직하고 있을 뿐만 아니라 지금도 지역 교육기관들과 긴밀한 관계를 유지하고 있다. 또 윈체스터 대학교 책들의 제본을 손보며 대학 교재를 납품하는 일도 1700년대부터 계속 이어가고 있다. 이벤트 매니저인 벤 탠터는 말한다.

"저희는 오스틴 학회와도 가까운 관계를 유지하고 있습니다. 250년이 흐른 뒤에 그 시대 사람들이 P&G 웰스를 보게 될 거라고 믿기 어렵죠? 그렇지만 그렇게 될 거예요. 아주 멋진 일이죠."

홈페이지: www.bookwells.co.uk

네이선 파일러

Interview

**"어떤 문장이나 문단에 감동하면, 그 비밀을 풀기 위해
저도 모르게 다시 읽고 또 읽었죠."**

네이선 파일러는 배스 스파 대학교의 문예창작과 교수이자 작가다.
소설《달이 없는 세상The Shock of the Fall》은 2013년에 코스타상을 수상
했고 20곳이 넘는 나라에서 출간됐다.

"어릴 때 저는 책을 전혀 읽지 않으려고 했어요. 부모님은 두 분
다 책을 열심히 읽으셨죠. 어머니는 제가 독서에 열중하기를 무척
이나 바라셨어요. 그렇지만 어머니가 애쓸수록 저는 더 강하게 거
부했습니다. 《납작이가 된 스탠리Flat Stanley》를 가장 느리게 그리고
가장 힘들게 읽은 것으로는 아마도 제가 세계 기록을 세웠을 거예
요. 저는 주의를 기울이지 않기로 작정하고 있었죠. 남자아이들에
게서 드물지 않게 볼 수 있는 모습이에요. 그러니 아이들한테 독서
를 너무 강요하면 안 돼요. 제 생각에는, 인생에는 독서보다 중요한
게 많아요.

저는 읽는 것보다는 제 이야기를 쓰는 게 좋았어요. 9세 때 공포
소설을 쓰겠다고 마음먹었는데 단편 소설이 아니라 장편 소설이었
어요. 더 정확히 말하면 '책'을 쓰겠다고 결심한 거예요. 프로이트
식으로 생각하면 충분히 그럴 법한 일이었어요. 저는 부모님이 책

을 읽는 모습을 쭉 보면서 자랐어요. 게다가 집에는 책이 가득했죠. 그러다보니 어린 제가 책 자체에 매료된 거예요. 제 독서 여정은 늦게 시작됐어요. 청소년기에 친구가 이언 매큐언의 《시멘트 가든The Cement Garden》을 빌려줬어요. 그리고 마침내 시작됐죠. '소설이 이럴 수도 있구나!' 하고 탄복했어요. 지금도 정말로 탄복하고 있고요. 여전히 이언 매큐언을 좋아한답니다.

제 책꽂이에는 책이 꽉 차 있지만 백미는 저자가 서명한 《시멘트 가든》의 초판이에요. 다섯 칸 아래에는 우리 부부가 어린 딸을 위해 모은 책들이 있어요. C.S. 루이스, 베아트릭스 포터, 앨런 알렉산더 밀른의 책들이죠. 아직 책을 읽기에는 너무 어리지만, 책이라는 물건 자체는 아주 좋아하는 것 같아요. 딸에게도 《납작이가 된 스탠리》를 사줘야겠어요.

6세 때 저는 말이 끄는 배 이야기를 썼어요. 줄거리는 기억이 희미한데, 그 이야기를 적던 종이는 아주 또렷하게 떠올라요. 예전 도트프린터에 쓰이던 두루마리 종이였죠. 이걸 기억하는 이유는 그림은 전혀 없이 글만으로 두 롤을 썼는데 당시 그게 꽤 자랑스러웠기 때문이에요.

그러니까 저는 평생 글을 쓴 거예요. 그렇지만 작가 경력은 20대 초반, 시를 낭송하는 모임에서부터 시작됐죠. 책을 쓰겠다는 어린 시절의 꿈을 되살리기 전에 저는 스탠드업 코미디, 단편 영화, 라디오 대본 등을 썼어요. 어떤 문장이나 문단에 감동하면, 그 비밀을 풀기 위해 저도 모르게 다시 읽고 또 읽었죠.

소설 쓰기는 감정적으로나 이성적으로 저한테 더없이 장대한 여정이었어요. 이제는 서점에 들어가 제 소설을 보면 아주 즐거워요. 제 소설은 고립된 채 놓여 있지 않고, 수많은 다른 작품들과 함께 있죠. 그 작품들은 모두 각각 독자를 감탄하게 하거나 깨우침으로 이끌 수 있어요. 변화하게 만들거나 당황하게 만들거나 지루하게 만들 수도 있죠. 작품마다 삶이 담겨 있어요. 저는 책을 파는 것이 사업이라는 명확한 사실도 깨닫게 됐습니다. 우리 작가들은 주변에서 어렴풋하게 느낄 뿐이지만 책을 판매하는 일에는 마진과 마케팅 전략 등 온갖 사업적인 요소가 필요하죠. 판매 마진과 마케팅은 제쳐 두더라도 제가 그 산업의 일부라고 생각하면 기분이 좋아진답니다.

사실 저자 사인회 때는 아직도 쩔쩔매요. '저자 사인'도 아직 완성하지 못했죠. 마지막 세 글자를 남겨 놓을 때까지는 괜찮지만, 당황하면 어떤 일이 벌어질지 저도 몰라요. 아주 좋게 말해도, 독특한 글자라고나 할까요. 그런 실질적인 어려움을 빼면 행사에 참여하는 것은 즐거워요. 질의응답 순서를 특히 좋아하죠. 저조차도 생각해본 적 없는 부분까지 누가 제 소설을 세심하게 관찰했다는 사실을 알게 되는 건 아주 멋진 일이거든요. 소설을 읽는 사람마다 각기 다른 스토리를 보는 것 같아요.

처음에 했던 저자 사인회가 가장 기억에 남아요. '토핑 앤드 컴퍼니Topping & Company'에서 했죠. 배스에 있는 아름다운 서점이었는데 고맙게도 점심 대접까지 받았어요. 그 사인회가 특별했던 건 친척들과 친구들로 서점이 꽉 찼기 때문이었어요. 제 낭독이 끝나자 사람들이 사인을 받기 위해 줄을 섰어요. 책을 받을 사람한테 이름을 물어볼 필요도 없이 사인한 경험은 그때 가장 많이 해보았죠."

포일스
Foyles, London

스마트폰 앱으로 고객 맞춤 추천 서비스를 제공하는 '미래의 서점'

나는 포일스를 사랑하지 않는 사람을 본 적이 없다. 포일스의 역사는 환상적이다. 이 서점은 자기 일을 몹시 사랑하는 게 분명하다. 채링크로스가에 새로 문을 연 본점에는 '미래의 서점The Future Bookshop'이라는 별명이 붙었다.

포일스의 출발점은 다음과 같다. 1903년, 윌리엄과 길버트 형제는 공무원 시험에서 떨어진 뒤 시험 교재를 판다는 광고를 신문에 내가 중고 서점에서 일할 때 — 중고 서점에서 일해본 적 없는 사람이라면, 표지가 가죽으로 된 책들 사이를 매력적인 노신사가 끝없이 돌아다니는 낙원 같은 곳이라고 상상하겠지만 — 가장 크게 놀란 점은 책을 진짜 좋아하는 사람이 아주 드물다는 사실이었다.

내가 일한 서점은 햄스테드와 캠든타운 사이 정확히 그 경계에 있었다. 준귀족 집안의 사람부터 버스 차장까지 온갖 사람들이 들락거렸다. … 서점에 오는 손님은 딱히 서점을 찾아서 오는 게 아니었다. 어디라도 괜찮다는 마음으로 찾아오지만 그 상점이 서점일 뿐이었던 것이다. … 어떤 중고 서점이라도 맞이하게 되기 마련인 두 부류의 성가신 손님이 있다. 한 부류는 오래된 빵 부스러기 냄새를 풍기며 매일, 때때로 하루에도 대여섯 번씩, 찾아와서 아무 가치도 없는 책을 팔려 하는 노인이다. 또 한 부류는 책을 아주 많이 주문하고 값을 전혀 치르려 하지 않는 사람이다. … 나는 서점에 취직하자 책을 사지 않게 됐다. 한번에 5000권이나 1만 권쯤 되는 책을 보면, 책이 지루해 보인다. 토할 것 같은 기분도 살짝 든다. … 낡은 종이가 풍기는 달콤한 냄새는 나에게 더 이상 매력적이지 않다. 그 냄새는 이제 내 머릿속에서 편집증 환자 같은 손님들과 죽은 금파리들과 너무 가깝게 연결되어 있다.

_조지 오웰,
《조지 오웰 전집》의 '서점 추억담' 중에서

냈다. 가지고 있던 교재가 팔린 뒤에도 사겠다는 사람이 계속 나타나자 형제는 사업성이 있겠다는 판단을 내리고 교재를 구해서 계속 팔았다. 처음에는 어머니의 집 주방에서 책을 팔았고, 1년 뒤에는 세실 코트로 옮겼다. 그러다가 1906년에 채링크로스가로 자리를 옮겼다. 그로부터 30년 뒤, 서가의 총 길이만 해도 48킬로미터에 이르고 보유 서적의 수는 500만 권으로 늘어났다.

포일스 지점은 여러 곳으로 지점을 늘려갔다. 그중에는 여행 전문 서점도 있었고, 수공예품 상점도 있다. 1930년대부터는 '포일스 도서관'도 시작되었다. 2펜스를 내고 책을 대여하는 곳으로, 다른 대여점보다 값이 저렴했다. 포일스 도서관은 지점만 해도 3,000곳이 넘었는데 영국뿐 아니라 멀리 팔레스타인과 오스트레일리아까지 진출했다. 심지어는 원양 여객선에도 포일스 도서관이 있었다. 포일스는 1950년대에는 출판도 했다. 게다가 파티에 이벤트를 제공하는 엔터테인먼트 부서도 생겼다.

현재는 크리스티나 포일의 조카인 크리스토퍼 포일이 포일스의 대표를 맡고 있는데 크리스토퍼 포일에게서 재미있는 이야기를 들을 수 있었다. 교황이 책 대금을 지불하지 않아 교황을 고소한 일화나 1930년대에 오컬트 코너를 담당했던 여성의 어깨에 늘 앉아 있던 애완 앵무새가 손님을 공격했던 일화가 그것이다.

크리스토퍼 포일은 말한다.

"저는 포일스에서 자랐어요. 할아버지와 크리스티나 고모는 유명한 사람들이 서점에 오는 것을 잘 알고 있었어요. 그래서 작가들을 위한 점심 모임을 기획했어요. 저자와 함께하는 책 사인회를 겸한 점심 모임을 갖고, 거기에 참석할 수 있는 티켓을 사람들한테 팔았죠. 1930년 10월 30일에 첫 모임을 열었어요. 고모는 코난 도일, H.G. 웰스, 조지 버나드 쇼를 모임에 초청했는데, 세 사람 모두에게 거절당했어요. 조지 버나드 쇼는 자기를 만나기 바라는 팬들을 모두 초대하려면 로열 앨버트 홀을 대관해야 할 것이라고 말했고, H.G. 웰스는 제안은 무척 감사하지만 자신은 팬들이 보낸 편지는 읽어도 팬들을 직접 만나고 싶은 마음은 없다고 했죠. 그런데 그 점심 모임은 회를 거듭할수록 점점 더 큰 성공을 거뒀어요. 결국 나중에는 그 세 사람도 참여하게 됐죠.

저는 처음 참석한 점심 모임을 지금도 생생하게 기억해요. 아주 떠들썩했거든요. 그때 초청 작가는 《데일리 미러Daily Mirror》의 편집장인 휴 커들립이었고, 진행은 윈스턴 처칠의 아들인 랜돌프 처칠이 맡았어요. 진행자의 역할은 그날 초청된 작가와 작품을 칭송하는 연설을 하는 것이었는데, 랜돌프 처칠은 연설을 하기도 전에 술을 너무 많이 마시고 말았어요. 그래서 일어나 연설할 때 휴 커들립을 칭송하지 않고, 횡설수설하며 온갖 인물과 다양한 일들을 칭송했죠. '포르노그래퍼 로열을 위해 건배!'라는 말까지 했어요. 휴 커들립이 일어나 연설할 차례가 되자, 그는 랜돌프 처칠에게 주먹을 날리는 대신에 당신은 아버지가 유명하지 않았으면 이 자리에서 진행을 맡을 수도 없었을 것이라고 말했죠. 좌중에는 긴장이 가득했지만 저는 그 분위기가 아주 재미있었어요. 그때 제 나이가 10세쯤이었으니까 그 상황을 완전히 다 이해하지는 못했죠. 모임이 끝난 뒤에 고모한테 포르노그래퍼가 뭔지 물어본 것은 기억나요. 고모는 진지한 표정으로 대답했죠. '포르노그래프를 만드는 사람.'"

크리스토퍼 포일은 1961년 12월부터 포일스에서 일하기 시작해 이듬해 8월에 그만두었다. 크리스토퍼는 고고학과 인류학에 관심이 많았는데, 당시 포일스에는 그 분야의 서적 코너가 없었다. 크리스토퍼는 고고학과 인류학 코너를 만든 뒤, 유럽의 다른 지역에서 도서 상거래를 더 공부했다.

독일에서는 출판사에서 일했고, 핀란드에서는 등대지기와 함께 살며 서점에서 일했다. 그런 다음 파리로 가서 리볼리가에 있는 '갈리그나니Galignani'에서 일했다. 갈리그나니는 유럽에서 최초로 문을 연 영어 서적 서점으로, 1520년부터 이탈리아에서 책을 판매하기 시작한 서적상 집안의 후손이 운영한다.

크리스토퍼는 후에 프랑스의 교육 서적 출판사에서 일하며 종이가 만들어지는 과정을 보려고 노르망디로 갔다. 거기서 아주 끔찍한 이야기를 들었다고 한다.

"종이는 처음에 액체 상태예요. 아주 커다란 가마 같은 곳에 이 액체가 들어 있고, 믹서의 칼날 같은 것이 계속 회전하며 액체를 저어요. 이걸 말려서 롤러에 넣고 통과시키면 종이가 나오죠. 어느 날, 공장에서 일하던 사람 중 1명이 실종됐어요. 알고보니, 그 커다란 가마에 떨어져서 잘게 갈린 뒤에 종이 속에 섞인 거예요. 사람이

들어 있을 법한 종이는 다 태웠어요. 생각하면 정말 무섭죠. 그래서 한동안 책 만드는 일에 조금 정이 떨어지기도 했어요."

크리스토퍼는 러시아를 여행한 뒤 영국으로 돌아와 항공 회사를 차렸고 사업은 아주 성공적이었다. 그러던 중 1999년에 크리스토퍼에게 포일스로 돌아와 서점을 맡아달라는 연락이 왔다. 크리스티나 포일이 죽기 6일 전의 일이었다. 크리스티나가 서점을 운영하는 동안 직원들의 파업이 많았는데 1980년대에 들어서부터는 포일스의 이색적인 운영에 불평하는 손님들도 많아졌다. 크리스토퍼는 크리스티나가 변화를 싫어했다고 설명한다. 책은 알파벳순이 아니라 출판사 별로 배열돼 있었고, 전화를 싫어하는 크리스티나 때문에 서점에 전화기도 설치되어 있지 않았다. 게다가 책을 구입한 고객이 계산을 마치려면 계산대를 3곳이나 거쳐야 했다.

"완전히 바뀌어야 할 상태였어요. 재정 상태는 좋지 않았고, 직원들의 윤리 의식도 떨어져 있었죠."

크리스토퍼가 대표로 취임하면서 포일스는 다시 성장을 준비했다. 페미니즘 서점으로 유럽을 선도하던 '실버문Silver Moon'이 가겟세 때문에 문을 닫게 되자 포일스는 실버문을 매입하고 본연의 페미니즘 서점으로 계속 영업할 수 있게 했다. 또 큰 사랑을 받던 음반 가게인 '레이스재즈Ray's Jazz'가 똑같은 이유로 위기에 처했을 때도 포일스는 레이스재즈를 인수하고 서점 안에 음반 숍과 카페를 만들게 했다. 그리고 최근에는 작가들이 안내하는 런던 문학 탐방도 진행하고 있다. 2014년 초에 포일스는 워털루 역에 새 지점을 연 데

이어 본점도 새롭게 문을 열었다. 채링크로스가에 있던 본점의 바로 옆 건물로, 이전에 세인트마틴스 미술대학이 있던 자리다.

새 포일스 본점은 과연 미래의 서점으로 불릴 만할까? 대체 어쨌기에 화제가 된 걸까? 우주선 같은 열람실과 작가들을 위한 비밀 방이 있고 책이 날아다닌다는 소문도 돌았다. 포일스는 직원들과 고객들은 물론, 출판계 사람들에게도 새로운 서점에 바라는 바를 들었다. 그 결과 새 건물에는 여러 층을 한눈에 볼 수 있는 아트리움이 생겼고, 카페와 갤러리, 이벤트 공간도 마련되었다. 각 분야마다 매장이 조금씩 다르게 디자인되어 고객들이 서점 안을 다니며 다양한 환경을 경험할 수 있게 했다. 개점 축하 행사가 3주 동안 열렸고, 각 분야의 매장마다 각기 다른 작가가 오프닝 행사에 참여했다.

포일스 본점은 런던 중심부에서 만남의 장소로 자리 잡는 것을 목표로 삼고 있다. 혼자 자유롭게 책을 둘러보고 싶은 사람이나 직원과 책에 관해 상의하고 싶은 사람 모두 만족할 수 있는 공간이 되는 것 역시 포일스의 목표다. 포일스는 서점 안에서 책을 찾을 수 있는 스마트폰 앱을 개발해 배포한다. 이 앱을 활용하면 온라인 서점보다 훨씬 잘 맞는 도서를 고객에게 추천할 수 있다. 물론 포일스에서는 앱이 서점 직원을 대체하는 것이 아니라 보조하는 것이라고 말한다.

포일스의 판매 부장인 시온 해밀턴은 말한다.

"서점은 계속 변해야 해요. 저희 역시 출판계의 변화에 맞춰 항상 바뀌고, 사람들의 의견에 계속 귀를 기울여야 하죠. 참여를 멈추지 않아야 해요. 저는 이 일이 아주 역동적이어야 한다고 생각해요. 사람들이 자주 인용하는 윌리엄 깁슨의 말이 있죠. '미래는 이미 와 있다. 단지 널리 퍼지지 않았을 뿐이다.' 옳은 말이에요."

홈페이지: www.foyles.co.uk

던트 북스
Daunt Books, London

"지역 사회의 중심점이 되는 좋은 서점이 되고 싶습니다."

《가디언》지에서 뽑은 '영국 출판계에서 가장 영향력이 큰 인물 5'에 들어간 제임스 던트는 본래 금융업에 몸담고 있었다. 그러다가 책 파는 일을 시작했는데 그것은 사랑 때문이었다고 한다. 책에 대한 사랑뿐이 아니다. 당시 그의 애인은 제임스가 개인 시간도 없이 일하는 것에 큰 불만을 가지고 있었다. 그래서 제임스는 회사를 그만두고 자신이 무엇을 가장 좋아하는지 생각했다. 그리고 마침내 독서와 여행이라는 결론을 내렸다. 제임스는 던트 북스를 창립하고 1990년에 첫 지점을 열었다.

현재 던트 북스가 있는 자리는 런던 말리본의 에드워드 7세 때 건물로, 이전에도 서점이었던 곳이다. 스테인드글라스 창문과 오크 발코니, 윌리엄 모리스의 벽지가 그대로 남아 있는 이곳에서 던트 북스는 런던 유수의 여행 및 문학 전문 서점으로 자리를 잡았다.

그리고 이제는 런던 곳곳에 6개의 지점이 있다(말리본에 있는 던트 북스에서 내가 특히 좋아하는 곳은 지하 매장으로, 번역 소설과 시가 원작 국가별로 진열되어 있다. 일본 코너에 가면 어슬렁거리고 있는 나를 자주 볼 수 있을 것이다).

금융회사에서 일해본 사람으로서 제임스는 다른 서점들을 보면 '잘못하고 있는' 사람들이 많이 보인다고 말한다. 물론 서점으로 성공을 거두기는 쉽지 않다는 사실도 강조한다.

"저는 1980년대 말, 버블 경제 시기에 던트 북스 매장의 임대 계약을 했어요. 그리고 나서 곧장 1990년대 초반부터 불경기가 시작됐죠. 저한테는 큰 시험이었어요. 어떻게 하면 다르게 할 수 있을지 시도해봐야 했죠. 저는 책을 파는 일로 돈을 벌 수 있다는 걸 확인하고 싶었어요. 그러려면 제 서점에서 일하는 사람들에게 투자를 하는 것이 가장 좋은 방법이라고 생각했죠. 오래 일할 수 있는 환경을 만들고, 경력을 쌓을 수 있게 도우면서 상거래에 대해 교육하는 게 가장 중요하다고 판단했어요. 지적이고 열정적인 훌륭한 서점 직원이 훌륭한 서점도 만들 수 있죠. 당시에 '오태커Ottaker's'나 '워터스톤즈' 같은 체인 서점들은 단기간 일할 사람들만 구하면서 인건비를 최대한 아꼈어요. 저는 그렇게 하기 싫었어요."

2011년 5월, 제임스는 워터스톤즈의 상임이사직도 맡게 되었다. 워터스톤즈는 도서 시장의 끝없는 변화와 아마존닷컴의 지배 속에서 회사를 구해달라고 제임스에게 간청했고, 그는 도전을 받아들이기로 했다. 우선 워터스톤즈의 운영 방식을 대대적으로 손보았다. 각각의 지점에 강한 리더십과 더 긴밀한 팀워크를 조성해 훨씬 효율적으로 운영이 이루어지도록 만들었다. 그 결과 워터스톤즈에는 자체 카페인 '카페 W'가 생겼고, 새 지점도 여러 곳 오픈할 예정이다. 조금 모순되지만, 아마존닷컴과 손잡고 워터스톤즈 매장에서 전자책 전용 단말기와 '킨들'을 판매하는 계약도 맺었다. 제임스도 모순을 인정한다.

"경쟁사의 제품을 우리 매장에서 판매하게 하는 것은 어려운 결정이었어요. 그렇지만 워터스톤즈는 자체 전자책 리더기를 개발하는 데 투자하지도 않았고, 전자책 판매를 위해 다른 전자책 리더기 회사와 계약할 생각도 하지 않았어요. W.H. 스미스는 코보와, 블랙웰스는 누크와 이미 전자책 시장을 함께하고 있었죠. 워터스톤즈도 빨리 움직이지 않으면 빠르게 성장하는 전자책 시장에서 설 곳을 완전히 잃게 될 상황이었어요. 킨들 판매는 나쁜 상황에서 취할 수 있는 최선의 선택이었죠. 킨들을 살 사람이라면 워터스톤즈가 아니더라도 어디에서든 살 테니, 차라리 워터스톤즈에서 사게 하는 게 낫다고 판단한 거예요. 이상적인 상황은 분명 아니지만 어쩔 수 없었어요.

전자책이 종이책의 종말을 뜻하지는 않아요. 서점, 아니 '소비자에게 책을 파는 공간'이라고 할까요, 그런 공간이 차지할 자리는 여전히 존재해요. 또 서점은 여전히 매력적이고 참여적인 공간일 거고요. 그런 만큼 전자책 비중이 종이책 시장을 완전히 잠식할 정도로 확대될 것이라고는 생각하지 않아요. 요즘 출판사들은 종이책과 전자책의 비율이 7 대 3쯤 될 거라고 말하는데, 그 선에서 크게 달라지지는 않을 거예요. 미국의 동향만 봐도 확실하죠. 전자책 판매는 줄어들고, 종이책 판매가 다시 늘고 있거든요. 대개 사람들은 디지털 콘텐츠를 가지고 있으면 물리적인 것을 또 구입하지는 않아요. 한 번 읽은 뒤에 그냥 처분하는 페이퍼백은 전자책으로 대체될 거예요. 하지만 사람들은 책을 '소장하기' 좋아해요. 종이책을 비롯해 아름다운 물건들을 소장하기 좋아하죠. 그래서 좋은 서점은 여전히 존재할 수 있는 거예요.

또 아이들도 계속 책을 읽어요. 제 아이들도 책을 사랑하죠. 어릴 때 독서를 좋아하게 되면, 평생 간답니다. 늘 책을 읽지는 않더라도 책 속에 둘러싸이고 싶은 순간이나 책이 보여주는 세상 속으로 들어가고 싶은 순간이 수시로 찾아오죠. 책과 서점의 세계는 아주 흥미로워요. 작가, 책 판매원, 에이전시, 출판사, 손님 등 누구라도 재미있고 멋진 사람이 많죠. 그래서 좋은 서점은 지역 사회의 중심점이 될 때가 많아요. 저는 서점이 그런 역할을 하기를 진심으로 바랍니다."

홈페이지: www.dauntbooks.co.uk

- 최근 랭커셔주 촐리에 문을 연 '에브 앤드 플로Ebb & Flo Bookshop'는 '서점이 왜 중요한가'를 알리기 위한 목적으로 만들어졌다. 이 서점을 운영하는 다이앤과 마틴은 도서관, 학교, 대학교, 이런저런 상점, 파이 가게, 사탕 공장 등 다양한 곳에서 일했다. 두 사람은 서점을 여는 것이 당연한 순서로 여겨졌다고 한다.

- 체셔에 있는 '심플리 북스Simply Books'는 2002년에 문을 연 뒤로 많은 상을 수상했다. 서점 한쪽 벽 전체가 상장으로 장식되어 있을 정도다. 서점 주인인 수와 앤드루는 《해리 포터와 죽음의 성물Harry Portter and the Deathly Hallows》이 발매될 때 대저택을 빌리고 배우들을 고용해 마법사로 변장하게 했다. 그리고 400명이 이 파티를 즐겼다.

- 이스트 서섹스에서 라이 가까이에 위치한 아이덴에는 '클래식 챕스Classic Chaps'라는 상점이 있다. 이곳에서는 넥타이, 트위드재킷, 모자, 남성용 스카프 등과 함께 시집을 판다. 이곳 주인들은 자신의 상점을 통해 새로운 신사들이 태어나기를 바라고 있다. 나도 적극 지지한다.

- 브리스톨 근처에 있는 '북반 인터내셔널Bookbarn International'은 잉글랜드 최

대의 중고 서적 창고다. 책들이 천장까지 쌓여 있다!

- 코벤트리에 미리 계획된 문화 허브로서 문을 연 '파고 빌리지Fargo Village'에는 카페, 예술가 작업실 등과 함께 마이클 맥킨티가 운영하는 '빅 콤피 북숍The Big Comfy Bookshop'이 자리하고 있다. 이곳은 온라인 서점에서 오프라인 서점으로 전환함으로써 시대의 흐름을 멋지게 역행했다.

- 글래스턴베리에 있는 '고딕 이미지Gothic Image'에서는 우주와 정신의 힘에 관한 책을 출판하고 판매한다. 사연과 신비를 간직한 신성한 장소들이 근처에 있어서 그 비밀들을 널리 나누고 싶다고 한다.

- 헤이스팅스에 있는 '불러바드 북숍Boulevard Bookshop'에서는 태국 음식도 함께 팔고 있다. 테이블이 모여 있는 공간이 따로 있는 것은 아니고 책장 사이사이 곳곳에 테이블이 놓여 있다. 똠얌꿍을 먹으며 책들을 구경할 수 있다.

- 콘월에 있는 '세인트 아이브스 북셀러스St Ives Booksellers'는 오크 책장과 점판암 바닥이 잘 어울리는 곳이다. 여기서 일하는 앨리스 해런든은 아주 특이한 일을 겪었다고 한다. 다람쥐 한 마리가 서점에 들어와 책꽂이에 꽂힌 책들을 밀어 떨어뜨리기 시작한 것이다. 앨리스는 손님들과 함께 다람쥐를 내쫓느라 한참 동안 애먹었다고 한다.

재클린 윌슨

Interview

**"책 한 권을 고르기 위해 여러 권의 책을 둘러보는 일은 참 재미있죠.
이 재미를 배우지 못한 아이들은 책을 가까이하는 사람이 될 수 없어요."**

재클린 윌슨이 쓴 동화책은 영국에서만 3천5백만 부가 넘게 팔렸다.
칠드런스 북 어워드, 스마티스상, 가디언 칠드런스 픽션상 등을 수상
한 재클린 윌슨은 2005년부터 2007년까지 영국 계관 아동 문학가로
선정되었으며, 2008년에는 작위를 받았다.

"저는 글을 깨치기 훨씬 전부터 책을 좋아했어요. 그림책을 여러
권 가지고 있었고, 그림을 보면서 이야기를 지어냈죠. 6세 때 글을
잘 읽게 된 후로는 하루에 1권씩 읽었어요. 동네 도서관에서 살다
시피 하면서 용돈은 푸핀 페이퍼백을 사는 데다 썼죠.

제가 어릴 때는 킹스턴에 서점이라고는 소매상점 'W.H. 스미스
_{W.H. Smith}' 하나뿐이었어요. 당시에는 어린이 책이 겨우 선반 몇 개뿐
이었죠. 그래도 어머니와 쇼핑할 때면 늘 거기에 가자고 졸랐어요.
그러다가 어머니와 런던에 가서 포일스에 처음 들어가게 됐는데,
세상에나! 그곳은 상상을 훨씬 뛰어넘는 꿈의 서점이었어요. 당시
포일스는 중고 서적 코너가 아주 컸는데 덕분에 책 선물을 더 많이
받을 수 있었어요!

9세인가 10세 때는 중고 서점에 열중했어요. 아버지가 여름만

되면 시골길을 한참 걸어 길퍼드로 저를 데려갔는데, 거기에 가면 맨 먼저 하이스트리트에 있는 중고 서점에 들렀어요. 먼지 앉은 책들이 수백 개의 방마다 꽉꽉 차 있는 것 같았죠. 아동 도서만 모아 놓은 방도 있었어요. 착하게 행동한 날에는 책을 1권 살 수도 있었어요. 멋진 중고 서점들이 많이 문을 닫았듯 이곳 역시 안타깝게도 이제는 영업을 하지 않아요. 책을 직접 보고 고르는 것은 인터넷으로 보는 것과는 전혀 다르죠. 저는 신혼 때에 서비턴에 있는 환상적인 책 창고에 가곤 했어요. 생활비의 절반을 초판본과 19세기 아동 도서를 사는 데 썼죠.

'머스웰힐 칠드런스 북숍Muswell Hill Chidren's bookshop' 같은 아동 도서 전문 서점에서 열리는 행사에 참가하는 건 늘 즐거워요. 리치몬드에 있다가 지금은 애석하게도 사라진 '라이언 앤드 유니콘Lion & Unicorn'도 그런 아동 서점이었어요. 리치몬드에는 '오픈북Open book'이라는 서점도 있는데 제가 좋아하는 서점이죠. 주인인 헬레나는 작은 서점 안에 아름다운 책들을 놀랄 만큼 많이 갖추고 있어요. 거기에 가면 절대 빈손으로 나올 수 없어요.

좋아하는 서점에 대해 더 얘기하자면, 알프리스톤에 있는 '머치어두'도 좋아해요. 케이트와 내시가 운영하는 곳인데, 크리스마스 무렵에 가면 특히 더 좋아요. 어떤 물건을 사도 케이트가 크리스마스 선물 포장을 해주거든요. 또 크리스마스 양말도 만들고 갖가지 축제가 벌어져요(☞88쪽). 독립 서점을 좋아하지만 워터스톤즈의 팬이기도 해요. 처음 문을 열었을 때부터 좋아했고, 런던 지점을 특히 더 좋아하죠. 고양이 보스웰과 존슨이 살고 있기 때문이에요. 워터스톤즈에서 열리는 행사에 참가할 때마다 그곳 운영이 아주 잘 이뤄지고 있고, 앞으로도 큰 성공을 거둘 것 같은 느낌이 들어요.

서점과 도서관은 없어서는 안 될 곳이에요. 얼마나 많은 도서관이 문을 닫았는지, 또 얼마나 많은 서점이 사라졌는지 생각하면 슬퍼요. 아이들은 책장에 꽂힌 책들을 볼 수 있어야 해요. 책 한 권을 고르기 위해 여러 권의 책을 둘러보는 일은 참 재미있죠. 이것을 배우지 못한 아이들은 자라서도 책을 가까이하는 사람이 될 수 없어요.

당신이 꿈꾸는 서점은 어떤 모습인가요?

내가 서점을 운영하면 어떨까 하는 상상은 평소에도 자주 해요. 저는 중고 아동 서점을 만들고, 아이들 눈높이에 맞추려고 최선을 다할 거예요. 책을 알파벳순으로도 배열하지만 주제별로도 배열하겠어요.

예를 들면 토끼를 다룬 책 모두를(피터 래빗, 리틀 그레이 래빗, 브레어 래빗, 《워터십 다운의 열한 마리 토끼》 등) 한자리에서 볼 수 있게 만드는 거죠. 그리고 그 코너 한가운데에는 아주 멋진 토끼장을 두고 진짜 토끼를 넣을 거예요. 인형과 인형 집을 다룬 책들을 모은 코너에는 진짜 인형들도 전시하고요. 메리 포핀스의 책들 옆에는 앵무새 손잡이가 달린 우산과 여행 가방을 두겠어요. 또 윔피 키드 시리즈 옆에는 메모지와 연필을 둬서 아이들이 직접 그림을 그릴 수 있게 해야죠. 그리고 또…… 이런 거라면 얼마든지 계속 말할 수 있어요!"

페르세포네 북스
Persephone Books, London
여성에 의한, 여성을 위한, 여성 전문 서점

페르세포네 북스는 여성을 주제로 삼거나 여성 독자를 대상으로 한 여류 작가의 소설과 비소설 중 제대로 평가받지 못한 작품들을 재출간한다. 아름다운 디자인으로 유명하며, 런던 블룸스버리 중심에 자리한 출판사는 작은 서점을 겸하고 있다. 이 서점도 출판사의 책만큼이나 아름답다. 페르세포네의 대표 니콜라 보먼은 말한다.

"출판사가 서점을 운영하는 것, 즉 자신들의 뿌리로 돌아가는 것은 아주 좋은 아이디어라고 생각해요. 왜 더 많은 출판사들이 서점을 운영하지 않는지 모르겠어요. 저희는 2001년에 서점을 시작했어요. 직접 서점을 운영하는 경험을 해볼 수 있어서 정말 좋아요. 저희는 저희 서점에 있는 책 하나하나마다 거기에 얽힌 사연을 잘 알고 있어요. 저희가 만들었으니까요. 그래서 이 서점은 독특하고 열정이 넘치는 곳이 될 수 있었죠."

페르세포네 직원인 앨리스가 덧붙인다.

"다른 사람한테 선물할 책을 사는 손님들은 책과 함께 카드를 보내는데, 카드에 적을 글을 저희한테 남기곤 해요. 그 글을 보는 것도 저한테는 큰 즐거움이에요. 사람과 책의 관계뿐만 아니라 사람과 사람의 관계도 엿볼 수 있잖아요. 참 아름다운 일이에요."

홈페이지: www.persephonebooks.co.uk

리핑 얀스
Ripping Yarns, London

유서 깊은 런던 중고 서점 세계의 보물함

리핑 얀스에 대한 이야기는 객관적이기 힘들다. 내가 거기서 일하고 있기 때문이다. 대학교를 졸업하고 런던으로 이사한 나는 우연히 리핑 얀스에 발을 들이게 됐다. 쇼윈도에 커다랗게 붙은 앨리스 그림에 혹하고 말았기 때문이다. 그리고 지금은 파트타임으로 일하고 있다.

하이게이트 역 맞은편에 자리한 리핑 얀스는 중고 서적과 고서적을 취급한다. 아동 서적을 주로 다루지만, 없는 것 없이 다 있다고 말할 수 있다. 책으로 꽉 차 있는 곳은 서점뿐만이 아니다. 차고 세 곳과 서점 주인의 살림집에도 책이 가득하다.

리핑 얀스는 1930년대에 처음 문을 열었으며 1980년대부터 셀리아 휴잇이 운영하고 있다. 셀리아는 말한다.

"저는 배우였어요. 아니, 지금도 배우죠. 공연 때문에 여러 지방을 돌아다닐 때가 많았는데, 어디를 가더라도 중고 서점에서 많은 시간을 보내곤 했어요. 빅토리아 시대 책들을 모으기 시작했죠. 앤젤라 브라즐 같은 작가의 소녀 이야기들이나 《비글스Biggles》, 《제닝스Jennings》 시리즈처럼 아이들이 좋아하는 책들도 모았고요. 그러다가 아치웨이로드에 있는 골동품상에서 사람을 구한다는 광고를 봤어요. 마침 일이 없던 저는 그곳에서 일하게 됐죠. 그 골동품상 옆집은 1930년대부터 영업한 서점이었는데 당시 막 폐점한 상태였어요.

골동품상에서 일하면서 보니, 커다란 가방 한가득씩 책을 들고 오는 사람들이 많았어요. 서점이 없어진 걸 모르고 책을 팔러 온 사람들이었죠. 저는 호기심에 책들을 사기 시작했고, 결국 책이 너무 많아졌어요. 그래서 폐점한 서점을 제가 임대하기로 마음먹었죠. 인테리어를 바꾸고 페인트칠을 한 뒤, 쇼윈도에 커다란 '저스트 윌리엄' 인형을 놓았어요. 윌리엄 시리즈 책들이 아주 많았거든요. 지금은 윌리엄 인형이 없어요. 너무 낡고 지저분해져서 바깥 쓰레기통에 넣었죠. 그런데 환경미화원들이 인형을 보고 식겁했대요!

저는 서점을 어떻게 운영해야 하는지 전혀 몰랐어요. 남편도 마찬가지였죠. 그렇지만 남편(애드리언 미첼) 역시 책을 사랑했어요. 남편은 시인이자 소설가, 극작가였어요. 대개 크리스마스 무렵이면 남편의 새 책이 나왔는데, 새 책이 출간되면 우리 서점에서 낭독회를 열었어요. 제가 서점에서 팔 책들을 구입하면, 남편이 맨 먼저 훑어보고 이렇게 말했죠. '이 책은 나한테 필요해. 내 연구에 필요해.' 그러면 저는 남편한테 말했죠. 쓰고 싶은 희곡이 그렇게 많은데 죽기 전에 다 쓸 수 있겠냐고요. 결국 남편은 쓰고 싶은 것을 다 쓰지 못하고 세상을 떠났어요. 어쨌든 남편과 저는 책 수집을 아주 좋아했어요.

제가 서점을 처음 열었을 당시에 우리는 햄스테드에 살고 있었어요. 오스트레일리아 출신의 예쁜 아가씨 두 명이 일자리를 찾아서 우리 서점으로 왔죠. 그녀들은 서점에서 판매할 케이크를 만들고, 아이들을 돌보며 오프닝 홍보도 했어요. 마이클 페일린과 테리 존스가 오프닝에 왔어요. '리핑 얀스'는 원래 두 사람이 만든 텔레비전 코미디 시리즈의 제목이었거든요. 두 사람은 《비글스》와 《저스트 윌리엄Just William》의 일부를 낭독했어요. 그날은 책을 많이 팔았죠. 그날 이후로는 그렇게 많이 책을 판 적이 없어요!

가끔 특이한 손님도 있어요. 원래 서점에는 특이한 손님이 많이 오잖아요. 그중에는 스토커도 있었어요. 한 스토커는 정원 가꾸기에 집착했어요. 서점 직원 중에 조이라는 아주 아름다운 아가씨가 있었는데, 시골에 가본 적도 없고 정원에 대해 전혀 아는 것이 없었죠. 그런데도 정원 가꾸기에 집착하는 그 스토커는 서점에 자주 와서 조이한테 트랙터에 대해 계속 물어봤어요. 조이가 답을 모른다는 사실을 잘 알면서도 그랬죠!

저희한테는 책이 있고, 서점도 있어요. 이유는 그냥 좋아하기 때문이에요. 돈을 많이 벌지는 못해요. 사실 간신히 적자를 면할 때가 대부분이죠. 저랑 같이 일하는 사람들도 돈을 많이 벌지 못해요. 그렇지만 저희는 모두 책을 사랑해요. 그 사실이 중요하죠. 그래서 아주 즐겁게 지낸답니다. 배우, 작가, 음악가, 미술가 등 예술 분야에 진지하게 몸담고 있는 많은 사람들이 저를 도와 일해왔어요. 손님들도 정말 다양해요. 일본에 있는 어린이 도서관에 대량 납품한 적도 있다니까요!"

어느 날 나는 리핑 얀스에서 일하던 중 한 통의 전화를 받았다. 리핑 얀스 인터넷 홈페이지에서 보유 도서를 확인하다가 자기가 어릴 적에 좋아하던 동화책을 발견했다는 전화였다. 40년 전에 자기 어머니가 상의도 없이 그 책을 팔았고, 이제는 손자들에게 그 동화책을 읽어주고 싶어서 찾는 중이라고 했다. 그 손님은 아름다운 컬러 도판 페이지에는 박엽지가 끼워져 있어서 주위에 아무도 없으면 책 속에 숨은 비밀을 들여다보듯 박엽지를 살며시 넘기곤 했던 기억을 잊을 수 없다며, 우리 서점에 그 책이 있는 것을 알고 뛸 듯이 기뻤다고 한다.

나는 그 책을 포장해서 손님에게 보냈다.

이튿날, 그 손님에게서 또 전화가 왔다. 수화기 너머로 울고 있는 것을 금방 알 수 있었다. 배송되는 사이에 책이 손상됐나? 망가진 책을 받고 좋아할 사람은 없을 테니까. 그런데 알고보니, 내가 보낸 그 책이 바로 그 손님이 어릴 적 가지고 있던 책이었던 것이다. 앞장에는 그 책을 준 고모할머니의 글이 적혀 있고, 7세 때 계단에서 떨어뜨려서 한쪽 모서리가 찌그러진, 바로 그 책이었다. 40년 전에 300킬로미터쯤 떨어진 곳에서 팔린 책이 어찌어찌해서 우리 서점에 들어왔고, 어찌어찌해서 그 손님은 인터넷으로 우리 서점을 확인했고, 결국 자기 책과 다시 만나게 된 것이다. 이렇게 특별한 순간은 서점이 아니면 경험할 수 없을 것이다. 역시 책을 파는 것은 무엇보다 멋진 일이다.

홈페이지: www.rippingyarns.co.uk

스콧 팩

Interview

"중고 서점에서 무엇을 발견하게 될지는 아무도 알 수 없어요."

스콧 팩은 하퍼콜린스 산하 프라이데이 프로젝트의 발행인이다. 워터스톤즈의 수석 바이어를 역임했으며 《가디언》 지에서 도서 유통 분야의 최고 권위자라고 칭한 바 있다. 스티브 스택이라는 필명으로 《21세기 도도21st-Century Dodos》를 비롯한 여러 권의 책을 쓰기도 했다.

"에식스에는 '리 갤러리 북스Leigh Gallery Books'라는 서점이 있어요. 처음 집에서 독립해서 얻은 방이 서점 근처였는데 저는 그 서점을 무척 좋아했어요. 제가 생각하는 '좋은 중고 서점의 조건'을 모두 갖추고 있었기 때문이죠. 그곳에는 오렌지색 펭귄 책장이 있었어요. 고전 문고인 에브리맨스 라이브러리 하드커버가 책장에 나란히 진열되어 있죠. 책과 함께 재즈 음반도 팔았어요.

그 서점에서 저는 제 인생을 바꿔 놓은 책을 만났어요. 바로 무라카미 하루키의 《양을 쫓는 모험羊をめぐる冒険》이죠. 하드커버 표지에는 콜롬보 코트를 입은 양이 나무 뒤에서 정면을 노려보는 그림이 있었는데 표지만 봤는데도 사지 않을 수가 없었어요. 그리고 10쪽인가 20쪽쯤 읽었을 때 생각했죠. '내가 평생 찾고 있던 바로 그 작가야.' 그 서점에서 아주 낡은 사전도 샀어요. 제본이 망가진 사전이었는데, 종이를 뜯어서 크리스마스 선물 포장지로 썼죠.

와이트섬에도 좋아하는 서점이 있어요. '라이드 북숍Ryde Bookshop'이라는 서점인데, 매장은 총 3층이고 층마다 방이 3~4개씩 있어요. 각 방마다 아동 서적, 음악 서적, 역사 서적 등 다른 장르의 책들이 진열되어 있죠. 가족과 함께 와이트섬으로 휴가를 가면, 하루는 오후 내내 그 서점을 돌아다니곤 해요.

사람들이 중고 서점에 대해 갖는 생각은 각기 달라요. 당연히 중고 서점과 맺는 관계도 저마다 다르죠. 신간을 파는 서점에 가면 둘러보기는커녕 거기에 있는 책의 90퍼센트는 제치기 마련이에요. 반면 중고 서점에 갈 때면 어떤 책도 경이의 대상이 될 수 있다고 생각하죠. 중고 서점에는 책이 깔끔하게 정리되어 있지 않고 바닥에 마구 쌓여 있어요. 그건 누구나 다 알고 있죠. 하지만 중고 서점에 있는 책들을 하나씩 살피다가 속표지에 적힌 옛날 서명을 발견

여기, 꼭 알맞은 때에, 중고 서점들이 있다. 사방이 책이다. 그리고 우리는 늘 똑같은 모험심으로 가득 찬다.

중고 책들은 집 없는 책들, 야생의 책들이다. 다종의 깃털이 광범위하게 모여 있으며, 책장 선반에서 길든 책의 매력을 지니고 있다. 갖가지 것이 갖춰진 이곳에서 우리는 전혀 모르는 사람과 몸을 부딪히고, 나중에 운 좋게도, 세상에서 가장 친한 친구가 되기도 한다. 버려진 초라한 분위기에 끌려서 회색에 가까워진 흰색 책을 위쪽 선반에서 꺼내며 어떤 사람을 만나게 되리라는 기대를 늘 품을 수 있다. 1백 년 전에 말을 타고 미들랜드와 웨일스의 모직 시장을 탐험하려고 나선 남자, 무명의 여행자, 여관에 머물며 맥주를 마시고, 예쁜 여자들과 심각한 손님들을 눈여겨보고, 그저 글쓰기를 좋아하는 마음에서 그 모두를 공들여서 열심히 글로 적는…….

세상에 있는 책의 수는 무한하다. 우리는 얼핏 보고, 고개를 끄덕이고, 잠깐의 대화와 번뜩 스치는 깨우침을 뒤로하고 넘어가지 않을 수 없다. 마치 우리가 바깥 거리에서, 스치는 단어 하나를 포착하며 그 문장으로 인생을 직조할 수 있기를 기대하듯이…….

_버지니아 울프,
《거리의 기억: 런던 탐험Street-haunting: A London Adventure》 중에서

하는 일 또한 중고 서점이기에 가능하다는 것도 알고 있죠. 시대에 뒤떨어져 오히려 흥미로운 문장들을 들여다보는 일은 마치 신비한 모험 같아요. 발견하게 될 것이 무엇인지는 알 수 없지만, 발견의 가능성이 무한하다는 사실은 알 수 있죠."

- 런던에 현존하는 가장 오래된 서점은 피카딜리가에 있는 '해차즈 Hatchards'로 18세기의 유명한 서적상 시몬 반덴버그로부터 책을 많이 입수한 존 해차즈가 1797년에 창립했다.

- 페컴에 있는 '리뷰 북숍The Review Bookshop'의 주인은 《모든 새는 노래한다All the Birds, Singing》를 쓴 소설가 이비 와일드다. 이비 와일드는 말한다. "서점을 운영하는 일이 글에 어떤 변화를 가져왔는지 물어보는 사람이 많아요. 정말이지 그 어떤 영향도 없다고 생각해요. 그런데 소설을 쓰는 건 책을 파는 데 영향을 미쳐요. 이제는 글, 표지, 광고 문구까지 책에 담기는 모든 것에 더 신경을 쓰게 됐어요. 한 권의 책이 나오기까지 참여한 모든 사람들의 수고를 더욱 잘 알게 됐죠."

- 2010년, '폴드어웨이 북숍Foldaway Bookshop'이 런던 중심에 튀어나왔다. '런던 건축 축제' 기간에 맞춰 13일간 문을 연 폴드어웨이 북숍은 상점 전체가 종이로 지어졌다. 그리고 행사가 끝난 뒤에는 재활용됐다. '캠페인' 사에서 디자인했으며 건축 서적을 판매했다. 책장은 펼친 책처럼 디자인됐다.

- 채링크로스가는 런던의 서점가다. 헬렌 한프의 소설 《채링크로스 84번지84, Charing Cross Road》의 배경이기도 한 이곳은 중고 서적과 전문 서적 서점들로 특히 유명하며 포일스가 자리한 곳이기도 하다. 최근 몇 년 사이에 가겟세가 올라서 안타깝게도 사라지는 서점의 수가 늘어나고 있지만 그래도 아직 많이 남아 있다. 패션과 미술, 사진 서적을 주로 다루는 '클레어 드 루앙Claire de Rouen'은 이제 루시 무어가 운영하고 있다. 몇 해 전, 클레어 드 루앙이 재정난에 빠지자 모델 겸 배우인 릴리 콜이 이곳을 인수했는데 현재는 공동 소유주로 남아 있다.

- 채링크로스가에서 뻗어나온 세실 코트도 짧지만 서점들이 모여 있는 서점가다. 여기에도 내가 좋아하는 서점이 있다. 바로 '마치팬Marchpane'이다. 이곳은 나에게 위험한 곳이기도 하다. 마치팬에는 내가 특별히 좋아하는 책인 《거울 나라의 앨리스》의 수백 가지 판본이 여러 언어로 모여 있기 때문이다. 왜 읽지도 못하는 아랍어로 된 《거울 나라의 앨리스》를 갖고 싶어서 안달하는지 나도 모르겠다. 아름다워서가 아닐까?

- 세실 코트에 있는 '왓킨스 북스Watkins Books'는 런던에서 가장 오래된 오컬트 서점으로, 1893년에 문을 열었다. 블룸스베리에 있는 '트레드웰스Tread Wells'는 밀교 관련 서적을 주로 다룬다. 직원들 중에는 주술사도 있다. 책장에는 알레이스터 크롤리, 부두교, 설화, 습지 마법사 등 주술에 대해 상상할 수 있는 온갖 것은 물론이고, 상상 동물을 다룬 신기하고 재미있는 책도 가득하다. 가마솥과 마법의 약을 팔며 마법 지팡이도 다양하게 갖추고 있다. 아, 뱀 가죽으로 만든 종이도 살 수 있다.

웨일스

헤이 온 와이
Hay-on-Wye, Wales

전 세계에서 가장 오래된 헌책 마을

리처드 부스는 옥스포드 대학교를 졸업한 뒤 상속받은 재산으로 헤이 온 와이라는 작은 도시에 있는 낡은 소방서를 매입했다. 당시 헤이 온 와이의 경제는 그리 좋지 않았고, 리처드는 문학의 힘으로 헤이 온 와이의 경기를 살리고 싶었다. 그래서 낡은 소방서를 서점으로 개조했다. 리처드와 그의 친구들은 널리 또 멀리 — 미국까지 — 다니며 중고 서적을 구해 서점으로 보냈다. 그러자 도시의 다른 사람들도 곧 서점 운영에 뛰어들었다. 책을 파는 사람들이 영국 각지에서 헤이 온 와이로 들어왔다. 1970년대에 헤이 온 와이는 책 도시로 널리 알려졌고, 세계의 책 도시 모델이 되었다. 1977년에 리처드는 헤이 온 와이를 독립 왕국으로 칭하며 자신과 자신이 키우는 말을 각각 왕과 총리로 선언하는 깜짝 홍보를 했다. 여권도 발급했으며 2000년에는 주민 몇 명을 왕국의 귀족으로 임명했다.

헤이 온 와이에 들어서면, 맨 먼저 '칠드런스 북숍Children's Bookshop'을 만나게 된다. 시내에서 1.6킬로미터쯤 떨어진 이 서점은 동화작가 에니드 블라이튼의 책들과 옛날 소녀 잡지들로 차양까지 차 있다. 이곳을 운영하는 주디스는 시계공이었던 남편과 함께 둘이서 서점을 지었다. 헤이 온 와이의 중심에는 영화관을 개조한 '시네마 북숍Cinema Bookshop'이 있다. '애시브룩 개러지Ashbrook Garage'는 자동차 관련 서적을 팔고 '플레르 드 리Fleur de Lys'는 기차를 주제로 한 책을 판다. 그 밖에 '모스틀리 맵스Mostly Maps'(여기서 무엇을 파는지는 누구나 알 것이다)와 서적상 12명의 책을 한 지붕 아래 모아둔 '브로드 스트리트 북센터Broad Street Book Centre'도 있다.

헤이 온 와이에는 모두 25곳의 서점이 있다. 예약으로만 문을 여는 서점도 몇 곳 있고, 제본소도 2곳 있다. '리처드 부스 북숍Richard Booth's Bookshop'에는 카페와 영화관도 있다. 그리고 리처드는 길 위쪽에 '킹 오브 헤이King of Hay'라는 서점도 하나 더 열었다. 범죄 소설을 전문으로 다루는 '머더 앤드 메이헴Murder and Mayhem'의 쇼윈도에는 펭귄 북스의 범죄 소설 문고 표지를 본떠 만든 그림이 붙어 있는데 그 책의 제목은 '깨진 킨들The Kindle Crack'd from Side to Side'이다(애거서 크리스티의 소설 《깨어진 거울The Mirror Crack'd from Side to Side》의 패러디-옮긴이). 머더 앤드 메이헴 안으로 들어가면 클루도(살인 미스터리를 푸는 보드게임-옮긴이) 안에 들어온 기분이 든다. 책장 여기저기에 모형 무기가 놓여 있고, 바닥에는 시체의 자세를 보존하는 흰 선이 그려져 있다.

'포이트리 북숍Poetry Bookshop'은 시 전문 서점으로 영국에서 유일하다. 시집만 취급하니 규모가 크지 않을 줄 알았다. 그러나 1층 매장이 시집으로 꽉 찬 것도 모자라 계단에도 번역 시들이 진열돼 있고, 계단을 내려가면 지하에 1층만큼이나 많은 책이 자리하고 있다. 포이트리 북숍 사장인 크리스는 이상한 전화를 받은 적이 있다고 한다. 어떤 사람이 '우리는 꽤 오래 시를 써왔으니 돈을 받고 싶다'고 한 것이다. 당황한 크리스는 출판계는 그렇게 돌아가지 않는다고 설명해야만 했다. 이렇게 크리스가 손님에게 이상한 말을 들은 적도 있지만 반대로 크리스가 손님에게 이상한 실수를 한 적도 있다. 점심시간에 서점 문을 밖에서 잠그고 점심을 먹고 돌아왔는데, 서점 안에 손님이 있었던 것이다. 그래도 밤새 갇혀 있던 게 아니라서 다행이었다.

홈페이지: www.hay-on-wye.co.uk

헌책으로 만든 고속도로

영국의 고속도로 M6 모터웨이의 일부에는 밀즈 앤 분(통속 연애 소설로 유명한 출판사)의 소설들로 만든 펄프가 쓰였다. 헌책 250만 권을 아스팔트에 섞어 도로 포장에 쓴 것이다.

북숍 스토리

펜들버리스
Pendleburys, Porthyrhyd

"책을 훔치는 자는 지옥의 불길에 타오를지어다!"

펜들버리스는 숲 한가운데에 있는 농장을 개조한 서점이다. 존 펜들버리는 14세 때부터 책을 팔았고 런던에서 32년 동안이나 서점을 운영했다. 웨일스에 있는 헛간에 자리를 잡은 펜들버리스는 중고 서적과 고서적을 판매하며 원예학과 신학 관련 서적을 전문으로 취급하지만 사실 거의 모든 분야를 망라한다. 존과 직원들은 땅도 가꾼다. 지금은 1만 2천 제곱미터의 정원을 만들고 있으며, 이 정원을 사람들에게 개방하고 거기서 골동품 원예 도구를 판매할 계획이다.

1997년 여름, 펜들버리스에 문제가 생겼다. 책 도둑이 든 것이다. 누가 책을 훔쳐가는지 전혀 알 수 없었다. 스페인에서 휴가를 즐기고 있던 존의 친구가 거기서 발견했다며 고대 저주 주문을 보냈다. 바르셀로나 산페드로 왕조 때 책 도둑을 저주하기 위해 쓰인 주문이라고 했다.

'이 도서관에서 책을 훔치는 자, 그 책이 손에서 뱀으로 변하고, 그 뱀에 몸이 갈기갈기 찢길지어다. 사지는 마비되고 내장은 터질지어다. 고통에 휩싸여 엉엉 울며 용서를 빌지어다. 정신을 잃을 때까지 고통이 멈추지 않을지어다. 벌레들이 내장을 갉아먹어 죽지 않는 벌레로

변하고, 마지막 벌로 지옥의 불길에 영원무궁하게 타오를지어다.'

존은 재미 삼아 그 주문을 플래카드로 만들어 서점에 걸었다. 그
랬더니…… 효과가 있었다! 책이 더 이상 사라지지 않았다. 심지어
책을 돌려받기도 했다. 갈겨쓴 사과 편지와 함께 책 몇 권이 우편으
로 온 것이다. 그렇게 받은 책들 중에는 애초에 펜들버리스에 없던
것들도 있었다.

존 펜들버리는 말한다.

"재미있는 사건이라고 생각해서 《처치 타임스Church Times》라는 신
문사에 편지를 썼어요. 그 사연을 적고 '손님들이 책을 사게 만드는
주문은 없을까?' 하고 덧붙였죠. 목요일에 서점으로 신문이 왔어요.
시중에 신문이 깔리는 것보다 1시간 앞서 도착했죠. 통신사에서 보
냈더군요. 저희 서점 이야기가 1면에 실려 있었어요. 저희는 사람
들이 읽고 웃을 만한 좋은 기사가 나왔다고 생각했죠.

이튿날 아침에는 통신사에서 《더 타임스The Times》와 《텔레그래프
Telegraph》를 시중보다 2시간이나 빨리 가져왔어요. 두 신문 모두 저
희 서점과 책 도둑한테 보내는 주문에 대한 기사를 실었더군요. 그
리고 아침 7시에 BBC 라디오4를 틀었더니, 신문 리뷰 코너에서도
저희 서점 이야기를 했어요. 그리고 곧장 BBC와 ITV 그리고 몇몇
독립 방송국에서 전화가 오기 시작했어요. 기자들이 몰려와 그날
은 서점을 열지 않기로 결정했죠. 이후 스페인, 아일랜드, 미국, 브
라질, 멕시코 등에서 팩스와 전화가 오기 시작했어요. 일이 너무 커

졌다고 느낀 것은 그다음이었어요. 자기의 목숨이 염려된 책 도둑들이 저희를 협박하기 시작했거든요!"

홈페이지: www.pendleburys.com

개가 안 된다면 곰이라도!

영국의 낭만파 시인 바이런은 개를 좋아했다. 케임브리지 대학교에 다니던 시절 바이런은 학생 기숙사에 개를 키울 수 없다는 것을 알고 놀랐다. 그래서 반항의 표시로 브루인이라는 이름의 곰을 기숙사에서 키우기로 마음먹었다. '곰 키우기를 금한다'는 조항은 규정에 없었으므로 학교 측에서는 바이런을 제재할 법적 근거가 없었다. 바이런은 브루인을 장학생으로 추천하겠다는 농담을 하기도 했다고 한다.

아일랜드

존 코널리

Interview

"첫 월급을 책 사는 데 다 써버렸죠. 제 인생에서 가장 행복한 기억이에요!"

존 코널리는 1968년 더블린에서 태어나 기자, 바텐더, 지방 공무
원, 웨이터, 런던 해롯 백화점 잡역부 등 갖가지 직업에 종사했다. 찰
리 파커 시리즈, 새뮤얼 존슨 시리즈, 《잃어버린 것들의 책The Book of
Lost Things》 등을 썼으며 제니퍼 리드야드와 함께 《침략자 연대기The
Chronicles of the Invaders》를 썼다.

"유치원에 다닐 때 폴리 선생님이 《톰과 노라Tom and Nora》와 《강아
지 스팟Spot the Dog》을 주면서 집에 가져가서 읽으라는 숙제를 줬어요.
저는 그걸 받는 순간부터 책에 빠졌어요. 읽으면서 금방 이해했죠.

처음으로 혼자 읽은 책이 무엇인지도 기억하고 있어요. 에니드 블라이튼의 '더 시크릿 세븐The Secret Seven' 시리즈 중 한 권이었어요. 거실 탁자에서 책을 보던 제 모습이 지금도 머릿속에 그려져요. 모르는 긴 단어가 나와도 포기하지 않았어요. 알파벳 하나하나 맞춰가며 읽으려고 애썼죠. 철자 그대로 읽던 게 머리에 박혀서 'p'가 묵음인 'cupboard[커버드]'를 몇 년 동안은 'Cup-board[컵보드]'라고 읽기도 했어요. 어머니는 아들이 아닌 《소공자Little Lord Fauntleroy》의 주인공이랑 사는 기분이었을 거예요. 제가 "어머니, '컵보드'에서 뭘 좀 꺼내도 될까요?" 하곤 했으니까요.

독서에 흥미를 갖게 된 직후 저는 타잔 이야기를 써서 폴리 선생님한테 보여줬어요. 선생님은 상금으로 저한테 5펜스를 주셨죠. 당시 5펜스면 팝콘 2봉지와 껌 2통을 살 수 있었어요. 그래서 주말 하굣길에 친구 브라이언 캐롤과 군것질을 했죠. 타잔 이야기의 분량은 4~5장밖에 안 됐지만, 6세 아이한테는 꽤 길었어요. 저는 더 긴 대작을 준비했어요. 토요일 아침 텔레비전에서 본 서부 중기 기관차 기관사 케이시 존스를 주인공으로 긴 이야기를 쓰기 시작했죠. 아주 방대한 분량이었어요. 그러니까 제 말은, 20쪽이나 30쪽 정도 되었다는 뜻이에요. 그걸 써서 폴리 선생님한테 50펜스쯤 받았던 것 같아요. 결론을 말하면, 제가 여기까지 올 수 있었던 것은 모두 폴리 선생님 덕분이에요.

어머니는 집에서 책을 아주 많이 읽었어요. 제가 책에 관심을 보이자마자 어머니는 도서관 이용권을 끊어 주셨어요. 생각해보니,

저는 요즘 책을 모두 구입하고 있어요. 새삼 놀랍네요. 그때는 돈이 많지 않았으니까 거의 전적으로 도서관에 의지했고, 할인 서점을 찾아다녔어요.

17세 때였나? 더블린 시청에서 처음 정식으로 직업을 얻었어요. 첫 월급은 더블린에 있는 펭귄 북숍에서 다 썼죠. 사고 싶은 책들을 몇 주 전에 정해 두고, 월급을 받는 금요일에 그 책들을 사는 기분이라니! 지금까지도 제 인생에서 가장 행복한 경험으로 남아 있답니다. 당시에 헌터 S. 톰슨의 《거대한 상어 사냥The Great Shark Hunt》과 사무라이 정신을 다룬 미시마의 책, 보리스 파스테르나크의 《닥터 지바고Doctor Zhivago》, 옥스퍼드 영영 사전과 동의어 사전 등이 포함된 옥스퍼드 페이퍼백 사전 전집을 샀어요. 책을 사는 데 그렇게 많은 돈을 쓴 건 그때가 처음이었죠. 그전까지는 쓰고 싶어도 쓸 돈이 없었어요.

한번은 미국에서 열린 범죄 소설 대회장에서 어떤 여자가 저한테 제 소설을 정말 좋아한다고 한참 이야기한 뒤 자기가 사인받을 책을 가져올 테니 저더러 그 자리에 그대로 있으라고 하더군요. 그 여자가 책을 가져와 저한테 내밀었는데, 이런! 이언 랜킨이 쓴 《흑과 청Black and Blue》이었어요.

전 뉴욕 '스트랜드 북스토어Strand Bookstore'(☞261쪽)에 있는 '희귀 서적' 코너를 좋아해요. 신기한 게 많거든요. 저자 서명이 들어 있는 책도 많은데, 그런 것은 값을 매길 수도 없죠. 벨파스트 보태닉 대로에 있는 미스터리 전문 서점 '노 알리바이No Alibis'도 아주 좋아해요. 그 서점에서는 손님이 들어오면 곧장 홍차와 비스킷을 서비스로 내주죠. 만약 저한테 신탁 기금이 무한정 들어온다면 전 로스앤젤레스에 있는 서점 '미스터리 피어Mystery Pier'에 자주 갈 거예요. 제가 가본 서점들 중에서 놀랄 만한 중고 서적이 단위 면적당 가장 많은 곳이에요. 최근에 발견한 사랑스러운 서점으로는 노스캐롤라이나 애슈빌에 있는 '배터리 파크 북 익스체인지 앤드 샴페인 바Battery Park Book Exchange & Champagne Bar'를 꼽을 수 있어요. 새 책과 오래된 책 모두를 다 갖춘 큰 서점인데 멋진 와인 바까지 있죠. 술집이 붙어 있는 서점만큼 멋진 곳을 우리 인생에서 과연 또 만날 수 있을까요? 전 그 서점이 정말 좋아서 제 소설 《겨울의 늑대The Wolf in Winter》에도 넣었답니다.

나중에는 결국 독립 서점들이 살아남을 거예요. 체인 서점들 중에서도 소규모 체인이 이길 거예요. 그 서점이 전문으로 삼는 분야에 대한 지식이나 서점 사람들의 개인적인 추천 도서처럼 작은 서점들만이 가지고 있는 서비스가 책 판매로 이어질 거예요. 서점 대부분이 커피숍을 겸하겠죠. 그리고 전자책 다운로드도 제공할 거고요. 전통적인 책은 전자책이 줄 수 없는 것을 제공해야 할 거예요. 저자의 사인이 들어 있거나 부록 같은 것들이요. 요점은 서점이 도서관과 함께 계속 살아남으리라는 거예요. 견고한 벽돌 건물처럼 말이죠. 오늘날 우리 삶의 씨줄과 날줄에서 서점이 차지하는 비중이 중요한 만큼 미래 세대에게도 서점은 중요할 거예요. 우리는 주위의 많은 것들로부터 배움을 얻고, 또 호기심을 느껴요. 그렇지 않다면 책은 그저 컴퓨터 게임, 다운로드한 영화, 트위터나 페이스북(혹은 그 다음에 나올 무엇), 사람들이 자빠지는 웃기는 인터넷 동영상 등의 일부가 되고 말겠죠. 그런 것들은 모두 표면만 스치고 지나가며 흥미로운 다음 볼거리를 찾아 빨리 흘러가죠. 독서는 그 반대예요. 독서는 깊이 몰두해야 하는 일이죠. 제가 염려하는 것은 깊이 몰두하는 것과 그냥 스치고 지나가는 것을 동시에 할 수 있는 테크놀로지의 출현이에요. 오늘날 태블릿이 그런 테크놀로지라고 할 수 있죠. 이런 테크놀로지를 경험하다 보면 결국에는 그냥 훑고 지나가는 것들이 승리하게 될 테니까요."

엠마 도노휴

Interview

"책들은 제 삶의 소중한 일부예요!"

세계적인 베스트셀러인 《룸Room》으로 잘 알려진 엠마 도노휴는 아일랜드 작가로, 현재는 캐나다에 살고 있다. 2014년에 발표한 《개구리 음악Frog Music》은 1870년대의 샌프란시스코를 배경으로 벌어진 살인 사건으로 시작된다.

"해마다 크리스마스가 지나면 도서 상품권을 들고 서점에 갔어요. 빳빳한 도서 상품권은 지폐보다 훨씬 값져 보였죠. 도서 상품권은 오직 저를 위한 것이었으니까요. 만약 돈을 가지고 있었다면 저축하라는 말을 듣거나 가족 중 누군가의 생일 선물을 사는 데 썼겠죠. 식구가 8명이라 생일이 가까운 사람이 늘 있었거든요. 서점에서 저는 몇 시간 동안 책을 골랐어요. 페이퍼백의 두께, 가격, 저자에 대해 제가 알고 있는 것들을 비교하면서 힘들게 골랐죠. 그다음에는 책을 한 보따리 들고 뒤뚱거리며 집으로 왔어요. 도서관도 열심히 이용했지만, 책을 사는 것은 또 다른 즐거움이었어요. 구입한 책들은 저와 함께 살아가는 삶의 일부가 되니까요."

책 도둑을 향한 경고

옛날에는 책을 훔쳐가지 못하도록 책 안쪽에 다음과 같이 무서운 글을 적어 넣기도 했다.

"친애하는 친구여, 이 책을 훔치지 말게. / 교수형의 공포로 최후를 맞게 되리니. / 사다리를 올라가고, 올가미가 내려오고, / 거기에 목을 매고 질식할 때까지 매달려 있으리라. / 그러면 내가 다가가서 말할 테지. / 이봐, 훔친 책은 어디에 뒀지?"

세계의 서점과 서점을 사랑한 사람들의 이야기 I

세계의 서점과
서점을 사랑한
사람들의 이야기

II

프랑스 | 벨기에 | 스페인 | 포르투갈 | 네덜란드
핀란드 | 스웨덴 | 노르웨이 | 덴마크
독일 | 그리스 | 이탈리아 | 에스토니아 | 러시아

"서점에 가면 책과 오감으로 만날 수 있어요.
그곳에서는 책 속에 숨은 삶들을 떠올리게 돼
요. 아름다운 서점에서 발견한 책에는 그것을
발견했던 장소와 시간에 대한 기억도 더해져
요. 집 책꽂이에 꽂힌 책에 멋진 요소가 하나
더해지는 거죠. 책에 모험과 보물과 새로움이
들어 있다는 사실을 아이들에게 일깨워주기
에 서점보다 좋은 곳은 없어요. 아이들이 책을
좋아하게 만들려면 서점에서 시작해야 해요."

_코넬리아 푼케(작가)

프랑스

파리
Paris, France

사랑과 낭만 그리고 문학이 살아 숨 쉬는 도시

아, 파리. 사랑과 음식과 책의 도시. 문학적인 카페와 가난한 시인으로 넘치는 곳. 볼테르가 하루에 40잔의 커피를 마셨다고 하는, 1686년부터 지금까지 영업하고 있는 파리에서 가장 오래된 레스토랑 르 프로코프가 있는 곳.

파리는 '헤밍웨이 바'가 있는 곳이기도 하다. 제2차 세계대전 당시 종군 기자로 파리에 있던 헤밍웨이는 1944년 8월 25일, 나치가 파리에서 항복하자 파리 리츠 호텔 바에서 공식적으로 해방을 선언했다. 그 뒤로 바의 이름은 헤밍웨이 바가 되었다. 여기에는 다른 이야기가 많다. 헤밍웨이가 자기 자동차에 샴페인을 가득 싣느라 늦었다는 이야기도 있다. 하지만 내가 가장 좋아하는 이야기는 호텔에 도착한 헤밍웨이가 옥상으로 달려가 총을 꺼내 축포를 쏘고 다시 뛰어 내려왔다는 것이다. 헤밍웨이는 호텔의 해방을 선언한 뒤, 마티니 50잔을 주문해서 바에 있는 손님들에게 돌렸다고 한다. 아마 마티니가 썩 맛있지는 않았을 것이다. 바텐더를 찾을 수 없어서 손님들이 직접 만들었다고 하니까⋯⋯.

센강 오른쪽 기슭의 퐁마리부터 루브르 선창까지, 왼쪽 기슭의 투르넬 선창부터 볼테르 선창까지 '부퀴니스트Bouquiniste'가 있다. 부퀴니스트는 중고 서적과 고서적을 파는 노점들이 모인 책 시장으로, 역사는 16세기까지 올라간다. 16세기에 처음 이곳에 행상들이 모인 이후 17세기에 강제로 철거되었다. 상인들은 도서 검열 기준에 맞춘 책만 팔겠으니 다시 장사를 하게 해달라고 청원했다.

책에 대한 엄격한 규제는 사라지지 않았다. 1810년에 나폴레옹은 허가증을 발급받은 상인만 책을 판매할 수 있게 정했다. 상인들은 도덕성 테스트를 받고, 반체제적인 출판물을 팔지 않는다고 증명하는 허가증을 시 당국에서 받아야만 했다.

프랑스에서는 아직 도서정가제가 실시되고 있다. 신간은 할인 판매할 수 없는 제도다. 문화부 장관이었던 오렐리 필리페티는 서점을 살리겠다며 굳은 의지를 보이기도 했다. 내가 마지막으로 파리에 들렀던 2013년에는 호텔 근처에만 해도 적어도 20곳이 넘는 서점이 있었다. 다행히 프랑스어로 된 책들이 대부분이어서 내 은행 잔고를 지킬 수 있었다. 그중 '르 몽트 앙 레르Le Monte en l'Air'는 특히 아름다운 서점이었는데 카페와 갤러리도 있다. '애비 북숍Abbey Bookshop'은 영어로 된 중고 서적을 취급하는 서점으로, 책이 어찌나 많이 쌓여 있는지 중력의 법칙을 거스르는 곳이 아닐까 하는 생각이 들 정도였다. 신기하게도 책장 안에 또 책장이 있는데 벽에 붙은 책장을 옆으로 밀면 안에 또 책장이 나오는 것이었다.

그래도 내가 가장 좋아하는 곳은 '셰익스피어 앤드 컴퍼니'다.

셰익스피어 앤드 컴퍼니

Shakespeare and Company, Paris

"서점은 세상이라는 세로 길과 정신이라는 가로 길이 만나는 곳이에요."

"셰익스피어 앤드 컴퍼니에 다니면서 나이 들어가는 것이 행복하다. 태양에 너무 오래 나온 나뭇잎처럼 내 피부가 변하고 나의 확신이, 강인함이, 마음의 준비가 줄어들었을 때에도 여기에는 여전히 책들이 있을 것이다. 나는 책들에게 의지할 수 있다."

_재닛 윈터슨, 《잉글리시 룸An English Room》 중에서

1917년, 실비아 비치는 프랑스 문학을 공부하려고 파리에 왔다가 '라 메종 데자미 데 리브르La Maison des Amis des Livres'라는 서점을 우연히 발견했다. 그곳을 운영하던 아드리엔 모니에는 시인이자 출판인으로, 프랑스에서 서점을 연 최초의 여성으로 기록되는 인물이다. 당시에는 서점에서 회비를 받고 도서를 대여하는 것이 흔한 일이었

다. 아드리엔의 서점에도 회원 제도가 있었는데 실비아가 서점 회원이 되면서 두 사람은 아주 친한 친구가 됐다. 그리고 나중에는 연인이 되어 30년이 넘게 함께 살았다.

아드리엔에게서 영감을 받은 실비아는 자기 서점을 열고 '셰익스피어 앤드 컴퍼니'로 이름을 붙였다. 처음에는 아주 작은 서점이었지만 1921년 5월에 아드리엔의 서점 맞은편 로데옹가 12번지로 자리를 옮긴 후부터 번성했다. 실비아는 자기 서점을 작가들이 모이는 곳으로 만들고 싶었다. 그리고 정말로 작가들이 찾아왔다. 어니스트 헤밍웨이, T.S. 엘리엇, 에즈라 파운드, F. 스콧 피츠제럴드 등이 단골이었고, 제임스 조이스는 서점을 자기 사무실로 쓰기도 했다. 실비아는 조이스의 비서이자 편집자이자 발행인이 되었다. 영국과 미국의 출판사들이 난해하다는 이유로 《율리시즈Ulysses》를 거절한 뒤 실비아가 그 소설을 출간했다.

1940년대 초 나치가 파리를 점령했을 때 한 나치 장교가 셰익스피어 앤드 컴퍼니에서 《피네건의 경야Finnegan's Wake》를 사려 했다. 하지만 실비아는 팔지 않았고 나치 장교는 부대를 끌고 와서 서점을 불태우겠다고 말했다. 장교가 떠나자마자 실비아와 친구들은 어쩔 수 없이 책들을 다른 곳으로 옮기고 다시는 문을 열지 않았다.

1951년에 또 다른 미국인이 파리에 와서 영어 서적 서점을 열었다. 그의 이름 조지 휘트먼으로, 센강 서안 노트르담 바로 옆에 있는 16세기 수도원의 일부였던 건물에 '르 미스트랄Le Mistral'을 열었다.

실비아의 서점처럼 르 미스트랄은 작가들의 구심점이 되었다. 조지는 그곳을 '서점을 가장한 유토피아'라고 부르기도 했다. 1964년에 실비아 비치가 세상을 떠나자 조지는 실비아를 기리기 위해 서점의 이름을 르 미스트랄에서 셰익스피어 앤드 컴퍼니로 바꾸었다.

1970년대부터 조지는 작가들이 서점에서 지낼 수 있도록 했다. 책장 사이에 침대 13개가 숨어 있었고, '잡초 호텔'이라고 불리기도 했다. 서점에 묵는 사람들에게 조지가 요구한 것은 한 가지뿐이었다. 바로 자기 이야기를 써서 조지에게 남긴 뒤 서점을 떠나는 것이었다. 조지의 말에 따르면, 앨런 긴스버그와 윌리엄 버로스 같은 비트 세대 작가를 비롯해 4만 명에 가까운 작가들이 서점에서 묵었다고 한다. 조지의 딸 실비아(실비아 비치의 이름을 땄다)가 셰익스피어 앤드 컴퍼니의 역사를 담은 책을 쓰고 있는데, 여기에는 작가들이 셰익스피어 앤드 컴퍼니에서 남긴 글도 들어갈 예정이다.

"잡초 호텔에서 사람들이 쓴 이야기는 아주 훌륭해요. 서점의 구전 역사이기도 하고, 파리를 여행하는 젊은이들의 시대적 발언이기도 하죠. 문학에 대한 열망과 낭만적인 꿈으로 가득 차 있거든요. 1972년에 이곳에 있던 21세 젊은이와 지금 여기에 있는 21세 젊은이가 얼마나 비슷한지 감동적이기까지 해요. 이 전통은 여전히 계속되고 있어요. 지금은 프랑스 환경운동가와 폴란드 시인, 미국 배우가 서점에 묵고 있죠. 크리스마스마다 돌아오는 사람들도 있어요. 이번 크리스마스에는 폴란드와 영국 피가 섞인 배우, 아랍에서 온 캠브리지 대학생, 수학을 공부하는 이스라엘 학생이 찾아왔어요. 이스라엘 학생의 아버지도 함께 있었죠. 어릴 때 제가 아버지한테 형제자매가 없다고 불평할 때마다 아버지는 서점에 묵는 사람들 모두가 가족이라고 말하곤 했어요. 정말 맞는 말이에요."

조지는 서점만큼이나 특이한 사람이었다. 성질이 괴팍하고 매일 책을 읽었다. 수표를 금고에 보관하지 않고 책 사이에 끼워 놓을 때가 많았다. 머리는 자르지 않고, 촛불로 끝만 그슬어서 다듬었다. 사람들이 읽으면 좋겠다는 생각에 책을 서점 창밖으로 던진 적도 있다.

한번은 우디 앨런의 영화 〈미드나잇 인 파리Midnight in Paris〉에 출연한 배우 오웬 윌슨이 촬영 차 파리에 있을 때 조지를 만나보고 싶어서 셰익스피어 앤드 컴퍼니에 갔다고 한다. 당시 노령의 조지는 서점 위층에 살면서 대부분 침대에 누워 있었다. 조지는 오웬 윌슨의 방문에 전혀 놀라지 않고 그를 그저 흘깃 보면서 물었다.

"직접 쓴 책이 있나요?"

오웬 윌슨이 대답했다.

"아뇨."

조지는 혀를 끌끌 차고 보던 책으로 다시 눈길을 돌렸다.

조지는 자기 서점을 조금 지저분한 왕국처럼 다스렸다. 그래서 모두가 조지를 좋아했다. 조지는 2011년 12월에 98세의 일기로 세상을 떠났다.

내가 처음 셰익스피어 앤드 컴퍼니에 갔을 때는 이미 조지가 죽은 뒤였다. 지금은 조지의 딸 실비아가 서점을 운영한다. 나는 특히 그곳의 시 코너를 좋아한다. 작은 벽감 앞에는 정원에서 볼 수 있는 문이 달려 있고 피아노가 있으며 소원을 비는 우물도 있다. 손님들이 붙여 놓은 수백 개의 쪽지가 있는 '사랑의 거울' 계단도 있다. 쪽지는 그곳에만 있지 않다. 내가 존 그린과 데이비드 리바이선의 《윌 그레이슨, 윌 그레이슨Will Grayson, Will Grayson》을 집었는데, 거기서 다른 손님이 써서 꽂아놓은 쪽지 하나가 떨어진 것이다. '안녕하세요, 괴짜 동지! 책을 고르는 취향이 훌륭하군요!' 나는 그 쪽지를 보고 입이 귀에 걸리게 미소를 지었다.

2014년 초에 나는 실비아와 대화를 나누었다. 당시 9년째 셰익스피어 앤드 컴퍼니의 운영을 맡고 있던 실비아는 그 서점의 미래에 대해 말했다.

"2000년대 초에 파리 관광 안내 서적에서 셰익스피어 앤드 컴퍼니를 소개한 글을 봤어요. 저희가 '과거의 영광에 의지하고 있다'고 적혀 있었죠. 속상했어요. 저는 저희 아버지가 90세가 다 됐을 때 셰익스피어 앤드 컴퍼니에서 일하기 시작했어요. 아버지는 그때까지 해오던 방식을 고수하려고 애썼죠. 당신 스스로가 '진심이 담긴 고물상'이라고 부르며 애정을 쏟던 서점의 운영을 다른 사람에게 맡기는 것은 아버지한테 쉽지 않은 일이었어요. 50년 넘게 아버지 인생에서 큰 부분을 차지하던 곳이었고, 또 아주 독특한 자신만의 방식으로 운영했으니까요. 저도 아버지만큼이나 고집이 셌어요. 전화 설치 문제나 책 배치 문제 등으로 집안싸움이 나기도 했죠. 그것도 손님들이 보는 앞에서요. 대개는 웃음으로 마무리됐지만요. 책 축제를 비롯해서 제가 만든 변화들을 아버지가 만족하시면 좋겠어요. 저는 저희 서점의 근본 사상을 존중하려고 늘 애써요. 다만 그 가장자리를 조금 더 다듬는 것뿐이죠.

조금 객관적으로 보면 역사에서 영감을 얻을 수 있어요. 실비아 비치는 더없이 뛰어난 열정으로 책을 팔았어요. 저희 아버지는 자신만의 독특한 방식으로 서점을 운영했죠. 아버지가 직접 남긴 말들로 그 독특한 방식을 요약할 수 있어요.

1. 낯선 사람들에게 친절하라. 변장한 천사일 수 있다.
2. 손님들에게 상속받은 아파트에 들어서는 기분을 느끼게 해주고 싶다. 센강 변에 있고 책들이 늘어선 아파트. 게다가 남들과 함께 쓰고 있어서 더 즐거운 아파트.
3. 서점이란 세상이라는 세로 길과 정신이라는 가로 길이 만나는 곳이다.

저는 아버지가 이 서점에 남긴 모든 생각들을 확장하고 싶어요. 문학의 교차로—파리는 그러기에 아주 좋은 도시예요—가 되는 거죠. 잠을 자고, 책을 읽고, 맛있는 커피를 마시고(곧 저희 카페도 문을 열어요), 모리아티 콘서트나 빈센트 문 영화 시사회 혹은 마거릿 드래블의 소설 낭독회 같은 이벤트를 볼 수도 있는 곳이요.

서점에서 제가 가장 좋아하는 곳을 하나만 꼽으라면 고르기 정말 힘들어요. '소원 연못'도 좋고, '사랑의 거울'도 좋아요. 하지만 제가 서점을 떠나 있을 때 제일 그리운 것은 서점 안에 깃든 생생한 활력이에요. 왠지 모르지만 셰익스피어 앤드 컴퍼니에는 기운을 주는 큰 힘이 있어요. 예전에 프랑스 지리학자 2명이 저희 서점에 들어와서 갑자기 멈춰서더니 '이럴 수가!' 하고 소리친 적이 있어요. 서점 밑 땅속에 아주 세찬 물이 흘러서 그게 이 서점에 아주 특별한 기운을 불어넣는대요. 사실인지 아닌지는 모르지만, 센강 변과 노트르담 그늘에 있는 저희 서점에는 사람들을 계속 끌어당기는 무언가가 있는 것 같아요."

홈페이지: shakespeareandcompany.com

클레어 킹

Interview

"독서를 하는 법과 책을 즐기는 법은 달라요."

클레어 킹은 영국의 소설가로, 대학교를 졸업한 뒤 소설과 상관없는 일에 20년 동안 종사하다가 마침내 어린 시절에 원하던 것을 실현했다. 클레어 킹의 데뷔 소설은 《밤 무지개 The Night Rainbow》이며 2013년에 출간됐다. 지금은 남프랑스에서 남편, 두 딸과 함께 행복하게 살고 있다.

"남편과 함께 프랑스로 온 것은 14년 전이에요. 생활비를 줄이고 일을 덜 하고, 아이를 갖기 위한 공간을 더 만들자는 게 가장 큰 목적이었죠. 소설을 쓰고 싶다는 열망도 있었고요. 그래서 피레네 산맥 동쪽에 있는 아주 작은 마을에서 낡은 집을 구입하고, 꿈꾸던 미래를 실현하기 시작했어요.

페르피냥 레퓌블리크 광장 뒷골목으로 가면, 골목 바닥에 분홍색 대리석이 깔려 있어요. 철제 발코니가 화려한 도심 아파트와 노천카페, 초콜릿 가게, 소시지 가게 등도 펼쳐져 있죠. 그 사이에 아주 조그마한 서점이 있어요. '비데 앙 불레 Bédé en Bulles'라는 멋진 서점이에요.

길을 잃고 헤매다가 그 서점을 발견했어요. 레퓌블리크 광장 주위의 길은 좁고 미로 같아요. 높은 건물이 빽빽하게 늘어서 있어서 길을 찾는 데 도움이 될 만한 표지 같은 것도 보이지 않죠. 영국이었다면 비데 앙 불레 같은 서점에는 들어가지도 않았을 거예요. 주로 만화책을 파는 곳이거든요. 아스테릭스와 오벨릭스, 틴틴, 스머프 그리고 그 외에 프랑스 사람이 아니면 잘 모를 캐릭터들이 사는 화려한 세계죠. 하지만 그날은 만화책 서점이라도 들어갔어요. 서점에 대한 호기심 때문이기도 하고 직감 때문이기도 했죠. 제가 길을 잃었다는 사실을 딸들한테 숨기고 싶었던 이유도 있었고요. 마치 그 서점에 딸들을 데려오려고 먼 길을 걸어온 척할 수 있었으니까요.

사실, 여기 프랑스에서는 좀처럼 서점에 가지 않아요. 이상하게 들리죠? 저처럼 책을 좋아하는 영국인이 서점에 가지 않는다니 말이죠. 저희가 사는 곳은 큰 도시에서 아주 멀리 떨어져 있어서 영어 책을 판매하는 서점이 없어요. 그래서 도서관에 자주 가죠.

우리 가족은 아직 영어에서 프랑스어로 완전히 말을 바꾸지 않았어요. 오해하지 마세요. 이건 언어 문제예요. 가족 모두 프랑스어를 능숙하게 해요. 제 두 딸은 프랑스에서 태어났으니까 자연히 영어와 프랑스어 모두를 모국어로 쓰고, 말할 때나 글을 읽을 때도 프랑스어와 영어를 자유자재로 넘나들어서 저도 놀라곤 하죠. 그렇지만 저희는 영국 가족이에요. 이웃과 대화할 때나 직장, 학교에서는 모두 프랑스어를 쓰기 때문에 프랑스어를 이해하거나 프랑스어로 자신을 표현하려면 조금 더 노력을 기울여야 해요. 영어가 더 친숙하고 편하죠. 그러니까 읽는 즐거움을 위해 독서할 때는 당연히 영어 책을 찾는 거예요. 이런 일은 저희 부부한테 큰 문제가 아니지만, 딸들은 학교에서 친구들과 잘 지내려면 프랑스어에 더 많이 노출되어야 해요.

페르피냥 뒷골목에 있는 서점을 발견했을 때 저는 청소년 때 몇 시간이고 구경하던 음반 가게가 떠올랐어요. 음반 가게에 가면 커버가 앞으로 오게 해서 음반이 앞뒤로 꽂혀 있잖아요. 만화책도 그렇게 꽂혀 있었어요. 먼저 장르별로 분류되고, 그 장르 안에서 작가별로 정리되어 있었죠. 작가의 이름을 적은 마분지로 앞뒤를 분리하고, 한 작가의 작품들을 알파벳 순으로 꽂았더군요. 벽은 포스터로 덮여 있었어요. 책장에 꽂혀 있는 책들을 볼 때와 달리, 만화책은 표지를 하나씩 보면서 구경하게 되어 있죠. 인터넷 웹 페이지와 클릭에 점점 더 익숙해지는 시대에 이렇게 일일이 손으로 책을 넘기며 표지들을 보다가 정말 마음에 드는 책을 고르는 경험을 하면, 어쩐지 마법 같은 매력을 느끼게 돼요.

처음 그 서점에 들어간 날, 저는 두 딸에게 1권씩 책을 고르라고 했어요. 아이들은 진열대로 가서 책을 골랐죠. 제 허락을 받으려고 가져온 책들은 말 이야기, 어린 뱀파이어 이야기, 끈적이는 녹색 액체와 폭발하는 사탕 이야기, 용감한 남매 이야기 등이었어요. 저는 잘 알려진 주인공이 나오는 책은 빼고 새롭고 다채로운 것을 가져오라고 했어요. 애들이 가져오는 책들을 살펴보고 다른 것을 고르라고 보내기도 하고, 좋은 책을 가져오면 그 자리에서 읽어 봤어요.

당시 막내는 4세였고, 만화책이 많아서 아주 신이 났지만 4세 아이에게 적당한 만화책은 찾아내기 어려울 것 같았어요. 막내가 아직 글을 잘 읽지 못하던 때여서 제가 읽어주어야 했는데, 만화는 그림이 중요한 역할을 하니까 대사만 읽어주는 것으로는 충분하지 않을 것 같았죠. 하지만 제 걱정은 기우였어요. 아이는 글이 없고

세계의 서점과 서점을 사랑한 사람들의 이야기 Ⅱ

그림만 있는 만화책을 찾아냈어요. 털이 많은 어린 괴물이 신기한 나라에서 펼치는 환상적인 모험을 담은 만화책이었어요. 아름다운 그림이 180컷쯤 있고, 아이가 그림을 보면서 스스로 이야기를 만들 수 있었어요. 이런 책은 큰 힘을 발휘해요. 읽는 사람의 상상력을 자극하죠. 그림을 해석하고 등장인물에 공감하면서 대사를 지어내야 하거든요.

큰애한테는 그 서점이 보물섬이었어요. 학교에서 배우는 '바른' 프랑스어가 아니라 놀이터에서 만나는 '진짜' 프랑스어로 된 대사가 말 풍선에 적힌 것을 보고 기뻐했어요. 집에서는 쓰지 않고 어른들도 쓰지 않지만 다른 아이들은 쓰는 속어나 약어에 죄책감 없이 접근할 수 있는 길을 만화책들이 터주었죠. 큰애는 만화책을 통해 시대에 맞는 프랑스어를 읽으며 친구들 사이에서 더 자신감을 얻었어요. 부모도 모르는 프랑스어 표현을 배우면서 아주 기뻐하기도 했죠.

이 서점과 만화책 세계를 발견한 것은 쾌거였어요. 이제 아이들은 서점 주인과 대화를 나누는 사이까지 됐죠. 자기들이 재미있게 본 책을 이야기하고, 서점 주인한테서 새 시리즈나 작가를 소개받아요. 저한테도 도움이 됐어요. 인간이 어떻게 언어나 스토리에 참여하는지, 언어와 스토리를 어떻게 조합하는지 더 잘 이해할 수 있게 됐고, 독서를 배우는 것과 책을 즐기는 법을 배우는 것이 항상 같지는 않다는 사실을 다시 깨우치게 됐어요."

조안 해리스

Interview

"서점의 미래는 서점 직원들의 안목과 열정에 달려 있어요."

조안 해리스는 휘트브레드 문학상 후보에 오른 《초콜릿Chocolat》을 비롯해 여러 베스트셀러 소설을 썼다. 사탕 가게 집안에서 태어나 16세 때 밴드에서 베이스 기타를 연주한 그녀는 지금은 고대 스칸디나비아 말을 공부하고 있으며 자신이 태어난 집에서 25킬로미터도 떨어지지 않은 곳에서 남편, 딸과 함께 살고 있다.

"저는 요크셔에서 자랐지만 어머니가 프랑스 사람이어서 집에서는 프랑스어를 썼어요. 어릴 때부터 영어와 프랑스어, 두 가지 언어의 책을 읽었죠. 모험 소설을 읽곤 했는데 쥘 베른, 레이 브래드버리, 에드거 라이스 버로스 같은 작가들의 책을 읽었어요. 프랑스어로 번역된 것인지 모르고 프랑스어로 읽은 책들도 있어요. 저는 애거서 크리스티가 프랑스 사람인 줄 알았어요. 외할아버지의 책장에 프랑스어로 된 애거서 크리스티의 책이 많이 있었거든요. 외할아버지는 영어는 못하고 프랑스어만 하셨죠. 그러니까 외할아버지가 읽는 책이 원래 영어였을 것이라는 상상은 어린 제가 할 수 없었던 거예요. 어릴 때는 '이 책이 원래 어떤 언어로 쓰였나' 같은 것은 생각할 수 없잖아요. 그냥 책의 스토리에 빠져드는 거죠.

어릴 때는 서점에 가보지 못했어요. 반슬리에는 서점이 없었거든요. 도서관이 하나 있어서 그곳에 자주 갔죠. 구입한 동화책들도 있었는데, 그건 학교를 통해 구입한 책들이었어요. 그래서 동화책들은 대부분 영어로 돼 있었죠. 친척들한테 받은 프랑스어 책도 있지만요.

전 런던의 세실 코트 서점가를 아주 좋아해요. '골즈보로 북스 Goldsboro Books'와 고서점들을 좋아하죠. 《이상한 나라의 앨리스》의 옛날 판본을 집중해서 다루는 서점인 '마치팬'의 주인처럼 단순히 책을 판매하는 데 그치지 않고 열정적으로 책을 수집하는 사람이나 책을 제대로 알고 책 속에 있는 아름다운 삽화를 감상할 줄 아는 사람이 운영하는 서점은 정말 보기 좋아요. 마치팬에서 책을 교환한 적도 있는데 옛날 판본의 《고멘가스트Gormenghast》를 그림이 있는 《이상한 나라의 앨리스》와 교환했죠. 마치팬에 가는 건 정말 즐거운 일이에요.

안목이 높고 열정적인 서점 직원들에게 서점의 미래가 달려 있어요. 그런 서점 직원의 서비스는 온라인 서점이 결코 흉내 낼 수 없죠. 운영을 잘하고 있는 서점에는 안목이 높은 직원이 있어요. 행사를 열심히 계획하고, 고객을 잘 알고 있죠. 이런 서점들은 그 공간을 그저 책을 파는 곳이라고 여기지 않아요. 또 손님들한테는 단순히 책을 구입하는 곳이 아니라 하나의 여행지가 돼요. 단순히 책을 사고파는 일이라면 누구나 온라인으로도 할 수 있어요. 하지만 좋은 서점이라면, 책을 사는 행위 자체를 어떤 특별한 경험으로 만들 수 있어야 하죠.

북숍 스토리

당신이 꿈꾸는 서점은 어떤 모습인가요?

제가 서점을 연다면, 삽화가 있는 책을 전문으로 취급할 거예요. 특히 동화책과 그림책을 주로 다루고 싶어요. 저는 어릴 때 신화와 시의 세계를 다룬 멋진 책들을 갖고 있었어요. 정말 좋아했죠. 위치는 서점이 없는 곳이라면 어디든 다 내고 싶어요. 아프리카에는 책이 부족한 나라들이 있어요. 그런 나라에 가본 적이 있죠. 그런 곳에서는 책이 더욱 경이를 발휘할 수 있어요. 사람들이 아직 책을 귀하게 여기는 곳에서 서점을 열면 아주 좋을 거예요."

몽톨리외
montolieu, France

작은 시골도시지만 한 해 방문객은 10만 명

포도밭으로 둘러싸인 카르카손 근처에는 몽톨리외라는 작은 마을이 있다. 예전에는 종이가 특산물이었다. 1989년, 카르카손에서 책을 제본하던 미셸 브래방은 몽톨리외의 역사를 재건하겠다고 마음먹었다. '프랑스의 헤이 온 와이'를 만들겠다는 바람으로 몽톨리외에 온 미셸은 그곳에 제본소를 차리고 다른 사람들에게도 책 관련 사업을 시작하자고 권했다. 리처드 부스는 그 프로젝트를 지원하기 위해 몽톨리외에 건물을 매입했고, 중고 서점상과 화가, 공예가, 예술가들이 몽톨리외를 문예 마을로 만들기 위해 모여들었다.

- 리옹에 있는 서점인 '르 발 데 자르당Le Bal des Ardents'의 입구 아치는 전부 책으로 만들어졌다.

- 파리의 작은 마을인 오베르 쉬르 와즈에는 낡고 녹슨 우편 열차를 개조한 중고 서점이 있다.

- 마드리드에 있는 '라 인피니토La Infinito'는 서점 겸 카페로, 새벽부터 심야까지 영업한다. 책과 케이크, 음악, 미술품 등으로 가득한 이곳은 일본식 책 제본 강습이나 음악이 있는 브런치 등의 행사를 열고, '스토리텔링 학교'까지 운영한다.

- 스페인의 유서 깊은 고서점인 '리브레리아 바르돈Librería Bardón'은 루이스 로페즈 바르돈이 1947년에 문을 연 서점이다. 그의 아들 루이스 바르돈 메사는 14세 때부터 이 서점에서 일했고, 지금은 아버지로부터 서점을 물려받아 운영하고 있다. 천장에는 샹들리에가 달려 있고, 가죽과 금박으로 된 아름다운 책들이 가득하다.

- 포르투갈 포르투에 있는 '렐루 서점Lello Bookstore' 건물은 애초부터 서점으

로 지어졌으며, 세계에서 가장 아름다운 서점으로 손꼽힌다. 사비에르 에스테베스가 네오고딕 양식으로 디자인한 이곳은 중앙에는 이중 계단 이 있고 벽은 차분한 색의 나무로 둘러싸여 있으며 천장은 스테인드글 라스로 되어 있다.

• 포르투갈어로 '레르 데바가르Ler Devagar'는 '천천히 읽자'라는 뜻이다. LX 팩토리에서 이 글귀를 볼 수 있다. 이곳은 1864년에 섬유 공장으로 지 어졌고, 지금은 서점과 디자인 공방, 미술 갤러리 등이 모여 있는 문화 공간이다. 원래 공장 건물로 지어져 천장이 아주 높다. 그래서 책장이 바닥에서부터 천장까지 뻗은 모습이 매우 인상적이다.

• 리스본에 있는 '베르트란드 서점Bertrand Bookstore'은 세계에서 가장 오래된 서점이다. 1732년에 처음 문을 열었고, 50곳 이상의 지점이 있는 베르 트란드 서점 체인의 중심점이다. 처음에 지어진 서점 건물은 지진으로 부서졌지만 이후에 새로 지은 건물이 1755년부터 지금의 자리를 지키 고 있다.

• 벨기에 이셀에 있는 '리브레리 틱스Librairie ptyx'는 자칭 '생각의 집'이다. 흰 색 건물 벽에는 유명 작가들의 전기가 적혀 있다.

• 2009년, 프랑스 여성 오렐리는 멜 지방을 돌며 '레스프리 바가봉L'Esprit Vagabond'이라는 이동 서점을 운영했다. 가까운 곳에 서점이 없는 사람들 에게 책을 팔고 이야기를 들려주었다.

벨기에·스페인

브뤼셀
Brussels, Belgium

아담한 도시지만 보물 같은 이색 서점이 곳곳에!

벨기에 중앙부에 있는 브뤼셀에는 멋진 서점이 많은데 모두 서로 가까이에 붙어 있다. 1840년대에 생긴 유서 깊은 쇼핑몰 '갈르리 루아얄 생튀베르' 안에는 '트로피스메Tropismes'가 있다. 트로피스메가 자리한 곳은 거울로 장식된 넓은 댄스홀로, 1960년대에 유명했던 재즈 클럽 블루노트가 있던 곳이다. 갈르리 루아얄 생튀베르 아래에는 역시 1800년대부터 내려온 쇼핑몰 '보르티에 갈레리'가 있다. 이곳에는 책과 미술품의 중간쯤을 판다고 말할 수 있을 노점들이 가득하다. 거기에서 10분쯤 더 걸어가면 만화 박물관이 나오는데 그곳에는 만화책으로 가득한 서점인 '슬럼버랜드Slumberland

Bookshop'가 있다.

브뤼셀에 있는 '쿡 앤드 북Cook & Book'은 진짜 콘셉트 서점이라 할 만하다. 요리책 코너에서는 요리책에 있는 메뉴를 주문해서 맛볼 수 있고 책들을 천장에 매단 코너도 있다. 영국 전통의 남성 전용 클럽처럼 꾸민 곳이 있는가 하면, 미국 식당처럼 꾸민 곳도 있다. 심지어는 진짜 자동차가 한가운데에 놓인 코너도 있다.

레뒤

Redu, Belgium

기자 출신 노엘 엉슬로가 달팽이 농장에 서점을 만들면서 시작

아르덴 지방 한가운데에 있는 레뒤가 벨기에의 '책 도시'가 된 것은 노엘 엉슬로 덕분이다. 기자였지만 석유 산업에도 종사했던 노엘 엉슬로는 1970년대에 레뒤에서 집을 구입하고 요리책을 썼다. 그리고 헤이 온 와이에 방문한 뒤 책 도시에 대한 아이디어를 떠올리고는 달팽이 농장을 개조한 곳에 서점을 차렸다.

1984년 부활절에는 벨기에 각지에서 서적상과 애서가 1만 5천 명이 그곳에 모여서 좌판을 열었다. 엉슬로는 리처드 부스를 초대해 레뒤와 헤이 온 와이가 자매 도시임을 공식적으로 선언하게 했다. 행사가 끝난 뒤 몇 명은 레뒤에 계속 남아 서점을 차렸고 이제 레뒤에는 20곳이 넘는 서점이 있다. '크레이지 캐슬Crazy Castle'이라는 영어책 서점도 있고, 바다에 관한 책만 모은 '앙리에트 루익스Henriette

Luyckx's' 도 있다. 그 밖에 종이를 만드는 공방과 판화 공방도 있다.

우루에냐
urueña, Spain

중세 시대 분위기가 살아 있는 스페인 최초의 책 마을

우루에냐는 스페인 칸타브리아 산맥 근처에 있는 중세 마을로, 인구는 몇 백 명뿐이다. 언덕 위 성벽에 둘러싸인 이곳에는 교회가 여러 곳 있으며, 15세기의 교회 종이가 전시된 박물관도 있다. 그리고 이곳은 스페인 최초의 '책 마을'이기도 하다.

우루에냐에는 중고 서점과 고서점이 12곳 있다. '와인 뮤지엄 셀러 북숍Wine Museum Cellar Bookshop', 투우에 관한 책을 파는 '엘 7 북숍 El 7 Bookshop', 캘리그래피 교습을 받을 수 있는 '알쿠이노 칼리그라피아Alcuino Caligrafía', '아르티장 북 바인딩 워크숍 오브 우루에냐Artisan Book-Binding Workshop of Urueña' 등이 있다. 이곳에서는 '행간의 뜻: 책의 역사'라는 상설 전시도 열린다.

포르투갈·네덜란드

텔 어 스토리
Tell A Story, Portugal

이동하며 책을 판매하는 자동차 팝업 서점

'옛날 옛적, 글쓰기에 재능을 타고난 나라와 이야기를 하고 싶은 작가가 있었다. 또 사람들이 읽어주기를 바라는 책이 있었고, 포르투갈어를 못하는 관광객이 있었으며 문을 닫지 않고 영업을 계속할 방법을 찾지 못하는 서점이 있었다. 이 모두가 한데 모여서 새로운 이야기를 쓰기 시작했다.'

'텔 어 스토리'는 포르투갈 문학 활성화를 목표로 삼은 기구로, 영어로 번역된 포르투갈 작품을 영국 관광객에게 판매하는 일을 주관한다. 책은 밴을 개조한 이동 서점에서 판매한다. 텔 어 스토리 사람들은 '어떤 곳에 방문하고 싶은 마음을 가장 크게 불러일으키는 것은 책이다'라고 믿는다. 관광객들이 포르투갈 책을 읽고 포르투갈에 다시 방문하게 되기를 바라는 것이다.

텔 어 스토리의 이동 밴 서점에서는 펜과 편지지, 엽서도 함께 판다. 관광객들이 자기 이야기를 써서 친구들에게 보냄으로써 이야기가 연쇄적으로 전달되기를 희망하기 때문이다.

텔 어 스토리 홈페이지에서는 '작가들의 글씨체'를 다운로드할 수도 있다. 사람들이 유명 작가의 발자취를 따르도록 작가들의 글씨를 합쳐 폰트로 만들었다.

홈페이지: www.tellastory.pt

암스테르담
Amsterdam, netherlands

건축, 만화 등 특정 분야 전문 서점들로 가득한 도시

암스테르담에서 가장 큰 서점은 '아메리칸 북 센터The American Book Center'다. 중앙 계단을 따라서 12미터에 이르는 벽에 책이 꽂혀 있는 이곳에서는 저작권이 없는 글이나 자기 글을 책으로 내려는 사람을 위해 즉석에서 책을 인쇄하는 '에스프레소 북 머신'이 있다. 또 출판사와 저자를 연결하는 이벤트가 정기적으로 열린다. 암스테르담 중심가에는 워터스톤즈 지점도 있는데 여기서는 특이하게 마마이트(빵에 발라서 먹는 짭짤한 잼 같은 음식의 상표명으로, 영국이 원산지임 -옮긴이)와 브랜스톤 피클(당근, 양파, 컬리플라워 등의 채소를 식초, 토마토, 사과, 향신료 등으로 만든 소스에 절인 피클의 상표명으로, 영국에서 치즈와 함께 빵에 넣어 샌드위치로 만들어 먹는다-옮긴이)을 판매한다.

암스테르담에는 특정 분야를 전문적으로 다루는 서점이 많다. 큰 서점의 여러 코너가 각기 하나의 서점으로 문을 열고 도시 곳곳에 퍼져 있는 것 같다. 건축 서점, 만화 서점, 패션과 사진 서점, 미술 서점(부키 워키Boekie Woekie), 잡지 서점 등이 있고, 안네 프랑크 박물관에는 안네 프랑크 서점도 있다.

암스테르담의 아우데만히스포트Oudemanhuispoort 책 시장은 중고 서적을 파는 소규모 노점이 많이 모여 있는 곳으로, 그 옆에 '페르뒤Perdu'라는 시 전문 서점이 있다. 페르뒤는 대학교와 연계해 금요일마다 행사를 연다. 행사가 열리는 곳은 서점 옆에 있는 극장인데 예전에는 병원 주방이었다. 행사가 열리면 발표하는 사람들과 작가, 철학자 등이 유럽 각지에서 모인다.

셀렉시즈 도미니카넌
Selexyz Dominicanen, Maastricht

13세기 고딕 양식 교회을 개조해 지은 아름다운 서점

네덜란드와 벨기에의 체인 서점인 '폴라레Polare'에서 마스트리트에 '셀렉시즈 도미니카넌'이라는 서점을 열었다. 13세기 고딕 양식 교회을 개조한 아름다운 서점이다. 2014년에 폴라레 사가 파산하자 책을 사랑하는 주민들은 이 서점을 지키기 위해서 기금을 모았는데 필요한 돈의 2배나 모였다. 이때 기금을 낸 사람들은 '서점의 친구'라는 이름의 투자자가 되어 수익금의 5퍼센트를 배당받게 되었다.

반더스 인 데 브루런

Waanders in de Broeren, Zwolle

전통과 현대가 조화를 이룬 아름다운 서점

'반더스 인 데 브루런'은 2013년에 문을 열었다. 셀릭시즈 도미니카넌과 비슷하게 15세기에 건축된 성당을 개조해 아름다운 서점으로 만들었다. 반더스는 1836년에 설립된 출판사로, 빔 반더스가 회사를 운영한 지 50주년이 되는 것을 기념하기 위해 즈볼레에 새로운 서점을 연 것이다. 550년 된 고딕 양식의 교회 내부를 새롭게 디자인하면서 스테인드글라스 창문과 파이프 오르간은 그대로 보존해 전통은 살리면서 현대적 느낌을 담아냈다. 지금도 콘서트 때면 파이프 오르간을 연주한다.

홈페이지: www.waandersindebroeren.nl

그는 책을 끝까지 읽어야 한다는 데 대한 의무감이 전혀 없었다. 그의 서재에는 우연과 무질서의 법칙에 대한 믿음이 녹아들어 있었다. "나는 즐거움을 추구하는 독자야. 책을 구입하는 것 같은 사적 영역에 의무감이 끼어들도록 한 적은 한 번도 없지."

_알베르토 망구엘,
《보르헤스에게 가는 길With Borges》

- 1929년, 유럽 소설과 희곡을 전문으로 다루는 서점인 '마르가 쉘러Marga Schoeller Books'가 베를린에서 문을 열었다. 이 서점은 히틀러가 집권한 뒤에도 계속 영업을 하며 나치와 관련된 서적을 판매하지 않는다는 신념을 굽히지 않았다. 마르가 쉘러 여사는 히틀러 정권에서 금지된 책을 서점 지하에 숨겨두고 몰래 팔기도 했다.

- 스위스 로잔에 있는 '리브레리 라 퐁텐Librairie La Fontaine'에는 둥근 모양의 서가가 5개 있다. 둥근 책장 안쪽은 손님들이 편안하게 책을 살펴볼 수 있는 공간으로, '독서 동굴'이라 불린다.

- 이탈리아 바사노 델 그라파에는 18세기 궁전에 자리한 아름다운 '리브레리아 팔라초 로베르티Libreria Palazzo Roberti'가 있다. 3개의 층에 걸쳐 책이 진열되어 있고 조반니 바티스타 티에폴로의 제자인 조반니 스카야리오가 그린 장대한 벽화가 있는 이곳에서는 클래식 음악회와 사진전도 자주 열린다.

- 밀라노에 있는 '10 코르소 코모10 Corso Como'는 서점인 동시에 밀라노에서 가장 인기 있는 패션 부티크이다. 거기에 술집, 카페, 호텔도 있고 이국

적인 식물과 예술적인 가구까지 다양하게 꾸며져 있다. 이탈리아 《보그 Vogue》지 편집장인 프랑카 소자니의 언니이기도 한 출판인 칼라 소자니가 1990년에 만든 10 코르소 코모는 서울과 도쿄에도 지점을 냈다.

• 베네치아에 있는 '리브레리아 아쿠아 알타Libreria Acqua Alta'에는 책이 너무 많아서 책으로 계단을 만들 정도다. 책으로 가득한 욕조들이 놓여 있고, 여러 마리의 고양이가 돌아다닌다. 서점 한가운데에 놓인 곤돌라에는 갖가지 크기와 모양의 책들이 넘치게 쌓여 있다. 이런 대혼란 속에서 마음에 드는 책을 찾아냈다면, 베네치아 운하가 내다보이는 자리에 가서 편하게 앉아 쉴 수 있다.

• 노르웨이 남쪽 해안에 있는 '트베데스트랑Tvedestrand'은 노르웨이의 책 마을로, 작고 흰 집들에 책이 가득하다. 이 마을에는 '국제 책 마을 기구'의 회장이 세계 최고의 책 호텔로 꼽은 호텔도 있다(또 다른 호텔은 피엘란에 있다).

핀란드·스웨덴

아르카디아 북숍
Arkadia Bookshop, Helsinki

헬싱키 지역 사회의 구심점

이안 부르게트는 오랫동안 책을 모았다. 그러다가 집에 책이 너무 많아지자 서점을 열기로 마음먹었다. 그렇게 2008년에 핀란드 헬싱키에 문을 연 아르카디아 서점은 최근 몇 년 사이에 700건이 넘는 행사를 주관하며 지역 사회에서 꼭 필요한 장소가 되었다. 서점이 아주 넓어서 4가지 행사가 동시에 열려도 서로 방해받지 않을 정도다.

이안 부르게트가 이 모든 행사를 전부 주관하지는 않는다. 작가들과 다양한 단체에 공간을 내주기도 한다. 많을수록 좋다. 연주회, 영화 상영, 레스토랑 데이, 미술 전시회, 우주의 기원에 대한 강연 등 다양한 행사가 열린다. 책을 구경하거나 읽을 공간은 물론, 그저 앉아서 생각할 수 있는 구역도 있다. 아르카디아에는 예배당, 피아노, 당구대 그리고 롤라라는 개도 있다. 심지어는 뱀까지 있다. 지기라는 이름의 잘생긴 보아뱀이다(뱀이 책장 사이를 기어 다니지는 않고 우리 안에만 있으니, 걱정하지 않아도 된다).

홈페이지: www.arkadiabookshop.fi

멜로사
mellösa, Sweden

스웨덴의 작고 귀여운 책 도시

　멜로사는 스웨덴의 책 도시다. 여기에는 가정집 안에 차려진 서점도 있다. 파란색 책이 있는 방, 빨간색 책 방, 녹색 책 방 등 색깔별로 책이 배열되어 있다. 그리고 주방에서는 요리책을 판다.

래리스 코너
Larry's Corner, Stockholm

"팔고 있는 모든 것들에는 제각각 다른 사연이 있어요."

　'자기가 살고 있는 집을 개방하고 집에 있는 물건들을 파는 가게.' 스웨덴 스톡홀롬에 있는 래리스 코너는 이런 생각을 불러일으키는 서점이다. 래리 파버는 자신이 파는 것 하나하나에 애정을 품고 있다. 모든 물건에 대한 사연을 들려줄 수 있을 정도다. 래리는 서점 안에 프로젝터를 두고 저녁에는 영화를 틀고, 카운터 뒤의 간이 주방에서 만든 커피를 손님들에게 대접한다. 그는 자기 서점에 들어오는 사람이면 누구나 다 친구라고 말한다.

"저는 미국 디트로이트 출신이지만 1980년부터 쭉 스웨덴에서 살고 있어요. 1986년에 스웨덴 대학교 도서관학과를 졸업하고, 2000년까지 작은 도시 도서관에서 사서로 일했죠. 일은 좋았지만 동료들이 싫었어요. 그래서 친구 2명과 니타날디라는 가게를 차렸죠. 옛날 할리우드 배우의 이름을 땄어요. 몇 달이 지나고 두 친구는 발을 뺐고 저만 남았어요. 그때 가게에서는 책, 영화, 음악, 아트 토이 등 애매한 것들을 팔고 있었어요.

그러다가 두 번째 아내인 바바라가 소도시에서 살기 싫다고 하더군요. 그래서 가게를 스톡홀름으로 옮기고 이름도 '래리스 코너'로 바꿨어요. 저는 특이한 것이라면 전문가라고 자처할 만한 사람

작가들에게 내려진 가혹한 형벌

예전에는 작가를 불구로 만드는 일이 그리 특별하지 않았다. 16세기 비평가들은 자기들이 보기에 지나치게 강경한 책이 있으면 그 저자의 코나 귀, 손을 절단했다. 17세기 30년전쟁 뒤에 시어도어 라인킹은 스웨덴에 반대하는 기조의 책을 썼는데, 스웨덴 국민의 분노를 사서 감옥에 갇혔다. 라인킹은 자신의 책을 먹으라는 명령을 받았으며 책을 먹지 않으면 참수형에 처해지게 됐다. 결국 라인킹은 자신의 책을 반죽으로 만들어서 마실 수밖에 없었다.

북숍 스토리

이에요. 그래서 제 눈에 흥미롭게 보이는 것들을 팔면 승산이 있겠다고 생각했죠. 절판된 희귀본이나 만화책, 오래된 음반처럼 보면 정신을 못 차리고 흥분하지만 즐겁기도 한 물건들을 파는 거죠. 제가 물건들에 너무 열광하니까 이상하게 보는 손님도 있어요. 그렇지만 저는 제가 하는 일을 정말 좋아한답니다."

홈페이지: larryscorner.tictail.com

노르웨이·덴마크

피엘란

fjærland Book Town, norway

겨울에는 문을 닫지만 봄이 되면 깨어나는 책 도시

피엘란은 '봄의 땅'이라는 뜻이다. 말 그대로 봄이 되면 도시가 살아나기 때문이다. 피엘란 옆에는 유럽에서 가장 큰 빙원인 요스테달 빙하가 있다. 필립 풀먼의 《황금 나침반^{His Dark Materials}》에서는 피엘란이 배경인 듯한 대목을 쉽게 찾아볼 수 있다. 겨울에는 눈이 180센티미터까지 쌓이고, 기온은 영하 20도로 내려간다. 피엘란의 서점들은 그곳 사람들의 말처럼 '냉동'된다. 노르웨이의 책 도시인 피엘란은 겨울 동안 공식적으로 문을 닫지만, 그곳에서 사는 사람들은 옷을 단단히 입은 채 썰매에 몸을 싣고 돌아다닌다. 책을 주문하거나 정리하며 다가올 따뜻한 계절을 준비하는 것이다. 도로 옆에 책장 하나와 함께 돈 통이 붙어 있던 '어니스티 북숍The Honesty Bookshop'은 지난겨울에 혹한으로 날아갔다.

피엘란은 1995년에 리처드 부스의 도움으로 책 도시가 되었다. 전체 책꽂이의 길이는 5킬로미터 정도다. '스트라웁스바그스 안티크바리아트Straumsvågs Antikvariat'는 피엘란에서 가장 큰 서점으로 손꼽힌다. 옛날 건물을 그대로 보존하는 것이 이곳 서점들의 특징인데 페리 대합실부터 헛간, 은행, 식료품점까지 비어 있는 건물은 어디든 서점으로 변신해 있다. 심지어는 외양간이나 돼지 축사를 개조한 서점도 있다. 문달 호텔에도 서점이 있다. 이 호텔은 1800년대 후반에 처음 문을 연 곳으로, 호텔 직원들이 직접 짠 카펫과 깔개, 커튼 등을 사용하는 특이한 곳이다.

토루프 에코 빌리지

Torup Eco-village, denmark

"평화로운 생태 마을을 만드는 데 책과 이야기가 빠질 수 없지요!"

우코삼푼더 디서킬드Økosamfundet Dyssekilde는 덴마크에서 가장 오래된 '에코 빌리지'로, 1990년부터 조성되었다. 감자밭이던 곳에서부터 시작된 이 생태 마을은 옆 마을 토루프까지 확장되었다. 토루프는 11세기부터 존재한 유서 깊은 마을이지만 21세기에는 대부분 황폐해져 있었다. 그러다가 이제 사람들이 다시 돌아와 생태 마을의 일부를 이루고 있다.

생태 마을의 목적은 최대한 자급자족하고 채식주의를 지키며 영적인 생활을 하는 공동체를 만드는 것이다. 이 목표를 위해 주민들은 가구당 집 한 채만을 소유한다. 담장이나 울타리는 없다. 그래서 마을 전체가 아이들의 놀이터가 된다.

우코삼푼더 디서킬드를 만든 사람들은 평화롭고 영적인 환경을 만드는 데 필수적인 요소로 책과 이야기를 빠뜨리지 않았다. 사람들은 마을 여기저기에 야외 책 노점과 자율 판매 서점을 만들었고 주차장이나 창고, 쓰지 않는 마구간, 농장 입구, 기차역 등 어디에서나 책 판매대를 쉽게 볼 수 있게 했다. 또한 '노르딕 북 페스티벌'을 주최하며 덴마크의 책 도시로 인정받고 있다.

홈페이지: www.torupbogby.dk

독일

전쟁의 기억과 상처를 책으로 치유하다

뷘스도르프는 조금 특이한 곳이다. 제1차 세계대전 전에는 군 기지였고, 제2차 세계대전 뒤에는 동독의 소련 군사 본부였다. 5만 명의 군인이 외부와 차단되어 별도의 사회생활을 했기 때문에 그 안에 빵집, 학교, 극장, 병원 등도 있었다.

1994년에 소련군이 철수한 뒤, 뷘스도르프는 처리되어야 할 화학 약품과 탄약뿐 아니라 텅 빈 건물, 부서진 피아노, 쓰이지 않는 벙커, 낡은 군복 등이 아무렇게나 굴러다니는 유령 도시가 되고 말았다. 뷘스도르프에는 '숲 도시'라는 별명이 붙었다. 이후 사람들이 몇몇 건물을 주택으로 개조하고, 도시의 역사를 담은 박물관을 운영하며 버려진 벙커를 관광하는 프로그램을 개발했다. 하지만 뷘스도르프 한가운데에는 아직도 온통 이끼에 덮인 레닌 동상이 서 있는 등 기묘한 분위기를 풍긴다.

1998년에는 뷘스도르프 주민들이 도시의 숨은 이야기들을 한데 모으려는 노력의 일환으로 뷘스도르프를 독일 최초이자 아직까지는 독일 유일의 '책 도시'로 변신시켰다. 버려진 건물 몇 채가 서점으로 다시 태어났다. 그 결과 군 역사를 전문으로 다루는 '벙커 숍'과 러시아 스타일의 작은 다실이 있는 서점 등이 자리를 잡았다.

코넬리아 푼케
Interview

"책은 다른 사람의 눈으로 세상을 보게 해줘요."

코넬리아 푼케는 1958년 독일 도르스텐에서 태어났다. 어릴 적에는 파일럿이나 우주 비행사가 되고 싶었지만 함부르크 대학교에서 교육학을 전공했다. 잠시 그림책에 관심을 가졌다가 자기 이야기를 쓰기 시작했는데 판타지 소설 《용의 기사Dragon Rider》로 세계적인 선풍을 일으키며 뉴욕타임스 베스트셀러 목록에 78주 동안이나 올라 있었다. 그 밖에 《잉크하트Inkheart》 3부작과 《도둑의 왕The Thief Lord》으로 많은 상을 수상했다.

"저는 독일의 작은 도시에서 자랐어요. 그래서 더 넓은 세계로 나가 모험하고 싶어했죠. 책을 통해 그 모든 것을 얻을 수 있었어요. 책은 세상으로 나아가는 창이자 문이었죠. 고향에서 즐겨 가던 서점이 2곳 있었는데(물론 도서관을 끝없이 다녔죠. 안 그랬다면 부모님은 파산하셨을 거예요.) 그중 '쾨니히 서점Buchhandlung König'은 지금도 영업하고 있어요. 부모님이 계시는 고향에 갈 때마다 그 서점에 가서 사인회를 해요. 서점 운영에 조금이라도 도움이 되고 싶거든요.

처음으로 제 돈을 주고 산 책은 로빈 레인 폭스의 《알렉산더 대왕Alexander the Great》이었어요. 당시 저는 알렉산더 대왕에 푹 빠져 있었어요. 알렉산더 대왕의 전술을 설명할 수 있을 정도였죠. 책값은 꽤 비쌌지만 집에 보물을 가져오는 기분이었어요.

어느 나라에서나 독립 서점은 마법 같은 곳이에요. 아주 멋진 서점을 많이 봤지만, 이름을 잊어버려서 꼭 꼬집어 말하기 어렵네요. 저는 요즘 미국 로스앤젤레스에 살고 있는데, 할리우드에 가면 '북 수프Book Soup'라는 멋진 서점이 있어요. 뉴욕에 있는 '북스 오브 원더Books of Wonder', 네이퍼빌에 있는 '앤더슨스Anderson's's', 산호세에 있는 '히클비스Hicklebee's'도 좋아요. 런던 햄스테드와 하이스트리트에 있는 '던트 북스Daunt Books', 스코틀랜드 세인트 보스웰에 있는 '메인스트리트 트레이딩 컴퍼니Mainstreet Trading Company', 배스에 있는 '토핑 앤드 컴퍼니Topping & Company'도 빼놓을 수 없죠. 제가 사는 로스앤젤레스에도 좋아하던 서점이 있었는데 이제 영업을 안 해요. '포트레이트 오브 북스토어Portrait of a Bookstore'라는 곳이었는데 제가 좋아하는 카페 근처에 있어서 커피와 책이라는 환상의 조합을 맛볼 수 있었죠. 지금은 없어져서 아쉬워요.

책은 저에게 세상을 들여다보고, 세상을 배우고, 다른 사람들의 눈으로 세상을 보는 수단이에요. 우리는 책을 통해 다른 시대, 다른 문화적 배경에 있는 작가들의 몸으로 들어가 그 뛰어난 지성으로 삶과 세상에 대해 새로운 시각을 얻을 수 있어요. 이렇듯 책은 훌륭한 변신 수단이에요. 새로운 시각이 필요한 순간은 누구에게나 자주 찾아오죠. 책은 죽은 사람과도 대화할 수 있게 해줘요. 죽은 사람들의 이야기를 듣고, 마치 타임머신이나 하늘을 나는 양탄자를 타는 듯이 머나먼 나라로 갈 수 있죠. 책은 시간과 공간을 무의미하게 만들거든요. 책은 재치 넘치고 현명한 동반자가 되기도 해요. 내가 겪는 근심이나 두려움이 혼자만의 것은 아니라는 사실을 책을 통해 깨달을 수 있죠. 그리고 우리가 미처 표현할 방법을 몰랐던 것들에 대해 표현할 수 있는 단어를 배울 수도 있고요.

요즘은 대부분 온라인으로 책을 주문하죠. 온라인 서점에서는 우리가 이미 알고 있는 책만 사게 돼요. 하지만 서점에 가면, 완전히 다른 스릴을 느낄 수 있어요. 전에 들어본 적 없는 보물 같은 책을 발견할 수도 있죠. 책을 만지고, 펼치고, 책장 사이의 단어들을 맛보고, 발견하고, 사랑에 빠지는 거예요. 서점에 가면 책과 오감으로 만날 수 있어요. 또 서점에 가면 책 속에 숨은 삶들을 떠올리게 돼요. 아름다운 서점에서 발견한 책에는 그것을 발견했던 장소와 시간에 대한 기억도 더해져요. 집 책꽂이에 꽂힌 책에 멋진 요소가 하나 더 해지는 거예요. 아이들을 서점에 데려가는 것은 어떨까요? 책에 모험과 보물과 새로움이 들어 있다는 사실을 아이들에게 일깨워주는 데는 서점보다 더 좋은 곳이 없어요. 책을 가까이하는 생활을 시작하는 방법 중에 서점에 가는 것보다 좋은 게 있을까요? 그러니까 아이들이 책을 좋아하게 만들려면 서점에서 시작해야 해요.

당신이 꿈꾸는 서점은 어떤 모습인가요?

제가 서점을 연다면? 와, 정말 멋진 상상이네요! 집이 로스앤젤레스에 있으니까 거기에다 열거나, 영국에서 제가 좋아하는 곳인 솔즈베리에 열겠어요. 아니면 숲 한가운데에 서점을 열어 신비로운 모험을 경험하는 곳으로 만들 수도 있겠네요. 책을 찾아서 순례하는 사람들 사이에서 명소가 되는 거죠!

서점에는 제가 좋아하는 작가들과 소설 속 인물들의 인형을 책장 사이에 두겠어요. 그리고 작가들이 직접 쓴 편지와 자필 원고, 유명한 책과 연관된 물건들을 서점 곳곳에 놓아둘 거예요. 잘 보이는 데에 두기도 하고, 숨겨두기도 할래요. 아이들 키에 맞춘 높이의 책장과 함께 사다리를 타고 올라가야 책을 집을 수 있는 책장도 둘 거예요. 또 하늘을 나는 양탄자를 두고 사람들이 앉아서 책을 읽을 수 있게 할래요. 동굴이나 나무 위에 지은 집도 있으면 좋겠죠. 당연히 아동 서적도 갖춰야죠. 거기에다 판타지와 SF, 고전, 제가 좋아하는 책, 식물이나 동물에 대한 책, 여행 안내서, 신화학 책……. 딱 정돈된 서점은 아니지만 들어서면 그 세계에 푹 빠질 수 있는 곳이 되어야 하죠. 아, 은 테두리로 된 거울도 있어야겠죠?"

베를린 스토리
Berlin Story, Berlin

베를린에 관한 세계의 모든 책이 모여 있는 곳

'베를린 스토리'는 자칭 '현실 크기의 역사 교과서'다. 도시 한 곳에 관한 책만 파는 서점으로는 유일한 곳이다. 프로이센 왕국의 왕들에 관한 역사책부터 바로 앞 동네를 배경으로 한 추리 소설까지, 베를린을 다룬 12개 언어 5,000여 권의 책이 갖춰져 있다. 영화 제작자인 빌란드 기벨이 운영하며 베를린 역사박물관과 결연을 맺기도 했다.

홈페이지: www.berlinstory.de

후겐두벨
Hugendubel, Stuttgart

독일에서 가장 성공한 서점 체인

하인리히 후겐두벨의 5대손들이 슈투트가르트에서 운영하는 '후겐두벨'은 독일에서 가장 성공적인 서점 체인으로 손꼽힌다. 슈투트가르트의 본점 앞에는 텔레비전 스크린이 설치되어 책을 읽고 있는 손님들의 모습을 보여준다. 서점 안에는 '독서 섬'이라고 불리는 곳도 있다. 천이 깔린 큰 정육면체가 의자로 놓여 있고 커다란 가죽 의자도 있다. 손님들이 편하게 책을 살펴볼 수 있는 곳이다.

북숍 스토리

타셴

TASCHEN, Cologne

타셴 출판사가 운영하는 미술과 만화 전문 서점

　베네딕트 타셴이 1980년에 설립한 출판사인 '타셴'은 미술 서적과 만화 관련 서적을 주로 출판한다. 책의 화려한 외양과 함께 때로는 논란을 일으킬 만한 내용으로 유명하며, 세계 12개 도시에 지점이 있다.

　타셴 출판사의 책들 중에서 내가 특히 좋아하는 것은 린다 그랜필드와 도미니크 잔도가 미국 유랑 서커스의 역사에 대해 쓴 《더 서커스The Circus》다. 아름다운 케이스에 들어 있지만 무게가 5킬로그램이나 나가는 괴물 같은 책으로, 집으로 가져가다가 쓰러질 뻔했다. 하지만 헬무트 뉴튼의 《스모SUMO》에 비하면 아무것도 아니다. 무게가 30킬로그램에 이르는 이 책은 한정판으로 제작되었는데 한 권의 가격이 무려 1만 5천 달러다.

그리스·이탈리아

아테네

Athens, Greece

"희귀한 책을 구하고 싶다면 이곳으로 오세요!"

아테네에는 큰 서점이 2곳 있다. '에우리피데스Euripides'와 '엘레프테루다키스Eleftheroudakis'다. 에우리피데스는 4층 규모의 매장에 도서 대여 코너와 카페가 있다. 창립자인 에우리피데스 프린스는 자신의 이름을 딴 이 서점을 '산장'이라고 부른다. 책을 사랑하는 사람들이 와서 쉴 수 있는 곳이라는 의미다.

엘레프테루다키스는 1918년에 문을 열었는데 지금도 엘레프테루다키스 집안이 운영한다. 그리스에서는 흔히 희귀한 책을 가리켜 '엘레프테루다키스에서만 구할 수 있는 책'이라고 말한다.

아틀란티스 북스
Atlantis Books, Santorini

"산토리니에 오면 잠깐 들러 편하게 쉬다 가세요."

2004년, 옥스퍼드 대학교에 다니던 대학생 크레이그 왈저는 친구 올리버와 함께 산토리니 섬으로 여행을 갔다. 가서 술을 마시고는 그곳에 서점을 열자고 친구와 약속을 했다. 술에서 깬 뒤에는 후회했지만, 결국 졸업한 뒤 친구 몇몇과 더 힘을 합쳐 최대한 많은 곳에서 중고 서적을 사들였다. 그리고 책들을 밴에 싣고 산토리니로 가서 '아틀란티스 북스'를 차렸다.

크레이그는 말한다.

"책꽂이 사이에 침대 몇 개를 숨겨 두었어요. 저녁에는 테라스에 모닥불도 피우죠. 세계 곳곳에 친구들이 있어요. 이 서점이 우리의 모임 장소가 됐답니다. 그동안 기묘하게 재미있는 일이 아주 많았어요. 중국 텔레비전 드라마에도 나갔죠. 중국인 스태프가 와서 저희 서점을 촬영 장소로 쓰고 싶다고 하길래 오후 2시에 와서 촬영하기로 약속했어요. 그런데 아침 8시에 조연출한테서 전화가 왔어요. 지금 모두 서점 앞에 있는데 들어가도 되느냐고 묻는 전화였죠. 저는 속옷 바람으로 곧장 밖으로 나갔어요. 그랬다가 앞에서 촬영 중인 카메라에 속옷만 입은 제 모습이 고스란히 찍혔지 뭡니까?

뒤쪽 방에는 책을 만드는 공방이 있어요. 거기서 직접 책을 만들기도 하죠. 올여름에는 세계 각지의 저자들을 초대해서 책 축제를 열 계획이에요. 그리스 작가들과 불가리아 13인조 관악 밴드 그리고 카네기 홀에서 연주한 적 있는 피아니스트가 올 거예요. 요리사들을 초빙해 음식도 만들 계획이죠. 무엇보다 중요한 건, 처음에 저희 서점을 함께 만든 사람들 중에서 2명이 그 축제 때 결혼식을 올린다는 사실이죠."

홈페이지: atlantisbooks.org

몬테레지오
Montereggio, Italy

16세기 책 행상의 자손들이 대를 이어 책과 함께해온 도시

몬테레지오는 이탈리아 남쪽 언덕에 있는 작은 마을로, 책을 파는 일에 있어서는 전설 같은 곳이다. 16세기 때 몬테레지오 사람들은 새로운 직업에 뛰어들었다. 바로 책을 파는 것이었다. 해마다 여름이면 길을 떠나기 전에 성대한 출정식을 거행했다. 그리고 정성껏 만든 음식을 먹었다. 길고도 힘든 여정을 앞두고 있었기 때문이다. 이들은 '길을 안내하는 책 행상'으로 불렸지만 사실 글을 읽을 줄 몰랐다.

몬테레지오 책 행상들은 먼저 북쪽으로 향했다. 거기서 치즈와 밤을 책과 교환했다. 행상들은 문맹이어서 책의 내용을 알 수는 없었지만, 잘 만들어진 책을 알아볼 수는 있었다. 가방이 책으로 가득 차면 등에 짊어지고 시골로 다시 가서 농부들에게 책을 팔았다.

농부들도 글을 읽을 줄 몰랐지만, 책 행상들은 이 책이 아주 중요한 것이며 꼭 한 권은 가지고 있어야 한다고 설득하는 데 능했다. 당시 '책 행상들은 조금 교활하다'는 말이 있었던 것도 그리 놀라운 일은 아니다.

몇 세기가 지나자 몬테레지오의 책 행상들도 글을 깨쳤고, 출판업에 종사하기 위해 도시로 떠났다. 그보다 멀리 나가 스페인과 프랑스에 서점을 연 사람들도 있었다. 마우치는 1850년에 배에서 일하는 사환으로 취직해 아르헨티나로 가는 배를 탔다. 그때 책 180권을 가져가 아르헨티나에 서점을 열었다. 현재 몬테레지오 책 행상들의 자손 150여 명이 세계 곳곳에서 서점을 운영하고 있다고 한다. 이제 몬테레지오로 들어가는 도로에는 이탈리아의 유명 출판인의 이름이 붙어 있다. 그리고 몬테레지오는 책 도시가 되었다.

홈페이지: www.montereggio.it/paesi.htm

도서관 사서가 된 카사노바
카사노바는 바람둥이의 대명사로만 알려져 있으나 40여 권의 책을 쓴 저술가, 외교관, 철학자 등 다재다능한 인물이기도 했다. 그는 생애 마지막 13년 동안 보헤미아의 둑스 성에서 지내며 자서전 격인 《나의 인생 이야기|Histoire de ma vie》를 집필하며 이 도서관의 사서로 지냈다.

- 리투아니아 빌뉴스 대학교에 있는 구내 서점 '리테라Littera'는 서점보다 오히려 교회 같다. 짙은 색의 목재 책꽂이, 낮은 천장의 프레스코화 등은 책에 눈을 돌리지 못하게 아름답다.

- 아이슬란드 레이캬비크에 있는 '보킨Bokin'에서는 중고 서적이 너무 많아 통로 끝에 책을 쌓는 것으로 모자라 카운터 주위에도 쌓기 시작했다. 창문으로 안을 제대로 볼 수도 없는데, 책으로 덮여 있기 때문이다. 전설적인 체스 기사인 보비 피셔는 아이슬란드에서 살기 시작하면서부터 보킨을 좋아했다. 뉴욕에 있는 서점들이 떠오른다고 말하며 서점에서 책을 읽던 보비는 오래 있다가 잠들 때도 있었다.

- 핀란드 헬싱키에 있는 '아카테미넨 키르야카우파Akateeminen Kirjakauppa'는 '아카데미 서점'이라는 뜻으로, 서점이 문을 연 것은 1969년이지만 본사는 1893년부터 논픽션을 판매해온 역사를 가지고 있다. 천장에 큰 유리창들이 있어서 서점 안으로 자연광이 들어오는데 천장 유리창은 펼친 책을 연상시키는 기하학적인 모양이다.

- 터키 이스탄불에 있는 '데니즐러 키타베비Denizler Kitabevi'는 고지도를 전문

으로 다루는 2층짜리 아름다운 서점이다. 리프린트한 고지도를 판매하며 역사와 항해를 다룬 책도 출판한다.

- 오스트리아 인스브루크에 있는 '헤이몬 서점The Haymon Bookstore'은 외계의 서점 같다. 책장은 무광 검정색이고 조명은 어두워서 진열된 책들이 밤하늘에 떠 있는 별들처럼 보인다. 게다가 천장이 거울로 되어 있어서 '책 하늘'이 끝없이 이어진 것 같다.

- 헝가리 부다페스트에서 60년의 역사를 자랑하는 '이록 볼티야Írók Boltja'는 '작가의 서점'이라는 뜻이다. 20세기 초에 헝가리에서 예술가와 작가의 모임 장소로 가장 유명했던 카페 건물이 서점이 되었다. 헝가리 문학의 우수성을 알리는 서점의 임무를 다하는 한편, 카페의 전통을 이어가기 위해 서점 안에서 찻집도 운영한다.

- 크로아티아 오시예크에 있는 '에조프 안티크바리야트Ezop Antikvarijat'에서는 고서적뿐 아니라 세계 곳곳의 희귀한 엽서도 판다. 서점에는 루나라는 이름의 샴 고양이도 있다.

에스토니아·러시아

슬로드롭스
Slothrop's, Tallinn

"서점에서는 인간의 창의력을 가장 잘 느낄 수 있어요."

'슬로드롭스'는 에스토니아 탈린 최초의 중고 영어책 서점으로, 영국 디자이너 루이스 맥거피와 미국인 친구 존 그리고 스콧이 운영한다. 루이스는 예술가 거주 프로그램으로 탈린에 왔다가 이곳을 사랑하게 됐다. 그래서 '타미간Ptarmigan'이라는 예술가 프로젝트 공간에서 존과 함께 살던 중 스콧을 만났다. 스콧은 이미 10년 가까이 에스토니아에서 살고 있었다. 서점을 내는 것은 스콧의 아이디어였다. 스콧은 몇 해 전에 서점을 열 목적으로 책을 900권쯤 사 놓았으나 아직 때를 기다리던 중이었다.

"저희 중에 서점 운영 경험이 있는 사람은 한 사람도 없었어요.

그렇지만 모두 독서광이었죠. 존은 문화 공간을 만드는 게 목표였어요. 이벤트를 열고 이 지역의 작가, 미술가, 디자이너들이 만든 책을 파는 거죠. 스콧은 셋 중에서 조금 나이가 많고 더 현실적이어서 책을 팔아 돈을 벌자는 마음이었어요. 저는 그저 서점을 갖게 되어서 좋았죠. 이곳을 보기 좋게 만들겠다는 생각에 계속 서점을 운영할 수 있었어요. 허영에 좀 가까웠죠. 자신이 서점 주인이라고 상상하면 즐겁지 않나요? 저는 심지어 트위드 옷을 입고 그리스 고전을 탐독하면서 위스키를 마시는 제 모습을 상상했어요. 틀에 박힌 이미지지만, 동기를 부여하는 데에는 꽤 도움이 됐어요. 게다가 처음 만나는 사람한테 말을 걸 때 '제 서점을 구경하실래요?' 하는 말보다 더 좋은 건 없죠.

아직 서점을 계속 운영하고 있으니 일단 그건 계획대로 됐어요. 장기적인 계획은 아직도 생각하는 중이에요. 장소도 더 넓히면 좋겠고, 카페도 있으면 좋겠어요. 베를린에 있는 베타하우스 같은 곳과 결연을 맺어도 좋겠죠. 탈린에서는 지역 분위기와 깊이 결합된 스타트업 문화가 강하거든요. 그러니 프리랜서들이 좋은 환경에서 일할 수 있는 기회와 전문 서점을 연결하는 것이 충분히 가능하죠.

이 자리는 에스토니아 작가 연맹 소유예요. 저희가 처음에 문을 열고 1년 뒤에 자리를 옮겨야 했거든요. 그러다 어찌어찌해서 에스토니아 작가 연맹과 계약하고 여기로 들어왔죠. 그래서 작가 연맹의 물건도 팔고 있답니다.

여름 휴가철을 빼면 손님 대부분이 지역 주민이에요. 에스토니아 사람들은 어릴 때부터 영어에 열심이지만, 저희 손님으로 에스토니아 사람만 오는 건 아니에요. 러시아 출신 에스토니아 사람들도 오죠. 서점을 중심으로 젊은 사람들이 모이는데, 대개 35세 이하예요. 공산주의 체제가 끝난 1991년 뒤에나 영어가 허용되었으니까요.

단골 손님 중에 재미있는 사람들도 있어요. 러시아 여자와 결혼하고 여기서 영어를 가르치는 스코틀랜드 남자가 있는데, 어디에나 말린 생선을 가지고 다녀요. 저와 함께 술을 마시러 가면 술집 종업원이 말린 생선을 가져오면 안 된다고 정중하게 말하곤 하죠. 저희 서점에도 말린 생선을 가져온 적이 있지만 저는 괜찮았어요. 몇 개 얻어먹었거든요.

책 제본하는 일을 하던 어떤 노인이 저희를 찾아온 적도 있어요. 에스토니아 텔레비전에서 저희를 보고 몇 년 전에 복원한 책 2권을 가지고 왔죠. 어법이 안 맞는 영어와 아주 간단한 에스토니아어로 대화를 나눴어요. 고맙게도 책들을 저희한테 기증하려고 가지고 온 것이었습니다. 1873년에 나온 독일어-에스토니아어 사전이었는데, 아직도 저희 서점에 있어요. 조사를 좀 해보니, 아주 값진 책인 것 같더군요.

최근에는 미국 워싱턴에 살고 있는 개인 소장가로부터 책 600권을 구입했어요. 대단한 컬렉션이었어요. 중국부터 인디언, 유대인까지 갖가지 역사를 다룬 흥미로운 책들과 함께 고서적도 많았죠. 그 책들을 하나하나 살피면서 책의 주인이 누구였는지, 그 사람이

단 한 권의 책만 파는 서점

월터 스완Walter Swan은 어릴 때 형 헨리와 함께 이야기를 만들고 모험을 즐겼다. 나중에 월터의 아내 들로리스가 월터에게 그 이야기를 글로 적어 두는 게 좋겠다고 말했고, 월터는 그 말을 따랐다. 월터가 이야기하면 들로리스가 받아 적었다. 들로리스는 이야기를 타자한 뒤 상자에 넣었다. 몇 년 후 상자에는 넘칠 만큼 많은 이야기가 쌓였고 월터는 출판사에 이 원고를 보내기 시작했다. 미국 곳곳의 출판사들은 보내는 족족 퇴짜를 놓았다.

1990년, 74세가 된 월터는 대출을 받아서 투손에 있는 한 출판사에 650달러를 내고 자비 출판으로 하드커버 100부를 찍었다. 제목은 《나와 헨리Me`n Henry》였다. 월터는 책 유통에 대해서 아는 바가 없었으므로 주변 서점들을 돌며 무작정 책을 납품하려다가 서점 마진이 40퍼센트나 된다는 것을 알고 깜짝 놀랐다. 그래서 월터는 직접 서점을 열기로 마음먹었다. 그냥 서점이 아니라 말 그대로 한 권만 있는 서점이라는 뜻의 '원 북 북스토어', 다른 책은 없고 《나와 헨리》만 파는 서점이다.

몇 권이나 팔았을까? 7천 권이다! 월터는 이후에 세 권을 더 출간하고 그 책들을 팔기 위해 원 북 북스토어 옆에 '아더 북스토어'라는 서점을 하나 더 냈다. 월터는 세상을 떠난 2004년까지 2만 권이 넘는 책을 팔았다.

무엇에 관심을 두었는지 알아보는 것은 아주 즐거운 일이었어요. 책갈피에서 쪽지와 그림엽서도 나왔어요. 다 살피고 나자, 어떤 사람의 깊은 내면을 본 기분이었죠. 그리고 그런 컬렉션을 볼 수 있어서 기뻤어요. 책에서 나온 것들을 전부 서점 벽에 붙였어요. 그림, 쪽지, 옛날 차표, 전단, 사진 등 그것들로 서점이 갤러리가 되더군요.

뛰어난 책을 발견하는 것은 정말이지 큰 선물이에요. 실크 로드에 관한 책을 찾다가 1935년에 발칸반도부터 인도 카슈미르까지 자동차로 여행한 프랑스 사람들의 여행기를 발견한 적이 있어요. 컴퓨터로는 할 수 없는 경험이었죠. 그래서 서점이 중요한 게 아닐까요? 서점은 인간의 창의력을 직접 느낄 수 있으니까요."

페이스북: www.facebook.com/slothrops

도도 매직 북룸
Dodo Magic Bookroom, Moscow

"심각하진 않지만 심오한 즐거움을 느낄 수 있는 서점을 열고 싶었어요."

러시아 수도 모스크바에 위치한 도도 매직 북룸은 출판계에 몸담은 6명의 독서광이 공동 투자해 만든 곳이다. 운영진 중 한 명이자 번역가인 샤시 마르티노바는 자신이 '평생 쓸 에너지'를 책 세계에 쏟았다고 말한다.

"사람들에게 가르침뿐 아니라 즐거움도 주는 글의 힘을 믿어요. 책이 언어의 장벽을 넘어 수많은 사람들에게 읽혔으면 좋겠어요. 그래서 사람들의 생각을 자유롭게 만들고 웃음도 주면 좋겠어요."

그래서 도도 매직 북룸에서는 몬티 파이튼(영국의 코미디그룹-옮긴이)에 관한 책을 출간하기도 했다. 러시아어로 된 몬티 파이튼 관련 서적은 그 책이 유일무이하다. 샤시 마르티노바는 말한다.

"아주 두꺼운 백과사전을 준비한 게 처음이었어요. 그것도 벌써 15년 전이네요. 러시아에서는 출판계에 들어가기가 쉽지 않다고 말하는 사람들이 있어요. 하지만 일단 발을 디디면 빠져나올 수 없어요. 사로잡히게 되거든요. 친구들이 출판사를 차렸고, 저는 6년 동안 기꺼이 그 출판사를 운영했어요. 그러다가 2009년에 다른 방면으로 가고 싶어졌어요. 책이 만들어진 다음 단계를 보고 싶었죠.

셰익스피어 앤드 컴퍼니, 마그마북스의 역사와 이미지를 머리에서 지울 수가 없었어요. 그러다보니 제가 직접 서점을 운영하지 않으면 안 되겠다는 생각이 들었어요. 거기에는 루이스 캐럴의 영향도 있었어요. 러시아에는 《이상한 나라의 앨리스》가 각기 다른 번역과 그림으로 아주 많이 나와 있어요. 저희 세대는 거의 모두가 그걸 읽으며 자랐죠. 러시아에서는 루이스 캐럴을 열렬하게 추종하고 있어요. 특이한 상상력과 새로운 세상, 현실을 벗어나고자 하는 열망 같은 것들과 연관이 있겠죠. 저는 앨리스의 세계 같은 서점을 만들고 싶었어요. 도도라는 서점의 이름도 그 책에서 나왔죠. 사람들이 뭐라고 말하든 페이퍼백은 계속 살아남을 거라는 뜻도 담고 있고요.

저는 러시아에 없던 서점을 열고 싶었어요. 심각하지 않지만 심오하게 즐거운 서점이요. 러시아 사람들은 너무 심각하거든요. 러시아 사람들한테는 농담이 안 통하죠. 그래도 저희는 즐거운 서점을 만들고 싶었어요. 독서는 즐거운 마약 같은 것이니까요. 안전하고 합법적이며 값싼 마약이죠!

계획대로 잘해왔어요. 서점 하나로 출발해서 이제는 5곳으로 늘었죠. 모스크바 곳곳에 1년에 하나씩 문을 연 셈이에요. 모두 아주 작아요. 80평방미터쯤 되죠. 각각 보유한 도서도 1만 권을 넘지 않아요. 저희는 저희 서점을 남녀노소 모두를 위한 동화를 살 수 있는 곳이라고 불러요. 톨킨, C.S. 루이스, 닐 게이먼을 비롯해 세계 문학계에서 전설적인 작가들의 작품을 거의 망라해요. 이야기가 평범하지 않고, 기묘하거나 특이한 것이면 뭐든 갖추죠.

저희 서점들 중에는 영화관 안에 있는 곳이 있어요. 거기에는 시나리오와 시각 예술에 대한 책을 배치했어요. 어린이 문화센터 안에 있는 서점에는 자녀 교육을 다룬 책과 어린이 미술 공예에 관한 책을 더 많이 가져다 두었죠. 그곳의 백화점 안에도 작은 서점이 있어요. 서점의 이름을 알려서 운영에 도움이 되도록 백화점에 입점했어요.

저희는 일을 즐기면서 살아남으려고 애쓰고 있어요. 2개월에 한 번꼴로 프랜차이즈 제의를 받죠. 그렇지만 프랜차이즈에는 자신이 없어요. 저는 아주 조심스러운 성격이고, 저희 서점의 이름을 자랑스럽게 생각하고 있어요. 그런데 프랜차이즈 점포에는 지금 저희 서점과 똑같은 분위기를 만들기가 힘들잖아요. 제 몸이 여러 개도 아니고, 이 넓은 러시아를 다 돌아다닐 수도 없고요. 비용은 또 어

나비와 로리타

블라디미르 나보코프는 나비도 수집했다. 1950년대에 미국을 여행하는 동안 채집한 나비들에 대해 인덱스 카드에 상세히 기록했다. 그리고 매일 저녁마다 그 인덱스 카드의 뒷면에 소설 《로리타Lolita》를 썼다.

북숍 스토리

떻게 하고요!

저희는 교육 프로그램도 많이 운영해요. 문학 연구부터 커뮤니케이션 이론까지 온갖 것들에 대한 강연과 세미나를 열죠. 문학을 주제로 문제를 내는 도시 퀴즈 게임도 하는데 청소년 손님들한테 특히 호응이 높아요.

책을 파는 일은 돈이 전부가 아니에요. 서점을 계속 운영하려면 돈이 필요하죠. 하지만 돈을 저희 열정의 원동력으로 삼지는 않아요. 공산주의 이후 러시아의 출판계와 서점의 역사는 이제 23년밖에 되지 않았어요. 23년에 비하면 5년이라는 저희의 역사는 꽤 긴 편이죠. 저희의 열정은 글에, 글의 힘에, 글의 자유에 뿌리를 두고 있어요. 이야기는 우리를 다른 곳으로 데려갈 수 있어요. 사려 깊은 독서를 얼마나 많이 하느냐에 따라 그만큼 많은 삶을 동시에 살 수 있죠."

홈페이지: www.dodo-space.ru

세계의 서점과
서점을 사랑한
사람들의 이야기

III

캐나다 I 미국 I 아르헨티나 I 브라질
멕시코 I 칠레

독립 서점은 온라인 서점의 위협에도 살아남을 거예요. 대형 체인 서점에서는 기대하기 어려운 다른 서비스를 제공하기 때문이죠. 문제는 가격이 아니에요. 질이죠. 대형 체인 서점이 살아남으려면 지금의 방식에서 벗어나야 합니다. 아마존 모방을 그만두고, 가장 잘할 수 있는 것을 해야 하죠. 즉, '서점'이 되어야 해요. 오늘날의 사람들은 책을, 좋은 서점을 더 많이 원하고 있어요."

_트레이시 슈발리에(작가)

캐나다

몽키스 포
The Monkey's Paw, Toronto

'독특하고 간과된' 책을 파는, 고서적 뽑기 기계가 있는 서점

어떤 서점이 자신의 취향에 맞을지 아닐지는 서점에 한 발만 들여놓아도 바로 알 수 있다. 진열된 책의 구성이 서점 주인의 개성과 본질적으로 연결되어 있기 때문이다. 그와 더불어 그곳 서점 사람들과 함께 앉아 있고 싶은지, 그들에게 커피를 사고 이야기―독서광다운 갖가지 인용과 기묘한 손님 이야기, 자신의 일을 사랑하는 마음 등으로 양념된 이야기―를 듣고 싶은지도 금방 알 수 있는데, '몽키스 포'는 내 취향에 맞는 서점이다. 그리고 주인인 스티븐 파울러는 나와 잘 맞는 사람이다.

이 서점에는 세계 최초의 고서적 뽑기 기계 '비블리오 맷Biblio-Mat'

이 있다. 2달러를 넣으면 무작위로 책이 나온다. 기계 앞에는 '경이롭지 않은 책은 없습니다. 비슷한 책이라도 똑같은 건 없습니다. 1억 1200만 권을 모두 모으세요'라고 적혀 있다. 이렇게 해서 책을 받으면, 정말로 그 책을 제대로 들여다보고 탐독하게 된다. 서점 안의 책은 서로 상반된 것을 나란히 두거나, 주제를 뒤섞어 놓아서 손님이 한눈에 알아볼 수 없게 배열했다. 책 하나하나가 그 자체로 판단되기를 기다리는 것이다.

스티븐은 이렇게 말한다.

"책을 사랑하지 않은 적이 없어요. 저는 외아들이고, 조용한 아이였어요. 게다가 집에 책이 많았기 때문에 책벌레가 되는 건 자연스러운 일이었죠. 부모님의 책은 대부분 20세기 중반 것들이었어요. 선조들로부터 물려받은 가죽 장정의 고서적이 꽂힌 책장도 몇 개 있었죠. 이웃 아이들이 밖에서 공놀이하며 놀 때 저는 거실 바닥에 엎드려서 그 가죽 장정 책에서 로마 숫자를 해독하려고 애썼어요.

저는 미주리주 캔자스시티에서 자랐어요. 서점으로 유명한 도시는 아니었죠. 그래서 부모님의 책 외에 다른 책을 보려면 도서관에 가야 했어요. 도서관에서 책장 사이를 어슬렁거리다가 아무도 눈여겨보지 않는 책을 발견하는 것은 늘 아주 즐거운 일이었어요. 고등학생 때는 쥘 베른의 옛날 소설이나 제1차 세계대전 전투 회고록들을 발견하고 책에 꽂힌 대출 카드를 확인했다가 깜짝 놀라곤 했어요. 수십 년 동안 아무도 빌려가지 않았기 때문이에요. 1980년에 어떤 청소년이 그런 책들을 빌려가는 걸 보고 아마 도서관 사서

들은 놀라면서도 좋아했을 거예요.

서점을 알게 된 건 20대가 된 후였어요. 샌프란시스코에 살 때 룸메이트가 책을 모으는 데 광적이었는데 일하는 곳도 중고 서점이었어요. 저도 중고 서점에서 일하면 잘 맞을 것 같더군요. 그래서 파트타임 점원을 구하는 서점이 있으면 알려달라고 룸메이트한테 부탁했죠. 그렇게 해서 샌프란시스코 텐더로인에 있던 '알바트로스 북스Albatross Books'가 제 첫 일터가 되었어요. 한 번 발을 들인 뒤로는 빠져나올 수 없었죠. 어디를 가든 서점을 찾아다니기 시작했어요. 강박적으로 그랬던 것은 아니에요. 항상 호기심을 강하게 느꼈기 때문이었죠.

몽키스 포를 만들기까지 가장 큰 영향을 준 사람이 있어요. 아이디어의 씨앗을 제공한 사람이라고 할까요? 데이비드 박이라는 서점 직원이었는데 특이한 사람이었어요. 저는 알바트로스 북스에서 함께 일하는 첫날부터 데이비드에게서 책을 사고파는 일에 대한 기본을 배울 수 있었어요. 알바트로스 북스는 3층 규모의 큰 서점이었어요. 데이비드는 그 건물의 으스스한 지하에 '잡동사니'라고 이름 붙인 코너를 만들었어요. 어떤 범주에도 맞지 않는 기묘하고 잡다한 책들을 모아놓았죠. 미운 오리 새끼와 괴짜들을 모아놓은 거예요. 저는 지하에서 일할 구실을 찾곤 했어요. 그래야 '잡동사니' 코너 앞에 앉아서 기묘한 책들을 볼 수 있었으니까요. 그 서점에서 제일 재미있고 탁월한 코너였죠. 거기서 본 책들을 구체적으로 더 기억할 수 있으면 좋겠지만, 확실히 떠오르는 것들은 일부분이에요. E.J. 딩월이 쓴《정조대The Girdle of Chastity》의 오래된 하드커버가 있었는데, 그 여백에 어떤 미친 사람이 강박적으로 글을 써 놓았더라고요. 또 스칸디나비아 사우나를 주제로 삼은 재미있는 책도 기억나요. 벌거벗은 금발 사람들의 사진이 아주 많았죠. 그 코너는 정말이지 값진 보물함이었어요. '독특한' 책과 '간과된' 책이 하나의 카테고리가 될 수 있다는 매력적인 가능성을 깨닫게 되었죠.

'어도브 북숍Adobe Bookshop'의 공동 창립자인 앤드루 맥킨리와 그 서점도 저에게 큰 영향을 끼쳤어요. 어도브는 '인기 있는' 중고 서점으로는 제가 처음 본 곳이었어요. 물론 20세기에 신간을 파는 서점 중에는 세계적으로 유명한 곳들이 많았지요. 파리에 있는 '셰익스피어 앤드 컴퍼니', 샌프란시스코에 있는 '시티 라이츠City Lights', 뉴욕에 있는 '세인트 마크스 북스St. Mark's Books' 등 멋쟁이 인텔리들이 낮 동안 모이는 곳들이죠. 그렇지만 전통적으로 중고 서점이 그렇게 화려한 명성을 얻은 적은 없었어요. 사람들한테 중고 서점은 낡은 종이 뭉치들을 모아놓은 곳이나 대학 교재를 싸게 구할 수 있는 곳 혹은 돈 많은 수집가들에게 골동품을 파는 곳일 뿐이었죠. 하지만 어도브 북숍은 그런 틀을 깨뜨렸어요. 파는 책은 모두 중고지만 손님들은 세련됐죠. 개성과 유행을 추종하는 젊은이들이 찾아왔고 반사회적인 매력을 갖춘 버클리 대학원생들이 모여서 독일 철학과 영화 이론에 대해 논했어요.

1990년대에는 파리에서 '엉 르가르 모데른Un Regard Moderne'을 발견했어요. 시각 예술 전문 서점이었죠. 샌프란시스코에 있는 '케이오 북스Kayo Books'는 기묘하고 요란스럽고 지저분한 것들을 미학적으로 멋지게 칭송하는 곳이었어요. 선정적인 페이퍼백들 중간에 '기묘한 논픽션'이라는 코너가 있었어요.

'첼시 북스Chelsea books'의 주인 빌 빌비에게서도 두 가지의 중요한 것을 배웠어요. 우선 그의 서점은 항상 깔끔하게 정리되어 있어요. 중고 서점으로는 특이한 특징이죠. 두 번째로 자기 책들을 끔찍이 아끼는 게 눈에 보였어요. 책을 '섹시하다!'고 표현하는 사람은 그 때 처음 봤어요. 냉소적인 사람들의 눈에는 그저 책을 팔려는 술책 으로 보였을 수도 있어요. 사실 책에 열광하는 태도가 주위에 전파 돼 책이 많이 팔리기도 했죠. 그런데 빌은 정말로 책을 광적으로 좋 아해요. 첼시 북스에서 빌이 책을 어루만지고 쓰다듬는 몸짓을 보 면서 책에 대한 애정 어린 장광설을 듣는 건 대단한 경험이었죠. 저 는 첼시 북스에서 깨달았어요. 책을 파는 사람은 책에 대한 광적인 사랑의 선교사가 되어야 한다는 것을요. 그 열정을 껴안고 퍼뜨리 는 것만이 책을 파는 사람이 살아남을 수 있는 길이죠.

몽키스 포에서는 다양한 20세기 출판물을 다루면서 시각 예술 분야의 책이나 덜 알려진 견해와 테크놀로지 혹은 아주 세분된 특 정한 주제를 다루지만 과소평가된 연구에 대한 책이나 책 자체가 작품인 책, 대중문화의 잔해 등에 특히 더 집중해요. 2006년에 문 을 연 뒤로 그다지 달라지지 않았어요. 어느 서점에서나 책의 향취는 말을 수 있지만, 중고 서적의 미덕은 각각의 책이 모두 다른 데에 있어요. 중고 서점에 오면 같은 책을 여러 번 보게 되는 일은 별로 없죠.

낡은 옷을 입은 제 차림새를 보고 친구들은 걱정하면서 값비싼 희귀본을 팔면 돈을 더 벌 수 있지 않냐고 말해요. 그런 일은 없을 거예요. 돈 많은 사람들한테 책을 파는 일에는 흥미가 없어요. 저는 특이한 책을 사러 오는 보통의 사람들한테 책을 파는 게 더 좋아요. 문학의 이정표 같은 책의 초판으로 저자의 서명이 들어 있는 5,000달러가 넘는 책이나 손으로 그린 화려한 그림이 있는 18세기의 조류 도감 등 이런 것들은 수집가들한테 이미 잘 알려져 있죠. 하지만 저는 제가 직접 발견하는 게 좋아요. 미용실 운영 방법을 안내하는 1930년대 책이나 베트남전 시기에 징병을 피할 수 있는 비법을 담은 소책자같이 알려지지 않은 신기한 것들을 찾아내는 거죠. 후자의 소책자는 인디애나 벼룩시장에서 찾아냈는데, 토론토에서 유별난 책에 열광하는 사람한테 20달러에 팔았어요. 이런 일 때문에 매일 아침 잠자리에서 일어날 수 있답니다.

흥미롭지만 절대 팔리지 않을 책들이 지하실에 쌓여 있었어요. 그것들을 재미있게 팔 수 있는 방법을 궁리하다가 떠올린 게 책 자판기였지요. 홍보 효과로 보자면, 제 예상을 훨씬 크게 뛰어넘었어요. 지난해에는 비블리오 맷에 넣을 책을 따로 구매해야 할 정도였죠. 일급 고서는 아니지만 1980년대 이전의 하드커버로, 되도록 알려지지 않은 논픽션 책이어야 한다는 제 기준에 충분히 부합되는, 재미있고 오래된 책들이 그 기계에 들어가요.

기본 개념으로 보면, 비블리오 맷은 저희 서점의 철학을 확장한 것뿐이에요. 저희는 고객이 책을 발견하고 책에 경이를 느끼는 경험을 제공하려고 애써요. 그래서 사람들이 거의 본 적이 없는 책들을 구비하죠. '이런 책이 있다니, 믿기지 않아!' 하고 반응할 책을 갖추는 게 저희 서점의 이상이랍니다. 쇼윈도와 서점 내부 진열대는 문화적 다양성이 최대한 드러나게 꾸미고 있어요. 무질서해 보일 정도죠. 성범죄를 다룬 정신병리학 교재 옆에 헝가리 민담집과 마오쩌둥 집단 농장을 다룬 책 그리고 버섯 도감을 나란히 꽂아 둬요. 그러면 자기가 마오쩌둥 집단 농장에 관심이 있는지 깨닫지 못하고 있던 사람이 결국 그 책을 사서 나가는 것 같은 일이 많아요.

책 자판기에 2달러를 넣고 예상하지 못한 책을 받는 것도 원칙은 똑같아요. 2달러는 그냥 위험을 감수할 만한 돈이죠. 2달러짜리 캐나다 동전 '투니' 한 닢을 넣는 거예요. 그리고 전에는 생각해본 적 없는 주제의 들어보지도 못한 인쇄물을 받는 거죠. 합판 만드는 기술을 다룬 책이나 19세기 뉴질랜드 시골 자치단체장의 회고록같이 책꽂이에서 절대로 꺼내지 않을 책을 손에 들고 열린 마음으로 그 책을 읽는 거예요. 그러면 깊게 생각할 만한 것들을 발견하게 되죠. 비블리오 맷에서 나오는 책들 대부분은 정말로 재미있어요. 재미가 없는 책이라도 따분한 것 자체로 특별하죠.

비블리오 맷을 이용한 손님들 중에서 지금껏 제일 특이했던 사람을 꼽자면, 빈센트 루이가 있겠네요. 2013년 내내 일주일에 1권씩 비블리오 맷에서 책을 뽑았어요. 빈센트는 그렇게 뽑은 책을 하나도 빠뜨리지 않고 다 읽었어요. 어떤 제목, 어떤 주제의 책이라도 처음부터 끝까지 읽고, 블로그(therandombookmachine.com)에 꼬박꼬박 평을 남겼어요. 빈센트는 '비블리오 맷에 가장 열성적인 손님' 상을 받을 만하죠. 지금도 열심히 이용하고 있어요. 그렇지만 이제는 일주일에 1권씩 평을 쓰진 않아요. 대신 사람들한테서 받은 평을 올리는 방식으로 블로그를 운영하고 있죠.

사라지는 서점이 아주 많은 요즘 같은 시기에 적절한 틈새시장을 찾는 경험은 확실히 값진 일이에요. 특이한 중고 서적을 좋아하는 제 취향이나 그런 책들을 손님과 연결하고 싶은 제 욕구는 완전히 헛된 것이 아니었죠. 몽키스 포를 운영하면서 제 성격이 바뀌었다고 말할 수는 없지만, 제 기호의 가치에 대해 더 자신감을 갖게 된 것만은 확실해요."

홈페이지: www.monkeyspaw.com

케리 클레어

Interview

"가장 멋진 일은 책을 보고 싶을 때 조금만 걸어 나가면 책을 살 수 있는 거죠."

책과 서점을 사랑하는 독자 케리 클레어는 토론토에 있는 '북시티'에 대해 다음과 같이 말한다.

"설거지하면서 라디오를 켜놨는데, 동네 서점이 문을 닫게 되었다는 뉴스가 나왔어요. 생각도 못했던 일이었죠. 그릇을 손에 쥔 채다른 방으로 가서 말했어요. '북시티가 문을 닫는대. 어쩌지?'

그런 일이 생길 거라고 예상은 하고 있었어요. 토론토에서는 2주일에 하나꼴로 서점이 문을 닫고 있거든요. 그렇지만 저희 동네는 안전할 거라고 생각했어요. 우유를 사려고 나갔다가 소설책 한 권을 사는 게 큰 즐거움이었거든요. 저희 동네에는 경제 법칙이 영향력을 미치지 못한다고 생각했죠. 과거 그대로인 것들 중에서 가장 멋진 일은 책을 보고 싶을 때 언제라도 조금만 걸어 나가면 책을 살 수 있는 것이죠. 우주를 손에 넣는 희열을 금방 맛볼 수 있어요.

그게 전부가 아니에요. (우주로도 전부가 아니라고요? 그럴 줄 알았어 요!) 북시티는 그저 책을 상품으로 여기고 구입하는 곳이 아니에요. 북시티의 분위기와 사람들 그 자체가 그곳을 찾는 목적이 되죠. 아 이를 낳은 뒤 절개한 배를 쥐고 보도를 엉금엉금 걸어서 맨 처음으 로 간 곳이 그 서점이었어요. 지난 핼러윈에 사탕을 받으며 다닐 때 마지막으로 간 곳도 그 서점이었죠. 크리스마스 선물이나 생일 선 물도 모두 거기서 사고 도나 타트와 제이디 스미스의 신간을 예약 주문하는 곳도 거기예요. 서점이 세일하는 기간은 중요한 날로 기 록해두죠.

한가한 토요일이면 북시티에 꼭 들렀어요. 출산 직후 육아로 힘 든 시기에 제 생활의 빛이 된 사람은 북시티 점원들이었죠. 이 서점 점원들은 딱 좋은 책만 골라 진열해서 책을 많이 사지 않을 수가 없 어요. 책을 사는 동안 점원들과 나누는 대화도 값지답니다. 또 거기 서 다른 애서가 친구들을 만나는 즐거움도 빼놓을 수 없죠. 우리 애 서가들한테는 책이 가득한 곳이 천연 서식지니까, 북시티 안에서 는 모두가 생기발랄하죠.

그래서 저는 그릇을 들고 선 채 울기 시작했어요. 크고 생생한 슬 픔을 느꼈어요. 너무 감상적이어서 이상할 정도였죠. 그런데 놀라 운 일이 벌어졌어요. 북시티 폐점 뉴스가 알려지면서 그런 감정을

"좋은 서점에 가면 자신이 원하는지도 절대 몰랐던 책들을 보게 된다. 단순히 욕구를 충족하는 데에 그치지 않고 욕구를 확장할 수 있다. 살 책을 딱 정하고 서점에 가서 그 책만 사면, 실패한 것이다."

_마크 포사이스,
《데이 타임스》베스트셀러 1위를 기록한 《어원 사전The Etymologicon》의 저자

공감하는 사람이 늘어난 거예요. 저는 제 블로그와 트위터에 그 이야기를 썼어요. 사람들은 안타깝다고 말하며 각자 자신의 동네 서점이 사라졌을 때의 일을 이야기했어요. 서점이 없어진 이야기를 듣는 것은 슬펐지만, 서점을 잃는 게 얼마나 큰 상실인지 아는 사람들이 그렇게 많다는 사실을 깨닫고 감동했어요.

동네에 훌륭한 서점이 있는 특권을 누리는 값으로 책의 정가를 치르는 것은 당연한 일이라고 생각해요. 책은 귀한 물건이니까 비싸야 해요. 우리는 싼 물건과 세일에 연연하다가 정작 물건의 가치를 잊어버리고 말았어요. 저에게 행복을 주는 것들을 잃어버려서 절망스럽다고 하면, 사람들은 저더러 감상적이라고 말해요. 어느 정도 감상적인 것도 사실이죠. 그렇지만 현실적으로는 절망스러워요. 이제 어디서 책을 사죠?"

케리 클레어는 토론토에서 책을 읽고 글을 쓴다. 케리의 블로그(PickleMeThis.com)에는 책과 독서에 관한 글이 가득하다. 그 뒤로 북시티는 토론토에 다시 지점을 열었다. 케리의 동네는 아니지만 그리 멀지 않은 곳이다. 이것이 신호가 되기를……

먼로스
Munro's, Victoria

왕립은행 건물을 개조한 소설가 앨리스 먼로 부부의 서점

짐 먼로는 당시 아내였던 소설가 앨리스 먼로와 함께 1963년에 빅토리아 극장가 근처의 작은 공간에 서점을 열었다. 그리고 지금의 '먼로스'는 1909년에 캐나다왕립은행 사옥으로 지어진 신고전주의 건물에 자리하고 있다. 이 건물은 1950년대에 현대적으로 개조됐지만, 먼로스가 1984년에 여기에 들어오면서 예전 모습으로 되돌려놓았다. 은행의 지하 금고는 이제 책 창고로 쓰인다. 2013년에 먼로스는 50주년을 맞이해 샴페인을 터뜨리며 축하했다. 그리고 한 달 뒤, 앨리스 먼로가 노벨 문학상을 수상했다.

먼로스의 매니저인 제시카 워커는 말한다.

"침대 옆에 두고 읽을 신간들을 챙겨서 퇴근하는 기분은 늘 즐거워요. 서점은 정보 센터예요. 온갖 질문을 들을 수 있죠. 구두 가게에서 세상일을 물어볼 수는 없잖아요! 먼로스 직원들이 함께 적는 서점 일기장 같은 게 있어요. 제목은 '말하기에는 너무 끔찍한 이야기'예요. 지금 6권째인가 7권째일 거예요. 서점에서 벌어지는 좋은 일들이 다 적혀 있죠. 우스꽝스러운 질문들도 적혀 있고요. 물론 저희는 손님들과 아주 친하게 지내요. 서점에 들를 때마다 초콜릿을 주고 가는 손님도 있어요!"

홈페이지: munrobooks.com

리: 리딩
Re: Reading, Toronto

"서점은 시간 여행이자 탈출구이며 지식이고 힘이죠."

크리스토퍼 시디는 자기 서점을 20년 넘게 꿈꾸다가 토론토에 '리: 리딩'을 열었다.

"1986년에 토론토로 이사했을 때 저는 20세의 가난한 청년이었어요. 새 양말 한 켤레를 사는 것도 축하할 일일 정도로 가난했죠. 그렇지만 책을 아주 좋아해서 저녁밥과 새 책, 둘 중 어디에 돈을 쓸 것인지 결정하는 일이 아주 힘들 정도였어요. 서점은 나무와 종이로 지은 꿈이잖아요. 시간 여행이자 탈출구이며 지식이고 힘이죠. 간단히 말해 최고의 장소예요!

중고 서점이 얼마나 멋진지 발견하게 된 것은 토론토에 온 뒤였어요. 제가 자란 곳은 작은 도시라서 중고 서점이 없었거든요. 그래서 중고 서점은 저한테 새로운 곳이었어요. 당시 퀸스트리트 웨스트에는 중고 서점이 5~6곳이나 있었고, 중고 레코드 가게와 만화책 가게들도 있었어요. 그래서 저는 좋아하는 것들을 마음껏 섭취할 수 있었고, '이런 곳이 내 것이어서 항상 여기서 일할 수 있다면 얼마나 좋을까?' 하고 늘 생각했어요. 그렇지만 그 꿈은 묻어둘 수밖에 없었고 나중에 퇴직하고 할 수 있게 되기를 바랐죠.

그렇게 20년이 흘렀어요. 되돌아보니 아내를 만났고, 집과 별장을 샀고, 안정적인 직업이 있었어요. 생활은 행복했지만 딱 하나,

일이 만족스럽지 않았습니다. 다른 사람 밑에서 일하다보면 기분이 상할 때가 있게 마련이죠. 게다가 당시 사장은 사람 기분을 망치는 챔피언이었어요! 그래서 더 나은 사장을 만나게 되기를 바라면서 새 일자리를 찾기로 마음먹었죠.

그러다가 정말 놀라운 일이 벌어졌어요. 아내가 제게 말했어요. "다음 사장이 올림픽 수준의 바보면 어떡해? 당신이 대표이사를 맡는다고 해도 이사회에 일등 훼방꾼만 모여 있으면?" 그래서 제가 되물었죠. "그럼, 내가 어떻게 해야 해?"

사실 아내와 저는 7세 때부터 알고 지낸 사이였어요. 이제부터 이어지는 이야기로, 아내가 저를 얼마나 잘 알고 있는지, 왜 제가 아내를 사랑하는지 알 수 있을 거예요. 아내가 말했어요. "서점은 어때? 은퇴하면 서점을 차릴 계획이었잖아. 지금 하면 안 돼?"

제가 대꾸를 못하자 아내가 또 말했어요. "토론토에 40개가 넘는 서점이 있어. 그 사람들이 할 수 있다면, 분명히 당신도 할 수 있어." 이러니 제가 아내를 사랑하지 않을 수 없겠죠?

2008년 11월부터 저는 서점을 열어서 성공시키려면 어떻게 해야 하는지 배우기 시작했어요. 오랫동안 손님으로 중고 서점에 아주 많이 갔으니 서점이 어떻게 돌아가는지 잘 이해하고 있다고 생각했죠. 시내의 몇몇 서점 주인들과 대화를 나눴어요. 제가 자기 서점 근처에 서점을 열지 않을 계획임을 안 뒤에야 아주 세세한 조언을 해주더군요. 2개월을 배운 뒤 이제 정말 삽을 뜰 때가 됐다고 느껐어요. 그리고 눈보라가 치는 날 악천후 속에서 댄포스 가를 통행하는 사람이 얼마나 되는지 알아본 뒤, 1월 4일에 마침내 최종 결심을 굳혔어요. 서점을 열자!

다음 단계는 회사를 사직하는 것이었어요. 이건 즐거웠어요. 사장 앞으로 가서 2월 12일까지만 일하겠다고 말했어요. 킥킥하고 웃음이 나올 뻔했죠. 사장 표정은 정말 볼 만했어요. 우연히도 제가 마지막으로 출근하는 날이 서점을 열 가게의 열쇠를 받는 날이었어요. 저한테 서점이 생긴 거예요! (더 정확히 말하자면, 책으로 채워야 하는 빈 상점이 생겼죠) 공사하는 동안 저희는 창문을 막지 않았어요. 그래서 사람들은 상점 안에서 무슨 공사가 벌어지는지 들여다볼 수 있었어요. 저는 그 사람들을 보면서 앞으로 저희 서점에 어떤 손님들이 찾아올지 예상하곤 했죠. 가령, 유모차를 밀고 나온 가족이나 개를 산책시키려 나온 사람들이 있었어요. 그래서 서점에 '개출입 환영'이라는 팻말을 붙이고, 쌍둥이용 유모차도 서점 안을 자유롭게 다닐 수 있도록 통로를 넓게 만들었어요('고객을 파악하라'는 성공 비결을 지켰죠).

문을 열고 5년 동안 참 많은 일이 있었어요. '토론토 스타' 경제 섹션 표지에 서점 기사가 실렸고, 인터넷에 평도 많이 올라왔죠. 월간지 《나우Now》가 평론가들과 함께 선정한 토론토 최고의 서점으로 뽑히기도 했고요. (최고 중고 서점이 아닌 '최고 서점'이요!)

제가 좋아하는 작가인 로버트 A. 하인라인은 이런 말을 했어요. '행복은 스스로가 가치 있다고 생각하는 일을 여러 시간 동안 열심

"중고 서점에 들어가는 것보다 좋은 일이 있을까? 비싸지 않은 책들(좋다!), 자신이 좋아하는 장르, 연령대에 맞는 글을 쓰는 작가, 하지만 한 세대 혹은 반 세대 지나서 완전히 혹은 반쯤 잊힌, 그래서 전에는 전혀 혹은 거의 들어보지 못한 작가의 책들. 이런 작가의 책들이 그곳에 하드커버와 페이퍼백으로 존재한다, 기억되고 존중받으며. 우리도 거의 모두 결국 그렇게 잊힐 테니, 중고 서점은 우리 모두를 존중하는 곳이다."

_클리프 맥니쉬*,
《둠스펠The Doomspell》중에서

* 클리프 맥니쉬는 10세의 딸을 위해 마녀 이야기를 쓰기 시작했지만 글쓰기에 몰두한 나머지 딸은 잊어버린 채 이야기를 완성했다. 이것이 《둠스펠》이다. 《타임스》는 맥니쉬를 가리켜 '우리 시대의 가장 재능이 뛰어난 스릴러 작가'라고 했다. 다른 책으로 《어떤 개를 찾으세요?The Hunting Ground and Breathe》 등이 있다.

히 할 수 있는 특권을 누리는 데 있다.' 맞는 말이에요. 오랫동안 찾던 책을 드디어 발견했을 때 느끼는 그 행복한 기분은 세상 어디에서도 쉽게 맛볼 수 없죠. 아, 물론 하나 더 있기는 합니다. 바로 사람들이 그 책을 찾도록 도와주는 사람이 되는 거랍니다. 저는 아주 아주 운이 좋은 사람이에요."

홈페이지: www.rereading.ca

레베카 마카이
Interview

"글을 쓰는 것과 책을 잘 파는 것은 완전히 다른 일이에요."

레베카 마카이는 《대출자The Borrower》와 《100년된 집The Hundred-year House》의 작가다. '미국 최고 단편선'에 4번이나 작품이 실렸으며, 《하퍼스Harper's》와 《틴 하우스Tin House》, 《플라우셰어Ploughshares》 등의 잡지에 기고도 하고 있다. 2014년에는 미 국립 예술 지원금 수여자로 선정되었다.

"지난 추수 감사절 다음 토요일에 작가들과 함께 독립 서점에서 직접 책을 파는 '인디스 퍼스트Indies First'라는 행사에 참여했어요. 그리고 6시간 동안 책을 팔았죠. '레이크 포레스트 북스토어Lake Forest Book Store'와 '시티 릿 북스City Lit Books' 이렇게 2군데의 시카고 서점에서 책을 팔았는데, 제가 큰 손실을 끼치지는 않아서 다행이었어요.

《켄터키 후라이드 껍데기The absolutely true diary of a part-time Indian》의 작가 셔먼 알렉시가 시작한 이 행사의 목적은 더 많은 손님이 독립 서점을 찾아오게 하는 것이었죠. 작가들이 서점에서 책을 팔면 손님들이 작가들을 만나러 올 것이라는 아이디어에서 시작된 행사였어요. 책을 사러 갔는데 그 책의 작가인 셔먼 알렉시가 있다면 얼마나 놀라겠어요? 물론 저처럼 두 서점을 통틀어 단 1명의 손님만이 '어디선가 이름은 들어본 것 같다'라고 할 정도라면, 손님들 눈에는 웬 극성스러운 여자가 책을 추천하겠다고 나서는 것으로밖에 안 보이겠지만요.

솔직히 말해서 저는 책을 파는 일에 적합한 사람이 아니에요. 손님한테 도움이 필요한지 물어본 뒤에 그 손님이 찾는 게 뭔지 잘 듣고, 달려가서 완벽한 책을 찾아오죠. 그 손님이 음악을 좋아한다고 하면 1930년대 재즈를 소재로 한 소설을 아주 좋아하겠다고 생각하며 찾아오는 거예요. 그러면 그 손님은 그 책이 말 사진집인 양 본체만체하죠. 저는 단편집을 팔기 위해 무척이나 애를 썼어요. 출판계에서는 단편 소설이 안 팔린다고 생각하지만, 저는 팔려는 노력이 부족하기 때문이라고 생각하거든요. 손님이 단편집 표지를 보고 눈살을 찌푸리며 "아, 저는 장편 소설만 읽어요" 하고 말한 게 몇 번인지 몰라요. 그건 마치 '너구리 고기는 안 먹어요' 라고 말하는 것과 비슷한 투였죠.

저는 서점 일을 직업으로 삼을 수는 없을 것 같아요. 그런 일이 있을 때마다 크게 상처를 받거든요. 소설을 쓸 수 있는 게 얼마나 다행인지 몰라요! 제가 패리스 힐튼의 자서전을 팔면서 끔찍한 표정을 숨길 수 있을까요? 저는 그 정도로 강한 사람이 아니에요."

앤드루 카우프만
Interview
"서점만 있다면 전혀 다른 세상을 꿈꿀 수 있어요."

앤드루 카우프만은 캐나다 온타리오의 시골 마을 윙햄에서 태어났다. 첫 책《내 친구들은 모두 슈퍼 영웅All my Friends are Superheroes》부터 《아주 작은 아내The tiny Wife》, 《천생 기묘한Born Weird》까지 수많은 작품들을 출간해왔다. 지금은 토론토에 살고 있으며 영화도 만든다.

"대학교 2학년 때 온타리오주 남부에 있는 산업도시 키치너 중심가에 '세컨드 룩 북스Second Look Books'라는 서점이 있었어요. 그때 전 그곳에 푹 빠져 있었어요. 1988년 키치너 중심가는 안전한 곳이 아니었어요. 모퉁이에 '헬스 앤젤스'라는 클럽이 있었는데 무법자들이 그곳에 모여 불법적인 일들을 하고 있었죠. 그 서점에 가려면 버스를 타고 내려서 마약 밀매상과 술 취한 사람, 폭주족 사이를 지나서 걸어가야 했어요.

하지만 세컨드 룩 북스의 문을 열고 안으로 들어서면, 정말이지 완전히 다른 세계로 들어가는 기분이었어요. 커트 보네거트, J.D. 샐린저, 리처드 브라우티건을 발견한 것도 그때였죠. 이 세 작가는 지금도 제가 가장 좋아하는 작가들로 남아 있답니다. 키치너 시내의 다른 어떤 서점에도 없던 이 작가들의 책이 세컨드 룩 북스에는 늘 있었어요. 그래서 거기에 가기까지 조금 무서워도 가지 않을 수가 없었죠. 그 뒤로 아주 좋아하게 된 서점은 많지만, 그 시기와 장소, 가는 길 등을 생각하면 세컨드 룩 북스에서 느꼈던 마법 같은 느낌을 두 번 다시 느낄 수는 없을 것 같아요."

미국

올드 인렛 북숍
Old Inlet Bookshop, Homer, Alaska

미국 가장 서쪽에 있는 알레스카의 서점

앤드루와 샐리 윌스가 운영하는 올드 인렛 북숍은 머메이드 카페, 메머이드 B & B와 함께 있다. B & B에서는 방을 잡고 야외 욕조에 뜨거운 물을 담아 몸을 담근 채 산과 항구를 바라보며 편히 쉴 수 있다. 앤드루는 아버지 영향으로 서점을 시작하게 됐는데 어머니와 할아버지도 모두 책 파는 일을 했다고 한다. 어머니는 1970년대 초부터 매사추세츠에서 '로드 랜덜 북숍Lord Randall Bookshop'이라는 서점을 운영했고, 앤드루는 어릴 때부터 그 서점에서 일하며 자랐다.

앤드루가 알래스카로 이사한 것은 1982년으로, 처음에는 어업에 종사했다.

"서점은 1997년부터 시작했어요. 겨울에 베링해에서 게를 잡는 일보다 안전하니까요. 당시 케나이 반도에 나무좀이 퍼져서 가문비나무가 모두 죽고 있었어요. 저는 친구를 도와서 나무를 베고 목재로 쓸 만한 나무를 건졌죠. 그리고 그 나무들로 집을 지은 뒤에 책장을 만들었어요. 그다음에는 곧 제 서점을 열었어요. 자동차로 갈 수 있는 미국 영토 중에서는 가장 서쪽에 있는 서점일 거예요. 알래스카의 놈Nome에도 서점이 있기는 한데, 거기는 개썰매가 없으면 못 가요!"

홈페이지: oldinletbookshop.com

브레이즌헤드 북스

Brazenhead Books, New York

아는 사람만 찾아갈 수 있는 뉴욕의 비밀 서점

'브레이즌헤드 북스'는 뉴욕에서도 논란의 여지가 있는 서점이다. 서점 명함도 없고 주소도 없다. 완벽한 비밀 서점이다. 마이클 자이덴버그는 뉴욕의 가겟세가 치솟아 버틸 수 없게 되자 운영하던 중고 서점을 아파트로 옮겼다. 살림집이라는 여건 때문에 이 서점에 가려면 스파이 영화를 찍듯이 해야 한다. 이메일이나 전화로 미리 마이클에게 연락해서 시간을 정하고 약속을 잡아야 한다. 이런 영업이 불법인지 아닌지는 접어두고, 엄밀히 말하면 존재하지 않는 비밀 서점을 찾아가는 것은 모험 같은 일이 분명하다.

북숍 스토리

태터드 커버 북스토어
Tattered Cover Book Store, Denver

"어린 손님이 책을 발견하고 미소를 지을 때 가장 큰 기쁨을 느낍니다."

1971년, 덴버시 체리 크리크에 작은 서점이 문을 열었다. 3년 뒤이 서점은 매물로 나왔고, 조이스 메스키스가 매입했다. 조이스는 미국 서점 세계에서 가장 영향력이 큰 인물로 손꼽힌다. 미국 도서관 협회에서 표현의 자유상을 받았고, 문학계 발전에 크게 기여한 인물에게 수여하는 미국 작가 조합의 상도 수상했다. 덴버 대학교 출판 연구소 소장도 맡고 있는 조이스 메스키스는 다시 말하면, '서점을 아주 잘 알고 있는 사람'이다.

"맨 처음 책 파는 일을 해본 건 1960년이었어요. 대학생이었고, 등록금을 내려면 수입이 더 필요했죠. 중서부에 있는 대학교를 졸업한 뒤에 대학원 진학을 위해 덴버로 왔어요. 덴버에서도 서점과 도서관에서 일했어요. 그러면서도 끊임없이 앞으로 어떤 일을 하며 살아야 할지 계속 찾고 있었죠. 그러다가 말 그대로, 어느 날 갑자기 아침에 잠에서 깨어나며 이런 생각이 들었죠. '이런 바보! 그동안 내내 좋아하는 일을 해왔는데 그걸 몰랐어? 거기에 열중해!' 그래서 그렇게 했죠."

조이스는 '태터드 커버'를 운영하고 8년 만에 처음에는 88평방미터였던 서점 매장을 조금씩 확장하며 7배나 넓혔다. 지점도 3곳 있다. 한 지점은 극장을 개조해 '아이디어의 극장'이라고 불린다. 공항

에도 간이 매장이 있고, 곧 기차역에도 작은 간이 매장을 연다. 커피숍도 3군데에 있으며 2명이던 직원은 150명으로 늘었다. 1년에 보통 500~600가지 행사가 열리는데 초빙된 저자 중에는 마가렛 애트우드, J.K. 롤링, 빌 클린턴, 버락 오바마도 있다. 조이스는 말한다. "회사로는 43년 됐어요. 그렇지만 저는 저희가 회사 그 이상이며 덴버시의 한 축을 담당한다고 생각해요."

서점을 크게 확장했지만, 조이스는 아주 단순한 데서 가장 큰 기쁨을 느낀다.

"어린 손님이 책꽂이에서 좋아하는 책을 발견하고 환한 표정을 지을 때 정말 기뻐요. 그런 아이들을 보면 아직도 가슴이 벅차요. 미국 최초로 지구 궤도를 비행한 존 글렌을 행사에 초빙한 적이 있어요. 어느 손님이 자기 아들의 편지를 저희한테 가져왔어요. 존 글렌한테 쓴 편지였죠. 행사 때 존 글렌을 만나러 오고 싶지만 잘 시간이라서 못 온다며 사인이 들어간 책을 꼭 받고 싶다고 적혀 있었죠. 어른이 되면 존 글렌 같은 사람이 되고 싶다는 말도 쓰여 있었어요. 정말 사랑스러운 편지였죠. 존도 틀림없이 감동했을 거예요. 그 일을 생각하면, 서점이 사람과 사람을 그렇게 연결할 수 있다는 것이야말로 (직접 만나든, 편지로 만나든!) 정말 아름다운 일이 아닌가 싶어요."

홈페이지: www.tatteredcover.com

파월스
Powell's, Portland

독특한 진열 방식으로 구매자의 선택 폭을 늘린다

'파월스'는 시카고에서 출발했다. 1970년에 마이클 파월이 처음으로 서점의 문을 열었다. 문을 열기 전에 상점 임대료 때문에 3,000달러를 대출받았는데 서점이 출발부터 성공해서 2개월 안에 대출금을 모두 갚았다.

포틀랜드에서 파월스를 연 것은 마이클의 아버지였다. 은퇴한 화가인 월터 파월은 몇 달 동안 아들의 서점에서 일한 뒤 포틀랜드에 같은 이름으로 서점을 열고, 책장에 하드커버와 페이퍼백, 신간, 중고 서적을 한데 섞어 진열했다. 독특한 진열 방식은 논란을 불러왔는데 그 논란으로 화제가 되어 이제 파월스는 총 6곳에 매장이 있는 미국 유수의 서점으로 손꼽힌다.

홈페이지: www.powells.com

어퍼케이스 북숍
Uppercase Bookshop, Snohomish, Washington

"서점에서는 신비하고 기묘한 일들이 종종 일어나지요."

스노호미시에 있는 '어퍼케이스 북숍'의 리 맥나트와 직원들은 스스로를 '글 괴짜'라고 부른다. 아름답게 꾸민 2층짜리 공간에는 중고 서적과 고서적은 물론이고 신간도 있다. 한 켠에는 낡은 타자기들도 진열되어 있다. 리 맥나트는 말한다.

"손님이 와서 어떤 책을 찾을 때 신비한 일이 일어나요. 서점에 그 책이 없으면, 며칠 안에 새로 들어온 책들 사이에 그 책이 꼭 끼어 있죠.

황당했던 일 하나 들려드릴까요? 어느 날 10세나 11세밖에 안된 어린 손님이 카운터에 있던 저한테 다가와서 '호어whore들은 다어디 있어요?' 하고 묻는 거예요.

어린아이가 창녀를 찾으니, 저는 당황해서 헛기침을 하며 뭐라고 말했는지 되물었어요. 그랬더니 아이는 짜증난 얼굴로 저를 보며 말했어요. '호어요! 호어! 스티븐 킹이나 딘 쿤츠 소설요.'

그제야 저는 안심하고 말했죠. '아, 호러!'

그러자 아이는 고개를 끄덕이며 애초에 자기가 그렇게 말했다고 우기더군요. 어쨌든 정말 다행이었죠!"

홈페이지: www.uppercasebookshop.com

파르나소스 북스
Parnassus Books, Tennessee

작가와 출판사 직원이 만든 문학과 교육과 음악의 고향

그리스 신화에서 파르나소스 산은 문학과 교육 그리고 음악의 고향이다. 내슈빌에서는 '파르나소스'가 서점 이름이자 문학과 음악의 고향이다.

캐런 헤이스는 랜덤하우스 출판사 영업부에서 일하다가 자신의 서점을 열기로 마음먹었다. 그러나 혼자 사업을 시작할 정도의 자본은 없었고, 서점을 협동조합으로 만들면 어떨까 생각하고 있을 때 친구가 베스트셀러 작가인 앤 패칫을 소개했다. 앤 패칫 역시 서점을 열고 싶은 마음이 있었는데 돈은 있지만 시간이 없었다. 캐런과 반대 상황으로 둘은 딱 맞는 조합이었다.

"앤과 저를 만나게 해준 공통의 친구가 있는 것도 마음이 더 놓이는 요소였어요. 앤과 저는 그때까지 서로 전혀 모르는 사이였거든요. 전혀 모르는 사람과 동업하는 건 아주 힘든 일이잖아요. 그냥 서로를 믿는 수밖에 없었어요. 저는 랜덤하우스의 명예퇴직 신청을 받아들였고, 서점 자리를 알아보기 시작했어요. 앤과 저는 처음에는 서점에 대한 아이디어가 서로 달랐어요. 그렇지만 곧 의견을 맞췄죠. 여러 면에서 타이밍이 완벽했지만, 앤이 새 책 출간을 앞두고 있는 게 특히 좋았어요. 다이안 렘 쇼에서 인터뷰를 하면서 서점 이야기도 했거든요. 앤이 공적인 자리에서 서점을 언급한 것은 그때가 처음이었어요. 아직 서점 자리도 못 찾고 이름도 정하지 못한 상태였는데 말이죠. 그런데 방송에 나오고보니, 그제서야 실감이 났고 일이 확실하게 굴러가기 시작했어요.

2011년 11월 16일에 서점을 오픈했지만 준비가 미흡했어요. 그런데 오픈하기 일주일 전에 《뉴욕 타임스》에서 취재를 해가면서 오픈 당일에 기사가 실릴 거라고 했어요. 저는 그날 아침에 신문을 집어 예술면과 경제면을 들여다봤어요. 기사가 없더군요. '안 싣기로 했나 보네. 이게 무슨 망신이야.' 하고 생각했죠. 그러던 중에 저희 서점 이벤트 매니저한테서 문자메시지가 왔어요. '우리 기사가 1면에 나왔어요!' 저는 문자메시지를 두 번 확인하고 다시 신문을 펼쳤어요. 정말 1면에 서점에 대한 기사가 있었죠. 저는 1면을 볼 생각은 아예 하지도 않았거든요! 그래서 그날 오픈하지 않을 수 없었어요. 《뉴욕 타임스》에 오픈한다고 기사가 나왔으니 더 망설일 것도 없이 당장 오픈해야죠."

오픈 첫날에만 3,000명이 다녀갔다. 오전에는 인형극이 공연되고, 밤에는 치즈를 곁들인 와인 파티가 열렸다. 앤 패칫은 〈서점의 역습〉이라는 에세이에 "캐런은 서점이라는 꿈을 현실로 살려낸 인물이며, 따라서 소설가와 마찬가지"라고 썼다. 이제 파르나소스 북숍에는 엘리너 루스벨트 필포트라는 이름의 비글을 포함해 5마리의 개도 있다. 한편 캐런은 요양원부터 학교까지 돌아다니는 이동 서점인 '파르나소스 온 휠스'를 현실로 만들 계획을 세우고 있다. 푸드 트럭을 이용해 자선 사업과 파트너를 맺고 행사를 벌이려는 바람도 가지고 있다.

홈페이지: www.parnassusbooks.net

트레이시 슈발리에

Interview

"서점은 자기 자신보다 더 큰 무엇의 일부가 된 기분을 맛볼 수 있는 곳이죠!"

트레이시 슈발리에는 워싱턴에서 태어나 현재 영국에서 살고 있는 소설가로, 《라스트 런어웨이The Last Runaway》를 비롯해 7권의 소설을 썼다. 두 번째 소설인 《진주 귀고리 소녀Girl with a Pearl Earring》는 세계 각국에서 400만 부가 팔렸으며, 콜린 퍼스와 스칼렛 요한슨 주연의 영화로 만들어졌다.

"제가 어릴 때 살던 동네에는 서점이 없었어요. 그래서 저는 도서관에서 책을 구했어요. 미국에서는 도서관에 가는 게 생활의 큰 부분을 차지하죠. 저도 매주 갔어요. 덕분에 동네에 있는 도서관의 어린이 도서 담당 사서 선생님과 친했어요. 도서관에 갈 때마다 선생님이 제 옆에 추천하는 책을 밀어 놓으셨죠. 어느 날 선생님이 제 손에 책을 올려놓고 말했어요. '이제 이 책을 읽을 준비가 된 것 같구나.'

어른이 된 뒤에 그 선생님께 연락한 적이 있어요. 작가들에 관한 참고문헌 도서를 편집할 때였죠. 저는 그분께 편지를 썼어요. 선생님이 주신 가르침과 추천해준 책 덕분에 제가 지식을 얻고 비로소 이런 편집 작업을 할 수 있게 되었다는 내용을 담았죠. 고맙다는 인사와 함께, 저도 작가가 되기로 마음먹고 대학원에서 문예창작을 전공하려 한다는 얘기도 적었어요. 그때 선생님은 알츠하이머병을 앓고 계셨는데, 다행히 제 말을 이해할 수 있는 상태였어요. 이후로 선생님은 이해력을 잃으셨어요. 그렇지만 최소한 감사 인사는 전할 수 있어서 다행이라는 생각이 듭니다.

제가 실제로 처음 관계를 맺은 서점은 워터스톤즈예요. 영문학을 전공할 때 1학년 한 학기 수업을 런던에서 들었거든요. 교수님은 미국인이었고, 18명이 영국에 와서 4개월 동안 연극을 보고 책을 읽었죠. 사우스켄싱턴에서 만났을 때 교수님이 말했어요. '여기서 모퉁이만 돌면 새로 문을 연 서점이 있어. 워터스톤즈라는 서점인데, 특별한 곳이야. 유리창도 크고 책들이 탁자에 놓여 있어.' 당시만 해도 그런 곳은 흔하지 않았어요. 이후 저는 워터스톤즈에서 많은 시간을 보냈어요.

작가가 된 뒤로는 미국에서 아주 많은 서점에 가봤어요. 홍보 행사 때문이었죠. 요즘에 매출 부진으로 힘들어하는 것은 독립 서점보다 큰 체인 서점인 듯해요. 그래서인지 대형 체인 서점들이 변하고 있어요. 과거의 대형 서점은 책으로 차 있는 넓은 공간이었는데, 요즘에는 게임이나 과자 같은 상품으로 채워진 넓은 공간이 됐죠. 정말 부끄러운 일 아닌가요?

독립 서점은 온라인 서점의 위협에도 살아남을 거예요. 대형 체인 서점과 다른 서비스를 제공하기 때문이죠. 문제는 가격이 아니에요. 질이죠. 대형 체인 서점이 살아남으려면 지금의 방식에서 벗어나야 해요. 아마존 모방을 그만두고, 가장 잘할 수 있는 것을 해야 하죠. 즉, '서점'이 되어야 해요. 오늘날의 사람들은 책을, 좋은 서점을 더 많이 원하고 있어요.

너무 많은 것들이 온라인으로 이루어지는 사회가 되면서 사람들이 실제로 만질 수 있는 것들은 점점 줄어들고 있어요. 전자책 단말기는 저도 갖고 있어요. 가끔 쓰죠. 그렇지만 전자책 단말기로 책을 읽을 때는 모든 게 붕 떠 있는 느낌이 들어요. 종이책을 볼 때는 시간과 장소를 책과 연결시킬 수 있는데, 전자책은 그렇게 안 돼죠. 저희 집에는 책이 아주 많아요. 모두 손으로 만질 수 있는 책들이죠. 저는 2개월 전부터 엘리너 캐턴의 《루미너리스The Luminaries》를 읽고 있어요. 무척이나 두껍고, 확실히 실재하는 책이죠. 팔 운동도 된답니다. 실재하는 작품들이 갈수록 줄어들고 있어요. 모니터 속의 목록을 보고 책과 음악을 고르게 되면서 직접 서점에 가서 책을 고르고 집에 가져오는 기쁨을 누리지 못하는 사람들이 늘고 있고요. 미학적으로도 못마땅한 상황이에요. 우리 삶은 더 편리해지고 있지만 점점 더 실재하지 않는 것이 되어가죠. 그리고 서점은 그런 변화에 희생되고 있어요.

스스로에게 희생되는 서점도 있어요. 게으른 서점들을 말하는 거예요. 가만히 앉아서 책이 팔리기만을 기다리는 서점들이죠. 노력하는 서점, 애쓰는 서점에 들어가면 정신이 번쩍 들고 귀가 쫑긋서곤 해요. '미스터 비스Mr. B's'나 배스에 있는 '토핑 앤드 컴퍼니Topping & Company', 킹스크로스에 있는 '워터마크 북스Watermark Books' 같은 서점들은 아주 훌륭해요. '런던 리뷰 북숍The London Review Bookshop'도 그렇고요. 게으르지 않은 서점들이죠. '돈트 북스'와 '포일스'는 좋은 서점의 본보기가 되는 서점들이에요.

미국에서 제가 좋아하는 서점은 제이크 리스가 운영하는 '앨라배마 북스미스Alabama Booksmith'예요. 서점에 있는 책들을 모두 표지가 보이도록 진열했는데, 저는 책이 그렇게 진열된 서점은 그곳밖에 보지 못했어요. 진열할 수 있는 책의 수는 줄겠지만 책을 전부 제대로 볼 수 있죠. 멋진 표지들을 한눈에 다 보는 건 놀라운 경험이에요. 주인인 제이크 리스는 그 지역 독서 모임들과도 돈독한 관계를 유지하고 있어요. 지역 독서 모임에서 선정한 책들을 모두 알고 있어서 독서 모임에 참여하는 사람이 책을 사러 서점에 들어왔다가 책 이름을 잊어버려도 곧장 책을 꺼내준답니다.

책과 연관된 최고의 행사는 《진주 귀고리 소녀》의 순회 홍보를 할 때였어요. 그때는 제가 누구인지 아는 사람이 아무도 없었죠. 어쨌든 밀워키에 있는 '해리 W. 슈워츠'라는 서점(안타깝게도 지금은 폐점했어요)에서 홍보 행사를 진행했는데 정말 최고였어요. 그곳 주인인 낸시는 아주 멋지고 다정한 사람으로, 손님을 300명이나 모았더군요. 서점 측에서 정말 노력한 덕분에 아주 들뜬 분위기였어요. 이틀 뒤에는 로스앤젤레스에 있는 체인 서점에서 행사가 열렸어요. 6명이 왔고, 저는 커피 머신 소음과 경쟁하며 말해야 했죠. 이런 이유들로 저는 독립 서점을 아주 좋아해요. 덴버에 있는 '태터드 커버'

와 오레곤주 포틀랜드에 있는 '파월스'도 제가 좋아하는 서점이에요. 캘리포니아에 있는 '북 패시지스Book Passages'도 좋아하죠. 이 서점들은 저자 행사도 환상적으로 마련해요. 이런 서점에 가면 저자에게 맞춘 문구류도 선물로 받을 수 있어요. 정말 따뜻한 배려가 느껴지죠.

세계에서 가장 좋은 서점의 표본으로는 파리에 있는 '셰익스피어 앤드 컴퍼니'를 꼽겠어요. 몇 주 전에 친구와 다녀왔어요. 제가 친구를 데려갔는데, 친구는 그저 감탄하느라 정신이 없었죠. 셰익스피어 앤드 컴퍼니에는 특유의 분위기가 있어요. 중고 서적과 신간 서적이 조화를 잘 이루며 갖춰져 있죠. 책을 고르는 안목도 높고, 역사도 살아 있어요. 저는 그 서점에서 앞쪽 2층에 있는 공간을 특히 좋아해요. 그 공간 밖으로 책을 내가지만 않으면 얼마든지 오래 앉아서 책을 읽을 수 있죠. 작가들이 숙박할 수 있는 침대도 아직 있어요.

제가 처음으로 셰익스피어 앤드 컴퍼니에 간 것은 1982년인데, 그때 저는 서점 안을 어슬렁거리면서 당시 주인인 조지의 눈에 띄기를 바라고 있었어요. 조지가 저한테 빗자루를 건네면서 '서점을 비질하고 책꽂이를 정리한 뒤에 책을 읽어. 그러면 여기에 묵게 해주지!' 하고 소리치기를 바랐죠. 아쉽게도 그런 일은 일어나지 않았지만요. 그렇지만 저랑 같은 과에 있던 사람은 셰익스피어 앤드 컴퍼니에서 그런 경험을 해보았다고 해요. 아주 즐거웠대요.

서점 뒤쪽 계단 벽에는 사람들이 남긴 쪽지들이 붙어 있어요. 쪽지에 적힌 언어도 갖가지예요. 모두 이 서점을 방문한 사람들이 이곳을 얼마나 좋아하는지 적은 것들이죠. 진짜 공동체의 느낌이 나요. 자기 자신보다 더 큰 무엇의 일부가 된 기분을 맛볼 수 있는 곳이죠. 서점이라면 마땅히 그래야 해요. 누구나 영감과 행복을 얻을 수 있는 곳이어야 하죠. 서점에 가면 주눅이 든다는 사람이 있었어요. 뭘 사야 할지 모른 채 와인 상점에 들어가 진열된 와인들과 거만한 주인을 보고 있는 기분이 든다고 하더군요. 손님한테 그런 기분을 느끼게 하면 안 돼요. 좋은 서점은 절대로 그런 기분을 느끼게 하지 않아요.

제가 서점에서 일한다면, 손님들에게 바바라 가우디의 《코끼리 The White Bone》를 권할 거예요. 1999년에 출간된 책인데, 사람들이 잘 몰라요. 저는 이렇게 설득력 있고 색다른 관점을 가진 책은 지금껏 본 적이 없어요. 코끼리의 시점으로 내용이 전개되는데도 읽으면서 이상한 기분은 들지 않았어요. 오히려 정신없이 읽었죠. 저는 책 추천하는 것을 좋아해요. 제 친구들 중에는 책 심리 치료사도 2명 있는데 상담을 받으러 온 사람들에게 도움이 될 만한 책을 추천해 줘요. 단기적으로나 장기적으로 도움이 될 책들이죠. 이 친구들은 그런 경험을 바탕으로 《소설이 필요할 때 The Novel Cure》라는 책도 냈어요. 실연했을 때나 교통사고를 당했을 때, 불행을 겪었을 때 등 어떤 상황에도 거기 맞게 도움이 될 책은 있죠. 《소설이 필요할 때》는

북숍 스토리

아주 재치가 넘치고 재미있어요. 처음에 출간했을 때 재미있는 행사도 많이 열었죠. 낡은 앰뷸런스에서 간호사 복장을 하고 상담을 받는 행사도 했답니다.

당신이 꿈꾸는 서점은 어떤 모습인가요?

제가 서점을 연다면, 소설이든 비소설이든 가리지 않고 꿈에 관한 책, 퀼팅에 관한 책, 국가들에 관한 책 이렇게 주제별로 배치해서 흥미를 돋우겠어요. 관심 있는 주제지만 세상에 나와 있는지조차 몰랐던 책을 우연히 발견할 수 있는 아주 멋진 서점을 만들 거예요. 그렇게 책을 배치하면 조금 산만하겠지만, 신선할 거예요.

서점에 초콜릿도 둬야죠. 적립 카드를 만들어서 초콜릿을 선물로 걸겠어요. 서점 곳곳에 초콜릿을 숨겨 놓는 건 어떨까요? 재미있겠죠? 장소는 기차역으로 할래요. 사람들이 기차의 출발 시각보다 1시간 전에 역에 와서 구경하도록 하는 거예요. 앉을 자리도 아주 많이 만들겠어요. 역 대합실 분위기인데 책이 가득한 거죠. (초콜릿도요!) 게다가 딱 바라던 책을 우연히 보게 될 가능성까지 있다니, 마음이 설레는 곳이 되겠죠."

세계의 이색 서점

- 시애틀에 있는 '더 북스토어 바The Bookstore Bar'는 정말 바 안에 있는 서점이다. 천장까지 이어진 책꽂이들이 있고, '북스토어 브롱코' 칵테일(참깨 생강 보드카, 진저에일, 라임)을 판다. 뉴햄프셔 주 포츠머스에 있는 '북 앤드 바'에서도 책과 술을 함께 파는데, 이곳은 오랫동안 책을 판 경험이 있는 3명과 요리사 1명이 힘을 합쳐 만들었다. 북 앤드 바가 자리한 곳은 포츠머스 옛 우체국 건물로, 그 역사가 1860년까지 거슬러 올라간다.

- 맨해튼의 밴 앨런 인스티튜트 본사 안에는 건축 디자인 서점인 '밴 앨런 북스Van Alen Books'가 있다. 2013년에 밴 앨런 인스티튜트에서는 서점 디자인을 공모했다. 그 결과 '콜렉티브 록'이 우승했고, 서점은 '스크린 플레이'라는 새로운 디자인에 맞춰 공사 중이다. 코너를 구분하는 패널에 다양한 재료를 사용해 신비한 분위기를 내는 것이 가장 큰 특징이며 천장도 진열 공간으로 활용된다.

- 사우스캐롤라이나 주 찰스턴에 있는 '엘룸 컬렉션Heirloom Collection'은 희귀본이나 고서적 요리책을 전문으로 다룬다. 서점은 자갈이 깔린 길에 가스등이 불을 밝히고, 갤러리 서른 곳이 가까이에 모여 있는 프렌치쿼터에 자리하고 있다.

- 시애틀에 있는 '엘리엇 베이 북 컴퍼니Elliott Bay Book Company'는 40년이 넘는 역사를 자랑한다. 아름다운 향나무 책꽂이에 15만 권의 장서를 갖춘 이 커다란 서점은 그동안 3,000천 회가 넘는 작가 낭독 행사를 열었다.

- 'OHWOW 북 클럽OHWOW Book Club'은 출판사 겸 현대 미술 갤러리로, 뉴욕과 로스앤젤레스에 매장을 두고 있다. 서점이 마치 설치 미술품 같다. 책장이 갖가지 색과 모양으로 된 액자로 되어 있어 책을 미술품처럼 보이게 한다.

- 뉴욕의 '맥널리 잭슨 서점McNally Jackson'에는 개인 출판 부서가 있다. '에스프레소 북 머신'으로 고객이 자비 출판을 하는 것이다. 여기서 그치지 않고 컨설턴트를 하거나, 전문 편집자 혹은 디자이너가 도움을 주거나, 책을 서점에 진열하는 등의 서비스도 제공한다. 이런 서비스를 제공하는 서점이 지금은 드물지만, 앞으로는 점점 늘어나지 않을까?

- 브루클린에 있는 '싱귤래러티 앤드 컴퍼니Singularity and Co.'는 SF 전문 서점이다. 이곳 직원들은 스스로를 '시간 여행 자료 관리인'이라고 부른다. 이곳에서는 고객과 웹사이트 구독자들을 상대로 매달 절판된 빈티지 SF 책 중 최고의 책을 고르는 투표를 한다. 그리고 이 투표에서 선정된 작품을 재출간한다.

- 매사추세츠주에 있는 '몬태규 북 밀The Montague Book Mill'은 '찾을 수 없는 곳에서 필요 없는 책'을 판다고 농담 삼아 말한다. 이 중고 서점은 소밀강 강둑에 1842년부터 있던 제분소에 자리 잡고 있다. 이곳은 예술가들이

모여 있는 장소로, 서점뿐 아니라 카페와 LP숍 등도 있다.

- '세미너리 코업 북스토어스Seminary Co-op Bookstores'는 1961년에 시카고의 애서가 17명이 10달러씩 투자해 시작한 곳이다. 50년도 더 지난 지금, 우들론 대로에 있는 본점의 학술 서적들은 세계 최고로 손꼽힌다.

- 일리노이에 있는 '레이크 포레스트 북 스토어The Lake Forest Book Store'는 1949년에 동네에 책을 공급하고 싶은 여성들이 만든 서점이다. 세월이 흐르는 동안 서점의 면적은 60제곱미터에서 167제곱미터로 넓어졌고, 여름에는 마을 광장에서 작가 초청 행사를 연다.

- 1967년 25세의 청년 리처드 사보이는 샌프란시스코에 '그린 애플 북스Green Apple Books'라는 서점을 열었다. 군대에서도 근무하고 라디오 기술자로 일하기도 했지만 리처드가 가장 좋아하는 것은 책이었기 때문이다. 그린 애플 북스는 여전히 성업 중이며 처음에 문을 열 때보다 규모가 10배는 더 커졌다.

- 샌프란시스코의 '어도브 북스Adobe Books'는 2013년에 월세 인상으로 인해 위기에 처했다. 월세를 4,000달러나 더 내야 할 상황에서 서점 직원들과 주변 친구들은 이대로 물러서서 서점 간판을 내리지 않겠다고 각오를 다졌다. 이들은 인터넷으로 캠페인을 벌이면서 회원제를 기반으로 한 협동조합 같은 조직으로 서점을 만들기 위해 모금을 시작했다. 그렇게 해서 '어도브 북스 앤드 아츠 코오퍼레이티브Adobe Books and Arts Co-operative'가 만들어졌고, 새로운 곳으로 장소를 옮겨 계속 책을 팔고 있다.

- 캘리포니아주 오하이에 있는 '바츠 북스Bart's Books'는 세계 최고의 야외 서점이라는 칭송을 들어왔다. 나 역시 그런 칭송이 과하지 않다고 생각한다. 서점 한가운데에는 수령 400년의 오크 나무가 서 있고, 햇빛 아래 1백만 권의 책이 꽂혀 있기 때문이다.

- 로스앤젤레스의 '스카이라이트 북스Skylight Books'에서 일하는 젠 위트는 특이한 책 표지 그림을 그린다. 서점 고양이 프래니의 이름으로 인스타그램 계정(@frannyskylight)도 있는데 이 계정에는 고양이의 눈에 비친 그날그날의 사진이 올라온다. 이 사진들을 볼 때마다 나는 아주 즐거워진다.

- 버뱅크에 있는 '다크 델리카시스Dark Delicacies'는 공포 소설만 갖춘 서점으로는 미국에서 유일한 곳이다. 행사장에서 간이 테이블을 놓고 공포 소설을 팔던 델과 수는 이제 서점에서 에드거 앨런 포의 작품들부터 직접 깎은 가고일로 장식한 100년 된 의자까지 갖가지 것들을 팔고 있다.

- 텍사스의 '북 누크Book Nook'에서는 신간 서적과 함께 중고 서적도 판다. 이곳에서는 봉투 가득 책을 채워서 무조건 13달러에 계산할 수 있다. 손님이 중고 서적 한 봉투를 구입할 때마다 서점에서는 책 한 상자를 해외에서 근무하는 군인들에게 기증한다.

빌 브라이슨

Interview

"서점에서는 언제나 '행복한 발견'이 가능합니다."

빌 브라이슨은 여행, 영어, 과학 등에 관한 유머러스한 책들을 집필한 미국의 베스트셀러 작가다. 《거의 모든 것의 역사A Short History of Nearly Everything》로 아벤티스상과 데카르트상을 수상했다. 이 책은 영국에서 지난 10년 동안 비소설 서적으로는 가장 많이 팔렸다.

"저는 아이오와의 디모인에서 자랐는데, 그곳에는 '북스토어The Bookstore'라는 서점이 있었어요. 하드커버를 팔았죠. 하지만 페이퍼백만 팔았던 '리더스월드Readers' World'에 손님이 훨씬 더 많았어요. 저는 리더스월드에서 놀곤 했어요. 대학교 근처에 있었기 때문에 우리는 거기에 한 번 가면 몇 시간씩 있었죠. 당시 제일 용감했던 서점은 '보더스Borders'였어요. 1970년대에 보더스가 영업을 시작하면서, 보더스가 아니었으면 서점이 없었을 만한 동네에도 크고 멋진 서점이 문을 열었거든요.

어릴 때 저는 형이 읽던 책을 많이 물려받았어요. 저희 집은 책을 많이 읽는 분위기였어요. 부모님 모두 언론인이셨는데 어린 제 눈에는 아버지의 책이 어마어마하게 많아 보였어요. 사실은 거실에 책장 2개가 놓여 있었을 뿐인데 말이죠. 책을 열심히 읽기 시작한 건 13세 때쯤이에요. 거실에 있는 책을 손에 잡히는 대로 꺼내 읽었죠. 우드하우스(유명한 유머 작가-옮긴이), 혼블러워 함장(C.S. 포레스터가 쓴 해양 소설의 주인공-옮긴이) 소설까지 모든 걸 발견했죠. 그때 독서가 오락 수단으로도 엄청나게 재미있다는 사실을 깨달았어요. 물론 지금도 그렇다고 확신하고 있죠. 좋은 책을 찾아내기만 하면, 책보다 재미있는 것은 없을 거예요.

요즘 서점을 이야기하자면, 포틀랜드에 있는 '파월스'를 정말 좋아해요. 특히 새 책과 헌책을 섞어 진열하는 방식이 마음에 들어요. 새 책과 헌책을 같이 파는 서점은 다 좋아해요. 좋은 서점은 분위기가 엄청나요. 특별한 서점은 문을 열고 들어서자마자 곧바로 알아챌 수 있어요. 생각이 비슷한 영혼들에게 둘러싸여 마음이 편안해지거든요.

저는 방대한 양의 책을 갖춘 곳도 좋아해요. 일주일 전쯤, 한동안 잊고 있던 서점에 들렀어요. 가보니 제가 그 서점을 얼마나 좋아했는지 금방 기억이 되살아나더군요. 바로 옥스퍼드에 있는 '블랙웰스'예요. 안에 들어서면 그냥 기분이 좋아지죠. 그리고 언제 가도 같은 기분을 느낄 수 있어요.

런던 그레이스 인 로드에 있는 '센트럴북스Central Books'도 좋아해요. 《타임스》지에서 일할 때 출근하며 항상 지나다니던 서점이죠. 좌익 서적을 주로 취급하는 사회주의 서점이라 급진적인 정치 서적이 많고 핵탄두나 전쟁 포로에 대한 책들처럼 어디에서도 찾을 수 없는 희귀한 책도 많았어요. 서점 전체에서 특별한 것을 발견할 것 같은 느낌이 가득했죠.

'발견'은 도서 산업에서 아주 중요해요. 제가 아주 좋아하는 책 중에 《럼두들 등반기 The Ascent of Rum Doodle》라는 책이 있는데 몇 해 전에 우연히 보게 됐어요. 그래서 그 책을 재발간하도록 출판사를 설득할 때 저도 한몫하면서 서문도 썼답니다. 좋은 서점에는 그런 보석이 가득해요. 사람들이 잊어버린 고전이나 제대로 발견되지 않아서 고전이 될 기회를 얻지 못했던 책들이요. 만약에 제가 서점을 연다면 저는 존재하는지 몰랐지만 발견하면 아주 행복할 책들로 서점을 가득 채울 거예요.

영국에 처음 왔을 때 전 정말 감명을 받았습니다. 변변한 상점이 없는 작은 도시에도 대부분 서점이 있었기 때문이죠. 안타깝게도 지금은 꼭 그렇지는 않아요. 다행히 제가 좋아하는 서점인 머치 어두는 아직 살아 있죠. 이런 상황이니 제가 서점을 운영할 용기를 낼 것 같지는 않지만, 작은 도시에 큰 서점을 차리면 세금을 환급받게 하는 등의 조치를 취해준다면 다시 생각해볼 게요."

싱잉 윈드 북스토어

Singing Wind Bookstore, Benson, Arizona

미국 남서부 지역의 책 본부

애리조나 주 벤슨에 있는 '싱잉 윈드 북스토어'에서 40년간 책을 팔고 있는 위니프레드 번디는 자신의 서점을 '미국 남서부 지역의 책 본부'라고 부른다.

북숍 스토리

싱잉 윈드는 조금 찾기 까다롭다. 가장 가까운 시가지에서 6킬로미터 넘게 떨어져 있는 목장에 있기 때문이다. 게다가 인터넷 홈페이지나 트위터, 페이스북, 이메일 주소도 없다. 영업시간도 정해져 있지 않다. 그냥 행운을 바라며 가야 한다. 그래도 손님들이 계속 서점에 찾아간다. 맨 처음에 위니프레드는 서점에 비치할 책을 구입하는 데 500달러를 지출했다. 이 돈은 두 천문학자의 개들을 1년 동안 돌보며 차곡차곡 모은 것이다. 책장은 모두 직접 만들었다. 손님이 책 이름을 대면, 위니프레드는 그 책이 어디에 있는지 정확히 알고 찾아낸다. 그리고 책 하나하나마다의 사연을 들려준다.

브리타니 카발라로
Interview

"서점은 가장 흥미롭지만 안전한 최고의 탐험 장소예요."

브리타니 카발라로의 첫 시집 《걸 킹Girl-king》은 2015년 애크론대학교 출판부에서 출간됐다. 브리타니 키발라로는 문예지 《틴 하우스》와 《AGNI》 등에 시를 게재했으며 지금은 위스콘신주 밀워키에서 시를 쓰며 생활하고 있다.

"지난가을에 저는 '보스웰 북스Boswell Books'에 빠져들었어요. 밀워키에 있는 독립 서점인 보스웰 북스는 말할 수 없이 훌륭한 곳이에요. 보스웰 북스가 거기에 있는 것은 예전부터 알고 있었어요. 거기서 책을 사고 책도 읽었죠. 멜로드라마 속 주인공이 책 살 돈이 없어서 괴로운 표정으로 책들을 쓰다듬듯 저도 책을 쓰다듬으며 한손에 커피를 들고 돌아다니기도 했어요. 정말 돈이 없는 경험은 이제 희미한 옛일이 되었지만 말이죠.

보스웰 북스와 저의 특별한 관계는 도로시 L. 세이어즈의 '귀족 탐정 피터 윔지' 시리즈가 아름다운 새 판본들로 놓여 있는 것을 알았을 때부터 시작됐어요. 한 권을 사고, 보스웰 북스에 있는 것들을 모두 산 뒤 나머지도 주문했죠. 누구나 그러잖아요. 디저트를 먹는 기분이에요. 진짜 디저트랑 다르게 침대에서 담요를 뒤집어쓰고 먹을 수 있죠. 코안경과 함께하는 '황금기 미스터리' 디저트였어요.

그 뒤로 저는 매일 커피를 들고 보스웰 북스에 갔어요(바로 옆에 커피숍이 있어요). 최소한 일주일에 한 번은 유혹에 굴복해 책을 사서 가져오죠. 중고 서적이지만 반짝반짝 새것 같은 레이첼 쿠시너의 《화염 방사기들The Flamethrowers》을 샀고, 친구가 추천한 하이디 줄라비츠의 《사라지는 사람들The Vanishers》도 샀죠. 추천한 친구가 누구였는지는 기억나지 않네요. 친구들이 저희 집에 놀러 오면 저는 친구들을 보스웰 북스로 데려가요. 그리고 마치 제가 친구들한테 멋진 경험을 선사하듯이 자랑스레 보여주며 흐뭇하게 웃죠."

볼드윈스 북 반

Baldwin's Book Barn, West Chester, Pennsylvania

유제품 공장을 개조해 만든 중고책 서점

펜실베이니아 웨스트 체스터에 있는 '볼드윈스 북 반'은 1820년대 유제품 공장을 개조한 서점으로, 낮은 서까래에 '머리 조심!'이라는 글이 붙어 있다. 윌리엄 볼드윈과 릴라 볼드윈 부부는 1934년 월밍턴에서 중고 서점을 연 뒤, 1946년에 낡은 유제품 공장을 개조해 서점을 옮겼다. 지금은 아들인 톰 볼드윈이 서점을 운영한다.

2만 5천 제곱미터의 농장 가운데에 5층짜리 건물로 서 있는 서점에는 200여 가지 주제를 다루는 희귀한 중고 서적 30만 권과 함께 지도도 있다. 야외에 간이 테이블이 놓여 있어서 손님들이 책을 읽으며 쉴 수 있다. 참고로 이 볼드윈 가족은 미국 독립 선언서에 서명이 들어 있는 그 볼드윈의 후손이다!

블루 윌로우 북스토어

Blue Willow Bookstore, Houston, Texas

"파란 표지의 책이라면 언제든 환영이에요."

'블루 윌로우 북스토어' 트위터에 매장 사진이 올라오자, 수백 명이 나에게 트위터 메시지와 이메일을 보냈다. 사진을 보니 온통 파란색 책들 가운데 '책 표지가 파란색인 것만 기억나고, 제목은 기억이 안 나요'라는 글귀가 붙은 칠판이 놓여 있었다. 그것을 보고 나는 킥킥 웃었다.

'여두목'이라는 별명으로 유명한 주인 발레리 쾰러는 말한다.

"지난 17년 동안 아이들이 자라고 가족들이 이사하면 또 새로운 가족들이 이사 오는 걸 봐왔어요. 이 동네는 주변에 세계 각국의 에너지 회사들이 많은 곳이에요. 그래서 서점에 있으면 언제든 최소한 10개 국어가 한꺼번에 들리죠. 세계 곳곳에서 온 애서가들이 저희 서점에서 편안한 기분을 즐겨요. 저희 서점에서 고향을 느끼는 거죠. 동네 술집 같은 서점이에요. 물론 저희는 술을 팔지 않지만요. 그래도 술집처럼 편안한 분위기를 내는 것을 막을 사람은 아무도 없어요.

서점을 운영하다 보면, 신기하고 놀라운 우연과 항상 마주치게 돼요. 그런 우연은 꼭 서점 안에서만 일어나는 게 아니더군요. 지난주에 우리 부부는 코스타리카에 있었어요. 서점에서 4,000킬로미터 떨어진 곳에 있었죠. 작은 식당에서 밥을 먹고 있는데, 저희 서점 손님 세 분이 그 식당에 들어오는 거예요!

저는 아주 오랫동안 서점을 운영하고 싶어요. 그렇지만 좋은 일에는 반드시 끝이 있죠. 남편은 5년 안에 은퇴하고 싶대요. 저도 남편과 같이 있어야 하겠죠. 남편은 정원을 가꾸고 와인을 만들며 목제 가구를 만들고 싶어해요. 저는 마당이 있는 집에, 좋은 책이 많고 와인 1~2잔만 있으면 돼요."

홈페이지: www.bluewillowbookshop.com

시티 라이츠
City Lights, San Francisco

미국 최초로 페이퍼백만 판매한 문학의 명소

샌프란시스코의 '시티 라이츠'는 미국 최초로 페이퍼백만 판매한 서점이자 문학의 명소로 자리매김한 최초의 서점이기도 하다. 시인 로렌스 펄링게티와 피터 D. 마틴이 1953년에 문을 연 뒤, 비트 세대 시인들을 보려고 관광버스가 서점 앞에 서 있는 문학 명소가 되었다. 시티 라이츠는 출판사도 겸하고 있는데 200여 종을 출간했다. 로렌스 펄링게티는 앨런 긴즈버그의 《아우성Howl》을 출간하고 외설죄로 체포되기도 했다. 반백 년 넘게 시티 라이츠는 표현의 자유를 위해 싸웠고, 진보적인 사상을 찬양했다. 비영리 문학 단체인 '시티 라이츠 재단'에는 이 서점의 철학이 소중하게 간직되어 있다.

홈페이지: www.citylights.com

스트랜드 북스토어
Strand Bookstore, New York

"서점은 죽지 않았습니다!"

'스트랜드 북스토어'는 한때 '서점가'로 불리던 곳의 끄트머리에 자리를 잡았지만, 지금까지 잘 살아남았다. 뉴욕 4번가 6개의 블록에 걸쳐 있던 서점가에는 48개의 서점이 있었다. 스트랜드가 거기서 문을 연 것은 1927년이다. 처음에는 벤 바스가 운영하는 작은 서점이었다. 그러나 이제 스트랜드는 브로드웨이와 12번가 사이에 있고, 종업원은 240명이며, 총 길이만 29킬로미터에 이르는 책을 보유하고 있다. 브루클린의 거대한 창고에는 25만 권의 책이 있다. 벤 바스는 아들 프레드에게 서점을 물려주었고 지금은 프레드 바스와 그의 딸 낸시가 함께 운영한다.

2013년 12월에는 서점에서 2번의 청혼이 이루어졌다. 그리고 86년의 서점 역사상 최고의 매출을 기록한 날도 그 달에 나왔다. 스트랜드 북스토어는 트위터에 '서점은 죽지 않았습니다!'라는 글을 올려 이 소식을 자랑하고 기뻐했다.

홈페이지: www.strandbooks.com

리바운드 북스토어
The Rebound Bookstore, San Rafael, California

"우리 서점에는 손님들이 남기고 간 아름다운 이야기들이 가득해요."

캘리포니아에서 리바운드 북스토어를 운영하는 팀과 조니는 손님에 얽힌 아름다운 이야기에 대해 말했다. 어떤 커플이 병원에 가다가 서점에 들렀다. 아기를 낳으러 가다가 아이의 이름을 짓기 위해 책을 사려고 들어왔던 것이다. 팀이 말한다.

"서점 앞에 책을 내놓고 판 적이 있는데 처음 보는 손님이 많이 왔어요. 아이들, 개들, 청소년들, 노인들……. 아주 많았죠. 그런데 역사책이 있는 곳 앞에서 웬 중년 남자가 책을 가슴에 꼭 안고 서 있는 모습을 보았어요. 남자는 울고 있었죠. 제가 조심스레 다가가 괜찮은지, 혹시 도움이 필요한지 물었어요. 그러자 남자가 흔쾌하게 말하더군요. '아, 괜찮습니다. 이 책을 사려고요.' 그래서 저는 정말 괜찮은지 또 확인했죠. 그러자 남자가 말하더군요. '저희 숙부께서 한국 전쟁 때 돌아가셨는데, 숙부가 어디서 어떻게 전사하셨는지 들을 수가 없었어요. 아마 정부에서도 모르겠죠. 그런데 이 책에 숙부의 이름이 나와요. 숙부의 분대와 부대 이름도 나오고요. 전사하게 된 과정까지 나와요. 저희 가족이 70년 가까이 못 풀던 숙제를 이 책이 해결해주었어요.' 그리고는 빙긋 웃으면서 책값이 얼마인지 묻더군요. 저도 미소로 답하며 책값을 깎아주었어요.

여기 산 라파엘에는 세계적으로 유명한 시각 장애인 안내견 훈련 시설이 있어요. 그 훈련 시설과 저희 서점이 같은 거리에 있어서 안내견과 다니는 법을 배우는 시각 장애인들이 항상 이 거리를 오가죠. 어느 여름 오후였어요. 저는 서점에 없고 제 아내만 있을 때였는데 시각 장애인 6명이 서점에 왔어요. 시각 장애인들은 자기들에게 책을 읽어줄 사람이 있으니, 구입할 만한 책을 추천해달라고 아내에게 말했답니다. 제가 서점 앞에 와서 보니 창 너머로 아내가 책을 펴서 읽어주는 모습이 보였어요. 등장인물들의 대화가 나오면 그 인물에 맞게 목소리 연기를 하며 실감나게 읽고 있었죠. 알렉상드르 뒤마부터 개리슨 케일러, 토마스 케닐리, 켄 키지, 에이미 탄, 켄 폴릿 등 시각 장애인들은 10권이 넘는 책을 사고 아주 기뻐했어요.

캘리포니아 마린 카운티는 명상의 중심지로도 유명해요. 크고 작은 명상 센터들이 많고, 명상이나 내적 자아 발전 등에 초점을 둔 도장 같은 곳도 많아요. 하루는 제 아내가 서점 사무실에 앉아 있는데, 명상과는 아주 거리가 먼 고함 소리가 들렸대요. '내 거야!' 그 소리에 나와서 보니, 두 남자가 요리책 1권을 두고 말 그대로 싸우고 있었답니다. 책장에 꽂힌 책을 우연히 동시에 집었는데 간발의 차이로 책을 놓친 남자가 고함을 친 거예요. 그러자 책을 먼저 잡은 남자는 어이없다는 표정을 지으며 책을 내줬고, 고함을 질러서 책을 손에 넣은 남자는 책을 들고 계산대로 왔다고 합니다. 그런데 그게 무슨 책이었는지 아세요? 바로 그 지역 선禪 명상 센터의 요리사가 쓴 책이었대요! 정말 별일이죠?"

페이스북: www.facebook.com/rebound.bookstore

크리스튼 카우프만

Interview

"서점은 지역 공동체의 중심 역할을 해야 합니다."

크리스튼 카우프만은 문예창작과 강사이자 소설가다. 자신이 속한 독서 클럽을 소중하게 여기며, 구입한 책들을 죽기 전에 모두 읽을 수 있을 것이라고 생각하며 살아간다.

"요즘 세상은 무슨 일이든 빨리 돌아가야 해요. 이런 세상에서는

북숍 스토리

서점에 직접 가는 것보다 전자책을 이용하는 것이 더 좋아 보이죠. 그렇지만 서점을 더 좋아하는 사람들도 있어요. 제가 사는 곳은 애리조나에 있는 작은 마을인데, 이곳에는 대형 체인 서점의 지점이 있었어요. 그런데 쇼핑몰의 가겟세가 3배로 오르자 체인 본부에서 서점 문을 닫기로 결정했어요. 그 서점은 저한테 세상 전부였어요. 거기서 일을 했거든요. 손님들 중에도 그 서점을 세상 전부로 여기는 사람이 많았어요. 폐점을 앞둔 2개월 동안 학생들과 애서가들, 은퇴한 사람들 등이 모여서 서점 체인 본부에 편지를 쓰고, 서점에도 편지를 썼죠. 그리고 서점 문 앞에는 대자보를 붙였어요. '우리는 서점을 원한다.'

작은 독립 서점이 폐점하는 데 일정 정도의 책임이 있을 만큼 규모가 큰 체인 본부에서 한 지점의 가겟세 상승으로 과연 그렇게 큰 손실을 볼까요? 그런데 그때 재미있는 일이 벌어졌어요. 이 지역의 사업가가 서점이 없어진 뒤에 생길 커다란 문제를 깨닫고 독립 서점을 차리기로 마음먹은 거예요. 그러자 거기에 힘을 보태려는 움직임이 일어났어요. 이 지역 대학교의 문예창작과 교수들과 체인 서점의 판매원, 다른 지역 대학교에서 도서관 사서로 일하다가 은퇴한 사람 등이 그 사업가와 뭉치기 시작했죠.

저희는 이런 질문을 던졌어요. '사람들이 서점에서 바라는 것이 뭘까? 사람들이 서점에서 필요한 것은 뭘까?' 서점이 사람들의 알 권리와 표현의 자유를 위해 꼭 필요하다는 사실에는 이견이 없었어요. 지역 공동체도 중요했어요. 그래서 지역 사회에 보탬이 될 행

세계의 서점과 서점을 사랑한 사람들의 이야기 Ⅲ

사를 여는 서점으로 만들기로 했어요. 시 낭송회나 저자 사인회, 만화책 애호가 및 지역 예술가들과 함께 작가를 초빙하는 행사 등이었죠.

그러던 중에 또 다른 일이 벌어졌어요. 한때는 미국 전역에서 독립 서점의 적이었던 체인 서점이 우리 지역 독립 서점의 퀵스타트를 지원하기로 결정한 거예요. 체인 본부에서는 여러 트레일러 분량의 판매용 책을 기증하겠다고 했어요. 폐점하는 지점의 매니저는 책장과 진열장, 테이블, 장식품 등 쓸 수 있는 것은 모두 기증했죠. 또 지역의 골동품상들은 편안한 의자를 내놓았고요. 이 도시의 사람들이 전하는 메시지는 분명했어요.

'우리는 서점을 원한다. 그리고 서점이 생기는 데 도움이 된다면 무엇이든 하겠다.'

이제 애리조나 프레스콧에 있는 '페레그린 북 컴퍼니Peregrine Book Company'에 들어서면, 이 지역 사회의 존재를 모두 느낄 수 있어요. 중고 서적과 새 책을 함께 파는 이 서점에서는 체인 서점의 기물과 골동품이 평화롭게 조화를 이루고 있어요. 어린이책 코너에는 이 지역의 미술가가 숲을 그린 벽화가 있죠. 한 계산대 옆에 있는 책장에는 지역 작가의 미술품이 진열되어 있고, 서가 공간은 465제곱미터예요. 저자가 직접 자기 작품을 낭독하는 무대도 있어요. 이곳은 여러 사람이 힘을 합친 독립 서점, 그 이상이에요. 이곳은 우리에게 고향이나 마찬가지죠."

북숍 스토리

캣 장
Interview

"서점은 지역 사회에 놀랄 만큼 많은 공헌을 합니다."

캣 장은 '하이브리드 연대기Hybrid Chronicles' 시리즈의 작가다.

"어릴 때는 서점보다 도서관에 훨씬 더 자주 갔어요. 그런데 몇 년 전부터 운 좋게도 가까이에 멋진 독립 서점이 여러 개 생겼어요. 전에 살던 내슈빌에는 파르나소스 서점이 있었어요. 첫 번째 책 출간 행사 몇 가지를 파르나소스에서 열기도 했죠. 저는 그곳의 분위기를 정말 좋아해요. 천장에 달아놓은 별들과 높은 책장 위에 책들의 장르를 적어놓은 칠판 등 전부를 좋아하죠.

지금 살고 있는 애틀랜타에서는 '리틀 숍 오브 스토리스Little Shop of Stories'를 특히 아끼고 있어요. 이 서점은 지역 사회에 놀랄 만큼 많은 공헌을 하고 있어요. 이곳은 책을 사는 곳일 뿐만 아니라 아이들의 여름 캠핑 장소가 되기도 하고 독서 모임이 열리는 곳이기도 해요. 또 사람들이 좋아하는 작가를 만나는 곳이기도 하죠."

앨라배마 북스미스

The Alabama Booksmith, Birmingham

서명이 있는 특별한 책을 정가에 판매하는 서점

제이크 리스가 운영하는 앨라배마 북스미스는 사인본만 판매한다는 점만으로도 충분히 특이하다. 그런데 거기에 더해 모든 책을 표지가 보이게 진열하고 있다. 1990년까지만 해도 제이크는 2대에 걸친 서점 집안에서 유일하게 서적상이 아닌 남자였다. 제이크는 농담 삼아 말한다.

"제 큰형과 남동생이 모두 서적상이었지만, 저한테는 아무 감흥이 없었어요. 그러다가 샌프란시스코 대기업에서 일하던 막냇동생이 중고 서점을 열었는데 그걸 보니까 서점을 운영하면 돈을 많이 벌고 여자를 많이 만나기에도 좋을 것 같더군요. 그래서 서점을 열게 됐어요."

그렇게 1990년에 처음 문을 연 앨라배마 북스미스는 1999년에 위치를 옮겼다.

"언뜻 보면 나무와 덤불, 잡초에 가려져 있는지조차 모를 정도로 보이지 않는 다 허물어져가는 외딴 건물이었어요. 그런데 저희는 그곳에서 아늑한 서점의 모습을 보았어요. 물이 얼음처럼 차가운 연못, 벽난로, 직접 맞춘 책장과 카운터, 아주 깔끔한 화장실과 사무실 그리고 창고, 자동차 125대를 주차할 수 있는 넓은 주차장 등이 갖춰진 서점을 말이에요.

북숍 스토리

일단 그 건물을 사서 불도저로 밀었어요. 바닥과 천장을 새로 올리고, 장인 목수를 고용했죠. 배관을 교체한 후에 원래 있던 건물의 2배 면적으로 건물을 세우고 창고와 사무실 공간도 마련했어요. 미운 오리 새끼가 90일 뒤에 아름다운 백조가 되어 날개를 펼칠 준비가 됐죠. 그런데 아주 사소한 문제 하나가 남아 있었어요. 10만 권의 책을 옮기는 아주 작은 문제였죠. 손님 40명이 돕겠다고 나선 덕분에 저희가 꿈꾸던 모습으로 새롭게 좋아진 앨라배마 북스미스는 문을 열 수 있었답니다.

제 삶은 서점과 책에 완벽하게 점령당했어요. 저는 하루에 10시간에서 12시간 가까이 일을 하고 집에 가서 또 책을 읽는, 아주 지루한 사람이 됐습니다. 저희가 고르는 논픽션이나 난해한 소설에 관심을 기울이는 독자의 수는 아주 적어요. 책이 하드커버인지 페이퍼백인지, 초판본인지 아닌지, 서명이 있는지 없는지 등에 관심을 기울이는 독자는 더욱 적죠. 하지만 저희가 핵심 독자로 삼는 극소수는 분명히 존재해요. 서명이 들어 있는 특별한 책을, 그것도 정가에 판매하는 곳은 이 세상에 저희 서점밖에 없어요. 그래서 미국 전역에서 손님이 찾아오고, 다른 여러 나라에서도 주문이 들어오죠."

홈페이지: www.alabamabooksmith.com

북 피플
Book People, Austin, Texas

아이들에게 책으로 더 넓은 세상을 알려주는 행사인
'워즈 어크로스 더 월드' 진행

오스틴에 있는 북 피플은 텍사스주에서 최대 규모를 자랑하는 서점으로, 텍사스주 최고의 서점을 뽑는 투표에서 지난 15년 동안 늘 1등을 한 서점이다. 나에게 항상 많은 영감을 주는 곳이기도 한 이 서점을 열렬히 사랑하는 고객이 아주 많다. 그래서 서점 주인인 스티브 버쿠는 서점 자체 상품(펜, 티셔츠, 머그…… 뭐든 다 있다)도 판매하고 있다.

서점 한가운데에는 안마 의자가 있다. 그리고 요리책 코너는 냉장고와 주방 기구들로 장식되어 있다. 청소년 도서 코너는 어린이 도서 코너와 세심하게 분리되어 있다(스티브는 반항감을 높이기 위해 청소년 코너를 검정색으로 칠했다고 농담한다). 일주일에 2~3번은 생일 파티가 열린다. 또 서점 안에 있는 작은 공연장에서는 1년에 400회쯤 작가 초청 행사가 열린다. 이와 별도로 어린이를 위한 동화책 낭독회도 200회 이상 열린다. 북 페스티벌도 주최하는데, 텍사스주뿐 아니라 3,000킬로미터 떨어진 보스턴과 필라델피아에서도 연다. 주제(예를 들어 '해리 포터' 같은)가 있는 여름 문학 캠프도 여는데 지난해에는 11개국에서 온 어린이들이 캠프에 참가했다.

북 피플은 랜덤하우스 출판사, 오스틴 독립 학군과 함께 '워즈 어크로스 더 월드^{Words Across the World}'라는 프로젝트도 진행한다. 이 프로젝트는 오스틴 지역의 아동들을 대상으로 책을 통해 외국에 대해 교육하고, 책을 쉽게 접할 수 없는 아동들에게 책을 기부할 수 있도록 기금을 모으는 일을 한다.

지금까지 40개가 넘는 학교의 학생들이 샤나 버그의 《달과 함께 웃다^{Laugh with the Moon}》를 읽음으로써 말라위라는 나라에 대해 알게 되었고 북 피플 서점의 국제 펜팔 프로그램으로 아프리카 학생들과 교류하기 시작했다. 또 '기부 나무'에서 책을 구입하면 랜덤하우스 출판사에서 추가로 증정하는 책들과 함께 말라위에 있는 학교로 책을 기증할 수 있다. 원한다면 '월드 알터링 메디신^{World Altering Medicine}'에 돈을 기부해 의약품을 보낼 수도 있다.

홈페이지: www.bookpeople.com

웍스

WORKS, Searsport, Maine

"제대로 된 도시라면 서점 하나쯤은 꼭 있어야죠."

캐런 젤렌피는 캘리포니아주에서 고모가 운영하는 서점 '올드 몬테레이 북스^{Old Monterey Books}'에서 책 파는 일을 처음 접했다. 이후 메인주 시어스포트로 이사한 캐런은 그곳에 서점이 없는 것을 알고 직접 서점을 차리기로 결심했다.

"제대로 된 도시라면 서점이 꼭 있어야죠. 제 서점에 구비하는 책은 '책 고르는 사람들'과 제가 선정해요. 취향과 관심사가 다른 여러 사람들이 책을 고르죠. 미술가, 작가, 배 만드는 사람, 웨이트리스 등 직업도 다양해요. 그래서 저희 서점의 책은 아주 다양해요. 새 책도 조금 있지만 중고 서적이 대부분이죠. '웍스'는 서점이지만 마치 도서관 같아요. 취향에 맞는 책을 가져갈 수 있는 도서관!

웍스에는 저의 또 다른 관심사도 포함되어 있어요. 바로 미술과 공예죠. 서점 뒤에는 갤러리가 있고, 앞에는 손뜨개와 도예 기구들이 마련된 작업 공간이 있어요. 전에는 양말 방직기를 둔 적도 있죠. 손님들이 직접 손으로 돌려서 양말을 짜는 옛날 기구를 체험해 볼 수 있었어요.

웍스에는 멋진 손님들이 많아요. 지역 식물 전문가인 밥, 유명한 화가인 밥(앞의 밥과 이름이 같아서 '어린 밥'으로 통해요), 에드워드 고리의 책을 수집하는 찰리, 베를 짜는 베티 수녀, 프랑스 파리에 관한 것이면 뭐든 좋아하는 앤지……. 저는 손님이 서점에 들어와서 책을 고르고 앉아서 읽는 모습을 보는 게 정말 좋아요.

와일드 럼퍼스
Wild Rumpus, Minneapolis

책만큼이나 많은 동물들로 가득한 서점

와일드 럼퍼스에는 책이 가득하다. 그리고 동물도 가득하다. 마룻바닥 아래에 있는 우리에는 틸리와 핍이라고 불리는 생쥐 2마리가 산다. 우리는 유리로 되어 있어서 틸리와 펍이 돌아다니는 것을 볼 수 있다. 그 밖에 아멜리아와 스키터라는 이름의 친칠라 2마리, 두들과 페르디난드라는 흰담비족제비 2마리, 고양이 3마리, 비둘기 2마리, 앵무새 3마리, 스파이크라는 도마뱀 1마리, 토마스 제퍼슨이라고 불리는 타란툴라도 있다. 서점 문에 작은 문이 하나 더 붙어 있어서 아이들은 이 문으로 드나들 수 있다.

홈페이지: www.wildrumpusbooks.com

행크 그린

Interview

"서점에서는 자신도 예상하지 못한 좋아하게 될 책을 만나게 됩니다."

행크 그린은 미국 몬태나주 미줄라에서 활동하는 기업가이자 음악가로《잘못은 우리 별에 있어The fault in our stars》의 작가로 알려진 형 존 그린과 함께 정기적으로 유튜브에 올리는 '브이로그브라더스VlogBrothers'로 유명하다. 그 밖에 '프로젝트 포 어썸Project for Awesome', '비드콘VidCon' 등의 인터넷 프로젝트를 만들었다.

"저는 이야기와 사랑에 빠졌어요. 책은 집 밖으로 나가지 않고도 세상과 인간을 잘 이해할 수 있게 해주는 수단이에요.

이곳 미줄라에도 좋은 서점이 몇 곳 있어요. '셰익스피어 앤드 컴퍼니 북셀러스Shakespeare and Co. Booksellers'라는 서점이 있는데 조그맣고 멋진 서점이에요. 편안한 의자도 한 쌍 있죠. 어디에서도 찾을 수 없던 보석 같은 책들을 늘 싼값에 살 수 있는 '북 익스체인지^{Book Exchange}'도 있어요. 저는 작은 서점을 좋아해요. 제가 사려고 했던 책이 그 서점에 없어도 사고 싶어지는 책, 더 나아가서 전혀 예상하지 못했지만 좋아하게 되는 책을 항상 만나게 되거든요.

미래에도 서점은 크게 달라질 것 같지 않아요. 여전히 아름답고 유용하고 편안하고 멋질 거예요. 요즘은 실재하는 것을 과소평가하기 쉬워요. 지금 제가 글자를 입력하고 있는 이 '컴퓨터'라는 기계가 세상 어느 서점보다 많은 글을 접하게 해주거든요. 하지만 실체가 있는 정보를 선별해 둔 곳은, 바로 그런 이유로 더욱 값진 공간이 된다고 생각해요. '선별'은 중요해요. '모든 것을 볼 수 있다'는 것은 결국 '아무것도 못 본다'와 같거든요.

제가 서점을 연다면, 책을 정말 사랑하는 사람만 찾을 공간으로 만들 거예요. 어떤 장르라도 환영하지만, 페이퍼백은 어디에도 없을 거예요. 그리고 하드커버 표지를 찢는 사람은 평생 출입 금지할 거예요."

커뮤니티 북스토어

Community Bookstore, Brooklyn, New York

"손님을 한 가지 유형으로 규정지을 수는 없어요."

댄 윌버는 브루클린에 살고 있는 코미디언이다. 서점과 책을 사랑하고 《독서하지 않을 방법How Not to Read》이라는 책도 썼다. 브루클린 파크슬로프에 있는 '커뮤니티 북스토어'에서 일한 적도 있다.

"커뮤니티 북스토어의 공동 대표인 스테파니 발데즈에게 이 서점의 사훈이 뭐냐고 물어봤어요. 몇 달이 지나도록 스테파니는 적당한 사훈을 정하지 못했지만, 스테파니가 늘 바라는 이미지는 하나 있었어요. 바로 '아이에게 책을 읽어주는 어머니'였죠. 파크슬로프는 아이들과 어머니들이 많은 동네예요. 스테파니가 바라는 건, 매일 문을 열어놓기만 하면 이룰 수 있죠. 그렇지만 서점 안이 아무리 편안해도 애당초 서점 문 너머로 유모차를 밀고 들어오는 것은 쉽지 않아요. 그래도 어머니들은 계속 들어오더군요.

커뮤니티 북스토어에 들어서면 '이렇게 작은 공간에 이렇게 많은 책이 있을 수 있나?' 하는 생각이 가장 먼저 들 거예요. 뉴욕은 구획화가 전부인 도시예요. 뭐든 구획화하려 한다고 말할 정도죠. 뉴욕 사람들은 아주 좁은 공간에도 어떻게든 다 집어넣으려고 계속 애써요. 그러면서 도로의 소음에서 벗어나기 위해 서점처럼 조용한 은신처로 숨어들려 하죠. 뉴욕은 그렇지 않아야 할 것에도 거품이 끼어 있어요. 그것을 막을 수는 없죠. 커뮤니티 북스토어는 뉴욕에서도 젊은 부모가 많이 사는 동네에 있어요. 그 젊은 사람들의 사회적 역할은 그저 '부모'로만 끝나지 않죠.

커뮤니티 북스토어의 손님들을 한 가지의 협소한 유형에 억지로 집어넣는 것은 불가능해요. 오전 11시에 서점에 가서 뒤쪽에 가보면, 아이에게 책을 읽어주는 어머니를 볼 수 있어요. 뒤뜰에 가면 연못 바위에 꼼짝하지 않고 붙어 있는 거북이 2마리가 있는데 그 거북이들을 보며 잠시 명상에 잠긴 뒤 서점 안으로 다시 들어가면, 아까 본 아이어머니가 어느새 서점 직원과 논쟁을 벌이고 있죠. 어느 유명 작가를 두고 정말 이름값을 하는 작가인지 아닌지 의견이 갈린 거예요. 그리고 그 작가가 서점에서 두 사람의 논쟁을 엿듣고 있을 가능성도 높아요. 아이어머니가 작가이고, 자기 책을 이야기하고 있을 가능성은 더 높죠. 아니, 대학의 비교문학 교수인 자기 삶을 이야기하고 있을 가능성도 있고요. 이처럼 브루클린에서 아이에게 책을 읽어주는 어머니는 그저 '어머니'로 끝나지 않아요.

커뮤니티 북스토어의 분위기는 서점의 위치로 가장 잘 표현돼요. 서점은 45년된 와인 상점과 장난감 상점 사이에 있어요. 술과 장난감 사이에서 신간 소설을 읽을 수 있는 조용한 곳이라는 표현만큼 커뮤니티 북스토어를 완벽하게 보여주는 것이 또 있을까요?"

홈페이지: www.communitybookstore.net

오드리 니페네거

Interview

"우리는 책을 읽고 그 글을 들이마시며 서서히 성장합니다."

시카고에 살고 있는 오드리 니페네거는 《시간 여행자의 아내The Time Traveler's Wife》, 《내 안에 사는 너Her Fearful Symmetry》 등 세계적인 베스트셀러의 작가다.

"책과 저의 관계는 다양해요. 책을 읽는 사람이기도 하고 책을 쓰는 사람이기도 하며 책을 만드는 사람이기도 하죠. 책을 만드는 사람으로서 저는 책의 외양도 많이 생각해요. 이야기를 지어내면서 그림을 그리고 인쇄를 하며 제본도 하죠.

10권을 만들 수도, 100권을 만들 수도 있어요. 제가 결정하기 나름이니까요. 처음부터 끝까지 제 결정으로 만들어지는 책들은 완전히 저의 것이라고 느껴져요. 상업적으로 판매될 책을 쓰는 것도 좋아해요. 다양한 일을 시도하는 것은 건강하고 즐거운 일이죠. 저는 그때그때 제가 하고 싶은 일을 해요. 어떤 창작 작업이라도 다른 사람을 의식하며 작업하지 않아요. 그래서 스스로를 만족시키며 행복할 수 있죠.

처음 출판사에서 자기 책을 받아 품에 안을 때의 기분은 정말 놀라워요. 낯선 곳에서 자기 책을 우연히 볼 때는 더 놀랍죠. 저는 시카고에 있는 '위민 앤드 칠드런 퍼스트Women & Children First'에서 《시간 여행자의 아내》를 처음 봤어요. 그 서점은 제가 좋아하는 곳이었고, 수십 년 동안이나 다녔어요. 그런데 어느 날, 저의 일부가 그 서점에 놓여 있는 걸 본 거예요. 정말 신기했어요!

위민 앤드 칠드런 퍼스트는 린다 뷰본과 앤 크리스토퍼슨이 처음부터 함께 만든 서점이에요. 이제 두 사람은 은퇴하려고 서점을 내놓았어요. 한 시대가 저무는 거죠. 하지만 다른 사람의 손에서도 이 서점은 살아남을 거예요. 위민 앤드 칠드런 퍼스트는 들어서자마자 좋은 서점이라는 것을 알아볼 수 있어요. 페미니스트 서점이자 아주 진보적인 곳이죠. 아동 서적 코너도 잘 갖춰져 있고, 어린이책 낭독 행사도 최고예요. 시카고 사람들은 이런 지역 서점을 열심히 지원하죠.

런던의 '런던 리뷰 북숍The London Review Bookshop'도 무척 좋아하는 곳이에요. 세실 코트에 있는 작고 재미있는 서점들도 아주 좋아하죠. 저는 런던 곳곳의 서점들 구경하는 걸 좋아해요. 시카고 서점이나 런던 서점이나 책장에 꽂힌 책들은 같은 책이라도 같은 책이라도 미국에서 나온 판본과 영국에서 나온 판본이 다를 때가 많아요. 제가 미처 몰랐던 책들의 평행 우주로 들어서는 것 같은 기분이거든요.

특히 미국에서는 '서점'이라고 하면 아주 다양한 것들을 뜻하는 것 같아요. 어느 주에 있는지에 따라서 서점의 모습이 크게 달라지죠. 뉴올리언스에 있는 '포크너 하우스 북스Faulkner House Books'는 아주 작아요. 디트로이트에 있는 '킹스Kings'는 거대하죠. 킹스에는 희귀본 코너가 있는데 아주 뛰어나요. 주류 도서가 취향에 맞지 않는다면 이 코너에서 마음에 드는 책을 발견할 수도 있을 거예요.

저는 책을 '책이라는 사물'로서도 아주 좋아해요. 그래서 책 속에 버스표, 영수증, 사진, 최근에 운명한 작가의 부고 등을 넣어 두죠. 종이 책이 있으면 책에 인쇄된 이야기에다 다른 이야기를 써서 덧붙일 수도 있어요. 저는 다른 자료의 그림이 들어간 책을 정말 좋아해요. 시카고에 있는 뉴베리 도서관에는 '윙 컬렉션Wing Collection'이라는 컬렉션이 있어요. 북 아트와 인쇄의 역사를 주제로 삼은 컬렉션으로 10만 권이 넘는 책이 모여 있죠. 윙 컬렉션을 시작한 존 M. 윙은 다른 자료의 그림이 들어 있는 책을 좋아했어요. 햄릿과 햄릿 아버지 유령의 그림을 최대한 찾아 넣고 존 M. 윙의 《햄릿Hamlet》을 만들어냈죠. 그 책은 존 M. 윙이 직접 책을 바꿔 놓았기 때문에 특별한 책이 되었어요. 능동적이고 적극적인 독서의 좋은 본보기죠.

　시카고에는 '크로치스 앤드 브렌타노Kroch's & Brentano'라는 작지만 멋진 체인 서점이 있었어요. 제가 어릴 때 다니던 서점이었죠. 미술 서적 코너가 유명했는데, 그곳을 운영하던 헨리는 성격이 불같았어요. 13, 14세의 어린 제 눈에는 헨리가 몹시 무서웠죠. 그다음으로는 '북맨스 앨리Bookman's Alley'를 좋아했어요. 로저 칼슨이 운영하던 그 서점은 원래 마차 차고였던 건물에 있었어요. 서점 안에 있는 책 대부분이 팔린 뒤에야 (최근에 문을 닫았죠) 서점 건물을 제대로 볼 수 있었는데 정말 낡은 건물이었어요. 그 전에는 내부가 책으로 꽉 차 있어서 건물을 제대로 볼 수 없었죠. 벽도 보이지 않고, 바닥도 거의 보이지 않았어요. 책 때문이에요. 로저는 특이한 가구나 골동품을 모아서 서점을 장식했는데 그런 점이 뛰어났어요. 서부 소설 코너에는 안장이, 스포츠 서적 코너에는 팀 마스코트가 있는 옛날 장식품들이 있었죠. 그 서점을 전부 다 보는 건 불가능했어요. 그만큼 무궁무진했죠. 로저가 인쇄 역사와 기술도 매우 좋아해서 서점 안에 챈들러 앤드 프라이스 인쇄기와 타이포그래피를 다룬 책들도 있었어요. 인쇄에 관한 책들로는 난생처음 보는 것들을 끝없이 만날 수 있었죠.

앞으로도 로저 같은 서점 주인은 꼭 있을 거예요. 다만 그런 사람이 되기까지는 많은 연륜이 필요하겠죠. 책을 읽고 그 글을 들이마시며 서서히 성장하는 거예요. 로저는 50세가 넘은 뒤에야 서점을 시작했어요. 로저가 서점 문을 닫을 때 저는 몹시 슬펐지만, 로저의 나이와 나빠지기 시작한 건강을 생각하면 어쩔 수 없었죠.

로저의 서점을 얼마나 좋아했는지, 제 책에 2번이나 그 서점을 등장시켰어요. 《시간 여행자의 아내》에 나오는 서점 주인이 바로 로저예요. 그리고 2명의 등장인물이 폐점하는 서점들을 순례하는 이야기에도 나오지요. '북맨스 앨리'의 정신이 다른 곳에서도 살아남도록 제 책에 그 정신을 담았어요. 이 시리즈는 더 라이브러리The Library'라고 부르는데, 이야기는(시리즈의 앞부분은 《심야 이동도서관The Night Bookmobile》으로 출간되었다) 내세로 이어지는 영원한 도서관과 연결된답니다.

당신이 꿈꾸는 서점은 어떤 모습인가요?

제가 직접 서점을 운영하면 어떨까 하는 생각은 몇 년 전부터 하고 있었어요. 지금 시카고에는 북 아트 전문 서점이 없습니다. 그래서 그런 책들을 팔고 수집하는 공간을 만들고 싶어요. 전시관이자 도서관 같은 공간이 되겠죠. 그리고 제 수집품을 거기에 두겠어요. 무서울 만큼 뛰어난 북 아티스트들의 작품부터 복사기로 인쇄한 작은 잡지와 만화책에 이르기까지 아티스트들이 만든 것들과 아티

스트들을 다룬 것들로 서점을 가득 채울 거예요. 현재 적당한 공간
이 있는 건물을 계속 찾아보고 있어요. 그리고 어떻게 운영할지도
생각하고 있죠."

세계의 서점과 서점을 사랑한 사람들의 이야기 Ⅲ

- 디트로이트에 있는 '존 K. 킹 유즈드 앤드 레어 북스John K. King Used & Rare Books'에는 종업원 20명, 개 2마리, 카나리아 2마리가 있다. 이 서점이 들어선 건물은 1940년대에 커다란 양말 공장이었다.

- 뉴욕 허드슨강 근처에 있는 '스포티 도그, 비어 앤드 에일The Spotty Dog, Beer & Ale'은 1800년대에 소방서였던 곳에 자리하고 있다. 수천 권의 책과 함께 그 지역의 소규모 양조업자가 만드는 맥주도 판다. 예전에 소방차가 있던 자리에 바와 의자가 있다.

- 위스콘신 마크산에 있는 '해피 테일스 북숍Happy Tales Bookshop'에는 총 100만 권의 책이 있다. 크고 작은 농장 건물 6채에 책이 쌓여 있다. 퇴비를 삭히는 데 쓰던 커다란 창고를 개조해 성城 모양으로 만든 곳도 있다.

- 보스턴에 있는 '브래틀 북숍Brattle Book Shop'은 1825년에 처음 문을 열었고, 1949년부터 글로스 가족이 운영하고 있다. 건물 3층에 걸쳐 매장이 있고, 날씨가 좋으면 서점 앞에 가판대도 펼쳐진다. 서명이 들어 있는 링컨의 사진이 7만 5천 달러에 팔린 적도 있다.

- 워싱턴에 있는 '폴리틱스 앤드 프로스Politics and Prose'는 작가 행사로 유명한 곳으로, 케이블 텔레비전으로 행사가 중계되기도 한다. 이 서점 근처에는 150년의 역사를 자랑하는 아주 아름다운 윌러드 호텔이 있는데, 최근 폴리틱스 앤드 프로스는 윌러드 호텔에서 우아한 음식과 함께 도서 행사를 진행하는 '문학 오찬'을 열기도 했다.

- 코네티컷주에 있는 '북 반Book Barn'은 책부터 동물까지 모두 경험할 수 있는 체험 서점이다. 여러 건물에 걸쳐 책이 진열되어 있는데 건물에는 각각 '별관', '하데스', '유령 서점', '마지막 페이지' 같은 독특한 이름이 붙어 있다.

- 워싱턴주 벨링햄에 있는 '빌리지 북스Village Books'는 작가와 고객, 다양한 독서 모임 등을 초빙해 '처카닛 라디오 아워'를 운영한다. 가령 '환경 보호 독서 모임'이 초대되면 환경 문제를 다룬 고전과 요즘 책들을 가지고 토론하는 식이다.

- 로스앤젤레스에 있는 '라스트 북스토어The Last Bookstore'에서는 책과 함께 음반을 팔며 카페도 운영한다. '미로'라는 코너에는 책으로 만든 터널이 있는데 그 코너에서 파는 책은 모두 1달러다. 이 서점이 자리한 건물은 예전에 은행이었는데 지하에 있던 금고는 책을 읽는 공간으로 개조되었다.

아르헨티나·브라질·멕시코·칠레

엘 아테네오 그란드 스플렌디드

El Ateneo Grand Splendid, Buenos Aires

세계에서 가장 아름다운 서점

아르헨티나 부에노스아이레스에 위치한 '엘 아테네오'는 세계에서 가장 아름다운 서점으로 손꼽힌다. 이 서점은 1919년에 문을 연 테아트로 그란드 스플렌디드라는 극장 안에 자리해 있다. 천장에는 프레스코 벽화가 그려져 있고 기둥은 사람 모양으로 조각되어 있는 이곳은 1920년대에는 탱고 경연 대회가 열리는 장소였으며 라디오 방송을 하기도 했다. 그러다 1929년에는 영화관으로 바뀌어 아르헨티나에서 최초로 유성 영화를 상영했다.

2000년에 영화관 좌석이 철거되고 건물은 서점으로 개조되었다. 벽화가 있는 돔 천장 금 장식, 극장 무대 양옆의 입구를 가린 두

꺼운 붉은색 커튼 등 옛날의 극적인 분위기는 그대로 남아 있다. 하지만 이제 발코니와 뒤쪽 좌석, 일등석이 있던 자리에는 책장이 늘어서 있고, 무대였던 자리에는 카페가 있다. 숨이 턱 막힐 만큼 아름다운 이곳을 해마다 100만 명이 넘는 사람들이 다녀간다.

리브라리아 다 빌라

The Livraria da vila, Sao Paolo

"크게 뚫린 천장 구멍으로 위층의 책들을 볼 수 있어요."

브라질 상파울루의 '리브라리아 다 빌라'의 천장에는 크게 뚫린 공간이 층마다 있다. 건축가 이사이 웨인펠트가 '오픈 플랜'의 개념을 새롭게 발전시키면서 아래층에서도 위층에 있는 책들을 볼 수 있게 했다. 서점 정문은 유리를 씌운 책꽂이들로 만들어졌는데 이 책꽂이들이 회전하며 문이 열리고 닫힌다.

홈페이지: www.livrariadavila.com.br

당나귀 이동 도서관

콜롬비아 라글로리아에서 교사로 일하는 루이스 소리아노는 당나귀에 책을 싣고 다니는 이동 도서관 '비블리오뷰로Biblioburro'를 만들었다. 알파와 베토라는 이름의 당나귀 두 마리는 루이스와 함께 도서관 건물이 없는 라글로리아 일대를 다니며 지역 어린이에게 책을 빌려준다. 루이스는 라글로리아의 미래 세대가 최대한 많은 기회를 누리기 바라며 문학이 그런 가능성을 열어주리라고 확신한다.

엘 펜둘로
El Pendulo, Mexico

멕시코를 대표하는 카페 서점

엘 펜둘로는 '진자'라는 뜻으로, 1940년에 벽돌식 주택을 개조해서 만든 서점이다. 카페를 겸한 서점으로, 색다른 분위기를 풍기며 큰 인기를 누려 멕시코 각지에 지점이 6곳이나 된다.

폴랑코 지점에서는 서점 안에 나무들이 자란다. 천장에 '진자'가 매달려 있고 위아래 층이 통층 구조로 되어 있어 더 넓은 느낌을 준다. 그리고 소나로사 지점에는 비트 세대 시인들에게 경의를 표하는 '부코스키 바'가 있다. '진자'가 자기 자리를 떠났다 되돌아오듯이 언제든 다시 되돌아가고 싶은 서점이다.

홈페이지: pendulo.com

리브레리아 노소트러스
Libreria Nosotrxs, Santiago

책도, 서점 진열도, 조금은 비스듬하게

칠레 산티아고에 있는 '리브레리아 노소트러스'에서는 다른 시각으로 사물을 보게 된다. 책꽂이 대부분이 비스듬히 놓여 있어서 고개를 기울여야 제목을 읽을 수 있다. 이곳에서 판매하는 책들도 마찬가지다. 세상을 다른 시각으로 보게 하는 것들이다.

여성이 쓴 책, 여성을 위한 책을 장려하기 위해 만들어진 이 서점은 문화와 예술이라는 세상에서 가장 강력한 무기를 가지고 자유를 쟁취하는 데 목적을 두고 있다. 이곳은 '책의 다양성'을 굳게 믿으며 인권 서적들을 취급한다.

- 에바 헤르츠는 1947년에 브라질에서 '리브라리아 쿨투라Livraria Cultura'를 세웠다. 그리고 이제 브라질 전역에 19개의 지점이 있다. 2007년에 문을 연 상파울루 지점은 브라질에서 가장 큰 규모를 자랑한다. 극장을 개조한 이 서점의 천장에는 용 모양의 커다란 작품이 매달려 있다.

- 볼리비아 코파카바나의 '스피팅 라마 북숍The Spitting Llama Bookshop'은 남아메리카에서 가장 큰 호수인 티티카카호 주위에 자리해 있다. 그곳에서는 30가지 언어의 책들과 하이킹 장비, 옷 등을 판다.

- 에콰도르 최고의 서점으로 손꼽히는 '리베리아 라유엘라Libreria Rayuela'(말 뜻 그대로 옮기면 '사방치기 서점')는 새 책의 향기와 음악이 섞여 행복한 분위기가 감도는 곳이다.

- 2011년에 아르헨티나 출신의 전시예술가 마르타 미누진은 부에노스아이레스 산 마르틴 광장에 25미터 높이의 탑을 세웠다. 부에노스아이레스가 '세계 책 수도'로 지정된 것을 축하하며 세운 이 탑에는 세계의 온갖 언어로 된 책 3만 권이 이용되었다. 마르타 미누진은 자신의 이 작품을 '바벨탑'이라고 이름 붙였다.

- '엘 메르카도 데 라스 브루하스El Mercado de las Brujas'(마녀 시장)는 볼리비아 라파스의 산등성이에 있다. 아이마라족 사이에서 '야티리'라고 불리는 무당들이 운영하며 주문이 담긴 책이나 말린 개구리, 부적, 가루, 약초 등을 판다. 이 중에 가장 이상한 것은 말린 라마 태아인데 볼리비아에는 대지의 여신인 파차마마 신에게 바치는 제물로 집 주위에 말린 라마 태아를 묻는 풍습이 있다고 한다.

- 체코에 있는 지리 마헨 도서관Jiří Mahen Library은 광고 회사와 힘을 합쳐서 전철 외관에 책꽂이 그림을 그렸다. 이 전철에 탄 승객들은 무선 인터넷으로 도서관 책의 샘플을 볼 수 있다. 나중에 사람들이 도서관으로 와서 직접 책을 보도록 유도하는 게 목적이다.

- 라울 레모소프는 '책 탱크'라 부를 수 있는 '아르마 드 인스트룩시옹 마시바Arma de Instrucción Masiva'('대중 교육 무기'라는 뜻)를 만들었다. 레모소프는 아르헨티나 군대에서 쓰던 1979년형 포드 팰컨을 구해서 군용 탱크 같은 모습으로 개조한 뒤 자동차 바깥쪽으로 책장을 설치했다. 이 자동차를 몰고 부에노스아이레스 곳곳을 다니며 책을 무료로 나눠준다. 레모소프는 교육이야말로 대중이 가질 수 있는 가장 강력한 무기라고 믿으며 아르헨티나 정부의 프로파간다에 맞서기 위해 책 탱크를 만들었다. 문학을 통해 평화를 퍼뜨리는 것이다.

세계의 서점과
서점을 사랑한
사람들의 이야기

IV

케냐 I 탄자니아 I 남아프리카 공화국 I 오스트레일리아 I 중국
일본 I 말레이시아 I 태국 I 싱가포르 I 인도네시아 I 캄보디아 I 몽골

"우리는 삶의 속도를 늦춰야 해요. 멈춰서 다른 사람들을 보고, 다른 사람들의 삶에 대해 읽어야 해요. 과거의 잘못이나 새로운 발견에 대해 읽어야 하죠. 서점은 그런 사실을 일깨우는 곳이에요. 서점에 들어오는 데는 성별이나 나이에 제약이 없어요. 오직 영혼만이 필요할 뿐이죠."

_케리 리 스넬(남아프리카공화국 아만짐토티에 있는 서점 '북 부티크' 주인)

케냐·탄자니아·남아프리카 공화국

킨다
Kinda, Kibera

"키베라 사람들에게 책은 무엇보다 신성한 존재예요."

칼렙 오몬디는 아버지가 세상을 떠난 해인 1992년에 대학을 중퇴하고, 케냐 나이로비의 슬럼가인 키베라로 와서 숙부와 함께 살기 시작했다. 그곳에서 칼렙은 청소 일을 찾거나 오후에는 기찻길 옆에 좌판을 벌이고 물건들을 팔았다.

키베라에는 책을 신성하게 여기는 분위기가 있었다. 교육을 신성하게 여기기 때문이다. 칼렙은 교과서를 가져와서 진열하고 팔리는지 유심히 지켜보았다. 키베라 사람들은 책을 살 만한 여유가 없음에도 책을 샀다. 아이들을 가르치고 싶었기 때문이다. 칼렙은 판매할 책을 더 구입했고, 그러다가 친구들에게 돈을 빌려 작은 서점을 차리고 아내와 함께 운영했다. 서점의 이름은 '킨다Kinda, '노력'이라는 뜻이다. 책은 순조롭게 팔렸고 점차 신간도 구비하기 시작했다.

2007년 선거로 음와이 키바키가 대통령이 되면서 키베라에 끔찍한 유혈 사태가 벌어졌다. 1,000여 명의 사람들이 사망하고 갱들이 슬럼가 건물을 부수는 통에 수십만 명이 집을 버리고 달아났다. 칼렙의 서점도 갱들에게 털리고 엉망이 되었다. 칼렙은 폭력 사태를 피해서 도망치다가 자동차에 치여 1년 가까이 석고 붕대를 하고 지내야 했다.

하지만 칼렙은 포기할 사람이 아니었다. 마침내 회복해 근처 마기와에 새 서점을 차리고, 킨다 서점의 재건도 준비했다. 책을 구입할 돈이 없었지만 도매상에서 칼렙의 신용을 믿고 외상으로 책을 내주었다. 언제 또 공격을 받을지 두려운 마음이 남아 있었지만 그래도 칼렙은 굽히지 않기로 결심했다. 두 번째 서점의 이름은 '조 킨다Jo Kinda'다. '성공을 위해 노력하는 사람'이라는 뜻이다.

케냐의 낙타 도서관

케냐 국립 도서관은 유목민의 독서를 장려하기 위해 1990년대에 낙타 도서관 서비스를 시작했다. '낙타 카라반'이 케냐 북동부를 다니며 가리사타운과 와지르까지 주민들을 찾아갔다. 낙타 카라반은 총 세 집단이었고 각각 200권의 책을 싣고 다녔다. 각기 낙타 3마리, 사서 1명, 사서 보조 2명, 낙타 몰이꾼 1명으로 구성되었다. 책은 2주 동안 대출되며, 낙타 카라반이 다시 마을로 돌아올 때 반납한다.

TPH 북숍

TPH Bookshop, Dar es Salaam

탄자니아와 아프리카 서적을 가장 많이 보유한 진보적인 서점

'TPH 북숍'은 진보적 사고와 언론의 자유를 옹호하는 서점이다. 탄자니아 다르 에스 살람의 지역 주민들에게 독서를 장려하는 데 큰 노력을 기울이는 한편, 지역 고아원에 정기적으로 책을 기부한다. 이곳에서 일하는 월터에게 서점에 대해 물어보았다.

"TPH 북숍은 1966년에 설립된 이래 탄자니아의 다채롭고 진보적인 역사와 맥을 같이했어요. 아프리카 남부에서 탄자니아가 자유 운동을 이끄는 동안, 당시 탄자니아 출판사THP에 속해 있던 이 서점은 혁명에 뜻을 같이하는 지성인, 작가, 시인, 운동가 등이 모이는 장소였죠. 1973년에 탄자니아 출판사는 아프리카의 역사를 다룬 월터 로드니의 중요한 작품인 《유럽은 어떻게 아프리카를 미개 상태로 두었는가How Europe Under-developed Africa》를 출간했어요. 그것으로 저희는 세상에 널리 알려지게 됐죠."

서점에서 일하는 므쿠키는 말한다.

"교재나 수입 영어 서적만 구비한 다른 서점들과 달리 저희 서점은 아동이나 성인들을 위한 탄자니아 출판물도 많이 팔고 있어요. 탄자니아와 아프리카 서적을 가장 많이 보유한 서점이죠. 저희는 아동 서적을 좋아해요. 다른 곳에서는 스와힐리어로 된 아동 서적을 찾기 힘들지만 저희 서점에는 많이 구비되어 있죠. 탄자니아에서는 스와힐리어를 가장 많이 사용해요. 아이들이 어릴 때부터 책을 가까이하고 독서에 습관을 들이려면 자기 언어로 된 책을 읽을 수 있어야 해요. 문학을 사랑하는 문화를 키우려면 사람들이 읽을 만한 문학 작품이 다양하게 갖춰져 있어야 하죠. 저희는 출발부터 그 점을 잊지 않으려 애써 왔습니다. 저희 서점은 일종의 주민센터 역할도 해왔어요. 저희는 이 사실을 자랑스럽게 여기고 있죠. 그리고 이것을 지켜가기 위해 보유 도서를 계속 업데이트하고 고객들이 서점에 오도록 아주 열심히 일하고 있답니다."

아이크스 북스
Ike's Books, Durban

"책은 제가 힘들 때 가장 큰 힘이 되어주었어요."

아이크라고도 불리는 조셉 데이비드 마옛은 1926년, 남아프리카에서 양초 세일즈맨으로 일하던 아버지 밑에서 태어났다. 아이크는 어릴 때 골수염 때문에 3년 동안 병원에 있었다. 답답한 병원 생활에서 아이크가 찾아낸 돌파구는 책이었다. 갖가지 이야기를 읽으며 아이크는 언젠가 서점을 열겠다고 다짐했다.

43년 뒤, 보일러 만드는 일을 하다가 은퇴한 아이크는 어릴 적 스스로에게 한 약속을 지키기 위해 준비했다. 제본을 배우고 간디 도서관에서 희귀본 복원을 도왔다. 1988년에 아이크는 남아프리카 공화국 더반에 아이크스 서점을 열었다. 그리고 금서를 포함해서 다양한 책을 팔았다. 13년 뒤 아이크가 은퇴하자 아이크의 친구가 서점을 이어받았고 그러다가 J.M. 쿳시가 공식적으로 다시 서점의 문을 열었다. 2002년에 아이크가 세상을 떠나자 작가들은 서점 벽에 아이크를 추모하는 서명을 남겼다.

홈페이지: ikesbooks.com

북 라운지
Book Lounge, Cape Town

케이프타운의 책 축제 '오픈 북' 주최

머빈 슬로먼에게 독립 서점을 열라고 말한 사람은 5세의 두 쌍둥이였다. 당시 슬로먼은 IT 업계에서 일하다가 체인 서점에서 일하고 있었다.

"저는 다른 사람의 충고를 그다지 듣지 않아요. 그런데 아침 식탁에서 5세밖에 안 된 아이 둘이 우유에 탄 시리얼을 오물거리며 말하는데, 귀 기울여 들을 수밖에 없었죠. 아이들의 말은 거의 다 옳거든요. 아이들은 토요일 아침마다 그림책이 낭독될 생각에 들떴어요. 그러니 서점을 시작한 이후로 아동 도서 매니저인 베루시카가 토요일 아침마다 그림책 낭독 행사를 진행하지 않을 수가 없었죠. 이제 그 아이들은 17세가 됐어요. 그리고 여전히 저한테 좋은 조언을 해주고 있어요.

2007년에 8개월 동안 괜찮은 장소를 물색했지만 소득이 없었어요. 서점을 다음 해에 열어야 하나 생각했죠. 그런데 9월에 아내가 집에 와서 아주 좋은 곳을 발견했다고 말했어요. 이튿날 아침에 가 봤죠. 아름다운 빅토리아 양식의 건물이었어요. 재개발로 몸살을 앓던 지역이었죠. 1층은 아름다웠지만 제가 원하던 것보다 면적이 작았어요. 안에 들어가보니 바닥에 난 구멍으로 지하실이 보였어 요. 전혀 사용하지 않고 버려둔 공간이었어요. 그 지하 공간의 가능 성을 보자마자 아주 마음에 들었습니다. 나중에는 그 공간을 개조 하는 일이 악몽이 됐지만요. 9월 마지막 주에 임대 계약을 마쳤어 요. 12월 1일에 서점을 열려면 서둘러 전부 다 손봐야 했죠."

2013년에 '북 라운지'와 케이프타운 중앙도서관은 2,586권의 책 으로 도미노를 만들어 쭉 쓰러뜨리는 데 성공했다. 그리고 기네스 세계 기록의 인정을 기다리고 있다. 머빈은 또 3년 전부터 매년 '오 픈 북'이라는 책 축제도 여는데, 케이프타운에 진정한 국제적 책 축 제를 만들어 남아프리카의 좋은 책을 세계에 소개하는 데 목표를 두고 있다. 머빈은 오픈 북 축제를 통해 케이프타운 젊은이들에게 책을 사랑하는 마음을 심어줄 수 있다고 믿고 있다. 2014년 오픈 북 축제 때는 파쇄될 책 2만 5천 권으로 '펄프 픽션'이라는 설치 예 술품을 만들었다. 그리고 축제 마지막에는 책이 필요한 도서관에 초대장을 보내 가져갈 수 있는 만큼 책을 가져가게 했다. 이와 별도 로 서점 손님이 책을 사서 책이 필요한 학교에 기증하는 프로그램 도 운영되고 있다.

"문을 연 지 8개월 만에 저희는 남아프리카 최고 독립 서점 상을 수상했어요. 수상 소식을 고객들에게 메일로 보냈는데 축하한다는 이메일이 쇄도했어요. 고객들은 8개월이라는 짧은 기간 만에 서점이 자신의 삶을 바꿔놓았다며 고맙다고 말했어요. 저는 책상에 앉아 이메일을 하나씩 살펴보며 눈물을 흘렸어요. 고객들로부터 좋은 반응이 오면 아직도 우리에게 포용력의 기운이 남아 있다는 뜻으로 여기며 늘 감사할 거예요. 저는 제 일을 사랑해요. 어떻게 사랑하지 않을 수 있겠어요? 책이 없는 삶이란 삶이 아니죠."

홈페이지: www.booklounge.co.za

콰가 북스

Quagga Books, Stellenbosch and Kalk Bay

"서점은 사람들에게 좋은 영감을 줄 수 있어야 해요."

고서점인 '콰가 북스'는 남아프리카에 2곳이 있다. 한 곳은 20년 전에 조지 커티스가 문을 열었고, 다른 한 곳은 그의 아들 사이먼 커티스가 운영한다.

"아버지의 서점은 콕베이에 있어요. 골동품으로 유명한 곳이죠. 콕베이에서 콰가 북스는 랜드마크 역할을 하고 있다고 해도 과언이 아닐 거예요. 저는 8년 전쯤, 케이프타운에서 스텔렌보스로 와서 서점을 운영하기로 마음먹었어요. 가업을 확장하는 게 좋겠다고 생각했거든요. 서점을 운영하는 데 있어서 가장 중요한 것들이 무엇인지 금방 깨우쳤어요. 바로 제가 만나는 사람들과 끝까지 추적해서 구매해야 할 책들, 주인 의식을 가지고 전반적인 일들에 스트레스를 받지 않는 마음가짐이죠. 또 서점을 운영하는 데 가장 독이 되는 것들도 알게 됐어요. 제가 만나는 사람들과 저한테 팔려고 하는 쓰레기 같은 책들, 주인 의식을 가지고 전반적인 일들에 스트레스를 받는 마음가짐이 바로 그것이죠.

남아프리카에서는 좋은 공급처를 찾기 힘들어요. 그나마 스텔렌보스에서는 주위의 도시와 농가까지 훨씬 넓은 범위를 찾아볼 수 있죠. 아프리카에 있는 여러 판매자와 연락하기도 하고요. 저희 서점에서는 '낯선 책들'이라는 코너를 만들어 자살, 마약, 미신 같은 특이한 주제의 책들을 모아놓기도 해요. 유리 진열장에는 귀한 책들을 보관하는데, 여기에 개코원숭이 해골이나 거북이 등껍질 같은 것도 함께 진열하죠. 진귀한 책이니까 진귀한 물건과 함께 진열하는 거예요. 대개는 절판된 고서적을 취급하지만, 장정이 아주 아름다운 책이면 아직 출간되고 있는 것이라도 기꺼이 취급해요. 저희는 다른 서점들처럼 만남의 장소로 애용된다고 말하기는 어려워요. 그보다 영감을 얻을 수 있는 곳이라고 할 수 있죠."

- 케냐 마차코스의 'J.K. 스토어스 북스J.K. Stores Books'에서는 책만 팔지 않는다. 손님을 끌기 위해 다양한 물건들도 파는데, 심지어 소도 판다.

- 수단의 수도 카르툼에서 '마라위 북숍Marawi Bookshop'을 운영하는 파미 이스칸더 파미는 정말 책을 좋아할 것 같은 손님이 오면 조금 떨어진 곳에 있는 창고로 손님을 데려간다. 벽 안쪽에 쑥 들어간 곳에 숨은 철문을 지나 계단을 내려가면, 수많은 책으로 가득한 지하 책 창고가 나온다.

- 이집트 룩소르에 있는 '아부디 북스토어Aboudy Bookstore'와 '아부다이 북스토어Aboudi Bookstore'는 서로 가까이에 있는 서점으로, 이집트학 학자 집안에서 1909년부터 운영하는 곳이다. 두 서점의 주인들은 사촌 형제로, 이집트 역사를 다룬 책을 주로 취급하며 파피루스 그림도 판다.

- 데이비드 제이콥 아무나비는 케냐 나이로비에서 4개의 지점이 있는 서점을 운영한다. 서점의 이름은 '빙와Bingwa'이며 '영웅'이라는 뜻이다. 교육과 책이 독자에게 변화와 힘을 가져다줄 것이라는 믿음에서 붙인 이름이다.

- '애덤스 앤드 컴퍼니Adams and Company'는 제국주의 시기였던 1865년에 백인들에게 문구와 잡지, 책을 파는 상점으로 남아프리카에 처음 문을 열었다. 이후 점차 성장해 지금은 남아프리카 각지에 8개의 지점이 있으며 학생과 교사, 간호사 등을 위한 교재를 판매한다.

- 남아프리카 아만짐토티에 '북 부티크Book Boutique'라는 서점을 연 케리 리스넬은 말한다. "책으로 둘러싸인 소파에 앉아 있는 것 만큼 좋은 게 있을까요? 과거와 현재를 통틀어 뛰어난 사람들의 생각과 한 공간에 있는 거잖아요. 저희는 손님들과 정말 친하게 지내요. 손님들이 꼭 가족 같아요. '패딩턴 베어(영국 작가 마이클 본드의 작품에 등장하는 가상의 곰 캐릭터)'나 서점이 그려진 접시같이 책과 연관된 장식품을 기증한 손님들도 있죠. 우리는 삶의 속도를 늦춰야 해요. 멈춰서 다른 사람들을 보고, 다른 사람들의 삶에 대해 읽어야 해요. 과거의 잘못이나 새로운 발견에 대해 읽어야 하죠. 서점은 그런 사실을 일깨우는 곳이에요. 서점에 들어오는 데는 성별이나 나이에 제약이 없어요. 오직 영혼만이 필요할 뿐이죠."

오스트레일리아

거트루드 앤드 앨리스 카페 북숍
Gertrude & Alice Café Bookshop, Bondi Beach

유명인들이 즐겨찾는 시드니의 명소

이 카페 겸 서점의 이름은 20세기 초 프랑스 파리에서 유명한 문학 살롱을 운영하던 커플의 이름에서 따왔다. '거트루드 앤드 앨리스 카페 북숍'은 스스로를 작가, 독자, 커피 애호가, 망명자를 위한 오아시스라고 자칭한다. 제인 터너와 함께 서점을 시작한 작가 카트리나 코스그로브는 베를린에 있는 미술 디자인 서점들과 이스탄불 그랜드 바자에서 양탄자와 함께 고서적을 파는 상점들 그리고 그리스 산악 마을과 섬 마을의 야외 찻집들에서 영향을 받았다고 한다. 그 외에 셰익스피어 앤드 컴퍼니의 위엄 있는 보헤미안 분위기에서도 영감을 얻었다.

카트리나 코스그로브는 말한다.

"무엇보다 거트루드 스타인과 앨리스 B. 토클라스, 헤밍웨이, 제임스 조이스의 소설에서 더 많은 영감을 얻었어요. 파리에서 헤밍웨이의 《파리는 날마다 축제A Moveable Feast》를 읽고 헤밍웨이의 발자취를 그대로 따른 적도 있죠. 자르댕 뒤 뤽상부르에 앉아서 차가운 화이트 와인을 마시며 올리브유에 버무린 감자를 먹었죠."

제인 터너는 서점의 출발점에 대해 다음과 같이 설명한다.

"저희가 본다이 비치에서 이 작은 서점을 내도록 이끈 것은 거트루드 스타인과 앨리스 B. 토클라스의 영향력이었어요. 서점의 인테리어나 분위기도 두 작가의 영향을 많이 받았죠.

카트리나와 저는 시드니 글레브에 있는 '사포 북스Sappho Books'에서 만났어요. 저는 거기서 파트타임으로 일하고 있었고 카트리나는 그리스 여행에서 막 돌아왔죠. 저는 카트리나의 여행 이야기가 좋았어요. 카트리나의 첫 소설 《글라스 하트The Glass Heart》가 출간됐을 때 카트리나를 통해 새로운 작가들과 책을 많이 알게 됐어요. 그렇게 우정이 시작됐죠.

전부터 카페 겸 서점 운영을 꿈꿨던 카트리나가 1999년에 저한테 같이 일하자고 말했어요. 제 인생은 완전히 바뀌었죠. 카트리나는 전에도 카페를 운영한 적이 있어서 어떻게 할 것인지에 대한 명확한 계획이 있었어요. 하지만 예산은 빠듯했고 초기에는 실수도 많았어요. 그래도 해냈죠. 이제 돌아보니 까마득히 먼 옛날 같아요. 가게를 바쁘게 운영하다보니 카트리나가 집필 활동에 큰 부담을 느꼈어요. 그래서 문을 열고 9개월 뒤에 카트리나는 글쓰기에 전념하기 위해 서점에서 손을 뗐죠. 2001년부터는 제가 이곳을 운영하고 있어요.

손님이 영감을 얻을 수 있는 서점으로 만드는 것이 저희의 목표였어요. 작가들에게 인기 있는 장소가 될 거라고 자신했죠. 글을 쓰기에 아주 좋은 환경이니까요. 수많은 책과 영화, 시나리오, 시가 저희 서점에서 만들어졌고, 박사 논문을 이곳에서 쓴 사람들도 있어요. 저희 서점에 감사를 표한 영화와 책은 셀 수도 없을 만큼 많죠. 작가가 계약서에 서명하거나 탈고했을 때는 늘 샴페인을 터뜨리고 손님들 모두가 함께 마셔요. 배우들은 하고 있는 작품이 없을 때 이곳을 휴식처로 삼고요. 저희는 플뢰뤼스가 27번지에서 거트루드와 앨리스가 토요일 밤에 연회를 여는 기분이었어요. 재미있는 사람들이 자신의 이야기를 들려주고 인생을 논하며 건강한 음식과 함께 카페오레를 마셨죠!

카페와 서점 사이의 균형을 제대로 잡는 것이 때때로 어렵기도 해요. 카페에는 맛있는 냄새와 떠들썩한 소리 그리고 약간의 혼란이 필요해요. 반면에 서점은 조용하고 잘 정돈되고 고요해야 하죠. 카페의 요소가 서점의 요소를 누를 때가 종종 있어요. 그래도 어찌어찌해서 조화가 이뤄졌고, 이제는 크게 뭘 바꾸고 싶지 않아요. 사람들도 지금 있는 그대로를 좋아하는 것 같아요.

여행하는 친구들한테서 저희 서점 이야기를 듣고 찾아오는 사람들이 많아요. 오늘도 영국에서 왔다는 두 사람이 그런 말을 하더군요. 사방에 던져 놓은 옷만 없을 뿐 자기 집 같다고요.

오랜 세월을 함께하며 이제는 친구가 된 손님들도 있어요. 저희 서점에서 어린이 음료를 마시며 저희 무릎에 앉아 저희가 읽어주는 멤 폭스의 《주머니쥐의 깜짝 마술Possum Magic》을 듣던 어린 손님들이 학교에 들어간 뒤에 저희 서점에 와서 글을 깨쳤다고 자랑하기도 하죠.

여러 유명인들도 저희 서점을 정말 좋아했어요. 히스 레저, 이완 맥그리거, 올랜도 블룸 등이 떠오르네요. 유명 스타가 서점에 들러 책을 사는 건 신나는 일이에요. 올여름에는 러셀 크로우가 와서 크리스토스 초커스의 《베라쿠다Barracuda》를 샀어요.

저는 카트리나가 저에게 준 기회를 절대 잊지 않을 거예요. 이제 이곳은 제 공간이죠. 하지만 서점 곳곳에 카트리나의 서명과 글씨를 두고 카트리나의 기운을 간직하고 있어요. 카트리나가 그립기 때문이에요. 저희가 함께 일할 때 정말 좋았거든요. 서점은 이제 제 삶에서 아주 큰 부분을 차지해요. 일주일 내내 쉬는 날도 없이 하루에 15시간이나 16시간 동안 문을 열고 한번에 25명의 직원을 관리해야 하죠. 그런데도 사람들이 서점을 저처럼 사랑하고 즐긴다는 사실을 알기 때문에 이렇게 살아갈 수 있는 것 같아요. 책을 사랑하는 마음, 멋진 손님들을 사랑하는 마음, 정말이지 그 마음 때문에 계속 해나갈 수 있어요."

페이스북: facebook.com/gertrudeandalice

- 브리즈번에 있는 '아카이브스 파인 북스Archives Fine Books'는 세계 최대 규모의 중고 서점으로 손꼽힌다. 이 서점의 건물은 오스트레일리아 코알라 재단의 소유이며 오스트레일리아의 문화재로 등재되어 있다.

- 퀸즐랜드주에 있는 '북 누크Book Nook'는 오스트레일리아에서 가장 오래된 공연 예술 전문 서점이다. 배우들이나 학생들은 오디션을 보기 전에 북 누크에 간다. 이곳 점원들은 어떤 역할에도 딱 맞는 대본을 찾아 주는 것으로 유명하다.

- 뉴질랜드의 '유니티 북스Unity Books'는 '다양한 사람들'과 '뛰어나게 선별된 책'이라는 2가지 요소를 바탕으로 운영해왔다고 한다. 45년 동안 성장을 거듭해 이제는 뛰어나게 선별된 책뿐 아니라 서점 방송도 한다(서점에 '뱀파이어 포르노'라는 유감스러운 코너가 있다는 것은 인정한다).

- 멜버른에서 1960년에 문을 연 '리틀 북룸The Little Bookroom'은 오스트레일리아 최초로 아동 서적만 판매하는 서점이다. 서점 로고는 그림책 작가인 에드워드 아디존이 그렸다.

- 오스트레일리아 뉴사우스웨일스주 글립에 위치한 '사포 북스Sappho Books'는 1880년대 건물을 고서적으로 채우고 있다. 서점 뒤뜰에는 와인과 타파스를 파는 바가 있고 위층에 있는 '다카포 뮤직 북스토어DaCapo Music Bookstore'는 셀프서비스로 운영된다.

- '플로릴레기움Florilegium'은 원래 화려한 꽃 그림이 있는 책을 의미했으나 이제는 '선집anthologia'이라는 뜻으로 쓰인다. 꽃은 이렇듯 아름다운 문학을 상징하곤 한다. 시드니에 있는 '플로릴레기움 더 가든 북스토어Florilegium The Garden Bookstore'에서는 식물을 다룬 책을 취급한다. 페루 선인장부터 음력에 맞춘 식물 가꾸기까지 주제도 다양하다.

- 오클랜드에 있는 '쿡 더 북스Cook the Books'는 뉴질랜드에서 가장 많은 요리 서적을 보유한 서점이다. 서점 안에는 시연용 주방이 있고, 서점 소속 주방장에게 요리 강습을 받을 수도 있다.

클룬스
Clunes, Victoria

오스트레일리아 최고의 책 도시

'클룬스'는 19세기 중반에 빅토리아 최초의 금광 마을이 되었다. 이후 50년 동안 금 채굴이 이루어졌던 클룬스는 이제 오스트레일리아의 책 도시가 됐다. 가장 큰 '인덱스 온 리트러처Index On Literature'를 비롯해 항상 문을 열고 있는 서점이 8곳이며, 2007년에 처음 열린 책 축제 '북 타운 포 어 데이Book Town for a Day'에는 6,000여 명의 사람들이 다녀갔다. 사람들이 너무 많이 와서 음식과 물, 전기까지 부족했다고 한다. 첫해에 그렇게 큰 성공을 거둔 뒤 이제는 매년 5월에 이틀에 걸쳐 책 축제를 여는데 약 2만 명의 사람들이 모인다. 멀리서 오는 애서가들을 위해 기차역에서 클룬스까지 마차가 운행된다. 책 판매 부스에 자리를 잡는 출판사나 유통사는 60개이며, 어린이 도서 코너는 아이들이 책 안으로 걸어 들어가는 기분을 느낄 수 있도록 꾸민다.

홈페이지: clunesbooktown.com.au

중국

종서각
種書閣, Shanghai

색색의 방으로 나뉘어 있는 상하이에서 가장 아름다운 서점

2013년에 문을 연 '종서각'은 상하이에서 가장 아름다운 서점으로 손꼽힌다. 상하이 외곽의 첨탑이 있는 2층짜리 건물에 자리한 종서각의 내부는 이른바 '현공풍수'에 따라 9개의 방으로 나뉘는데 각 방은 각기 다른 사상의 영역을 상징한다.

'명상의 방'에는 의자 하나가 놓여 있다. 여기에 들어온 사람은 바깥세상에서 완전히 벗어날 수 있다. 짙은 색의 나무 벽에 노란 조명을 밝힌 방도 있다. 이곳에는 책장뿐 아니라 투명한 바닥에도 책을 늘어놓았다. 바닥까지 온통 책으로 둘러싸여 있어 기묘하다. 이와 반대로 다음 방은 더할 나위 없이 개방되어 있다. 흰색 바닥, 투명

한 유리가 붙은 흰색 나무 책장, 밝은 빛을 사방에 비추는 거울 천
장 등 구름 속을 걷는 기분을 느끼게 한다.

키즈 리퍼블릭

KID'S REPUBLIC, Beijing

어린이에 맞춰 인체공학적으로 디자인된 서점

베이징에 있는 '키즈 리퍼블릭'의 실내는 아이들에게 맞게 인체
공학적으로 디자인돼 있다. 크기가 다양한 책장에는 무지개 무늬
카펫이 깔려 있고, 그 위로 아이들이 올라가 돌아다닐 수 있다. 책
장마다 쿠션이 깔린 둥근 굴 같은 공간이 있는데 아이들은 그 안에
들어가서 책을 읽는다. 이곳의 인테리어는 SAKO 건축설계공사에
서 담당했다.

리브레리 아방가르드

Librairie Avant-Garde, Nanjing

방공호 안에 펼쳐진 책 괴물들의 놀이터

난징에는 언덕에서 내려와서 땅 밑으로 사라지는 도로가 있다.
지하에서 이어지는 곳에는 4,000제곱미터의 넓은 공간이 있는데,
애초에는 방공호로 지어졌다가 이후 국영 주차장으로 사용되었다.
그러다가 이제 중국에서 가장 특이한 서점이 되었다.

치엔 시아오화는 1999년에 그곳에다 '리브레리 아방가르드'를 열었다(리브레리 아방가르드는 현재 난징을 비롯한 도시에 여러 지점을 두고 있다). 이제 옛 방공호는 자동차가 아닌 책들로 채워졌다. 하지만 입구는 여전히 아스팔트 도로여서 그 안으로 들어가면 지하 괴물의 입으로 들어가는 듯한 기분이 든다. 물론 그 괴물은 책을 정말정말 사랑하는 괴물이다.

지하로 완전히 내려오면 방대한 공간이 펼쳐진다. 외국 서점 사진들로 장식된 벽과 낡은 책으로 만든 카운터, 손님들이 항상 매니저와 만날 수 있도록 개방되어 있는 매니저 사무실 그리고 끝없이 이어지는 책이 있다. 창문이 없는 지하 공간임에도 서점 안은 놀랍도록 밝다. 그 밖에 커피숍, 전시 공간, 지역 업체들이 상품을 판매할 수 있는 공간 등이 있다. 서점 앞은 항상 문을 열기 전부터 입구에서 기다리는 사람들로 북적인다.

금서로 지정된 《이상한 나라의 앨리스》

1931년 중국 후난성에서는 당시 그 지역 통치자 후치엔 장군이 루이스 캐롤의 《이상한 나라의 앨리스》를 금서로 지정했다. 책에서 동물이 사람처럼 말하는 것이 거슬렸기 때문이라고 한다.

일본

진보초
神保町, Tokyo

일본의 대표적인 서점 거리

도쿄의 서점 거리로 알려진 '진보초'에는 70곳이 넘는 서점이 있다. 20세기 초에 큰 화재로 이 지역이 모두 불탄 뒤 이와나미 시게오가 서점을 열어 지역을 되살리려 한 데서부터 시작되었다. 이 아이디어는 눈덩이처럼 불어나 이곳은 금세 서점 거리가 됐다. 중고 서점, 고서점, 신간 서점, 독립 서점, 체인 서점 등 온갖 서점이 다양한 크기와 형태로 함께 모여 있다. 이렇게 붙어 있는 다양한 서점 건물들을 보면 테트리스 게임의 조각들을 보는 것 같다. 이곳의 서점들은 바깥벽에 책장들을 내놓거나 거리에 가판대를 내놓은 곳이 많다.

북스 온 재팬
Books on Japan, Tokyo

일본 요리 강습이 진행되는 서점

아유코 아키야마는 일주일에 3번 일본 요리 강습을 연다. 장소는 진보초에 있는 '북스 온 재팬'. 이곳은 사설 회원제 도서관으로, 일본 식문화를 다룬 영어 서적들이 다양하게 갖춰져 있다. '붓다 벨리스 쿠킹 스쿨 도쿄(buddhabelliestokyo.jimdo.com)'에는 이미 30개국이 넘는 다양한 나라의 사람들이 참여했다. 여기에 온 사람들은 요리 강습을 듣는 것뿐만 아니라 일본 음식을 다룬 책들도 구경할 수 있다.

아유코 아키야마는 말한다.

"예전에는 더 많은 장비를 갖춘 큰 곳에서 요리 강습을 했어요. 그렇지만 좀 더 친밀하고 편안한 분위기에서 강습하고 싶어졌어요. 그래서 소규모로 강습할 곳을 찾다가 이 숨은 보석 같은 서점을 발견했죠. 안에 주방까지 있었어요. 저는 서점이 사람들에게 온기를 주는 생생하고 활기찬 공간이라고 생각해요. 이곳 진보초 서점가에도 점점 더 많은 사람들이 모이고 있어요. '문화의 교차로'가 되고 있죠. 저희는 이곳을 '제3공간'이라고 즐겨 불러요. 책을 통해서 작가와 편집자의 정신이 아직 숨 쉬는 것을 느낄 수 있죠."

말레이시아·태국

랑카위·말라카 책 마을
Langkawi and Malacca Book Villages

희귀종 나비와 책들이 공존하는 곳

말레이시아 랑카위 책 마을은 1997년에 문을 열었으며, 루북 세밀랑의 울창한 숲속에 자리한 곳에서 헌책을 판다. 이곳은 희귀종 나비의 서식지로도 유명한데 서점 앞에서 블랙 앤드 화이트 헬렌이나 골든버드윙 같은 나비를 흔치 않게 볼 수 있다.

말레이시아의 또 다른 책 마을인 말라카에는 서점 옆에 카페가 있는데, 소문에 따르면 카페 안에는 손님보다 원숭이가 더 많다고 한다!

짜뚜짝 시장

Chatuchak Market, Bangkok

태국 최대 시장 한 편에 미로처럼 깔려 있는 책 좌판들

태국 방콕의 짜뚜짝 시장은 태국에서 가장 큰 시장이다. 1만 5천 개가 넘는 상점이 1.13제곱킬로미터의 시장을 덮고 있다. 주말 시장으로는 세계 최대의 규모를 자랑하는 짜뚜짝 시장은 토요일이 되면 20만 명이 넘는 사람이 찾아와 아주 혼잡하지만, 냉차 장수가 곳곳에 있으니까 더위와 갈증은 걱정하지 않아도 된다.

시장의 1구역과 27구역에는 책 좌판들이 모여 미로를 이룬다. 바닥부터 쭉 쌓아 올려 2미터에 가까운 높이를 이룬 책들 사이에서 마음에 드는 책을 찾아야 하는데 자칫 잘못하면 책을 무너뜨릴 수도 있다. 하지만 이것도 색다른 경험이 될 것이다. 최고의 젠가 게임이 될 테니까.

- 중국 샤먼에 있는 '아포돈 북숍APODON Bookshop'에는 천장에 매달린 책장들이 있다. 이른바 '하늘에 뜬 책장들'로 불리는 이곳의 맨 위에는 잎이 돋보이는 화초가 놓여 있는데 이는 책의 원료인 '나무'를 상징하는 것이다.

- 도쿄 시부야의 서점들은 책을 장르가 아닌 연도별로 진열한다. 그것도 출간된 연도가 아니라 책 내용의 배경이 된 연도다. 시부야의 서점들은 자체적으로 출판도 한다. 이 서점들을 '책 빵집'이라고 부른다. 만드는 것과 파는 것이 한 장소에서 모두 이루어지기 때문이다.

- 인도 델리에서 변호사였던 디비야 카푸르는 일을 그만두고 고아 북부 해변의 가정집을 개조해 '리터라티Literati'라는 서점을 차렸다. 서점에서 연주회가 열리기도 하는데 이는 지역 자선 단체에 기부할 성금을 모으는 연주회다.

- 베이징에 있는 '북웜The Bookworm'에서는 갑자기 음악 행사가 열리곤 한다. 그런 때면 서점에 있는 피아노 주위로 사람들이 모여든다. 야외 테라스에서는 칵테일을 판다.

- 창작 집단 NAM은 2011년에 도쿄에서 '누마북캣Numabookcat'이라는 팝업 서점을 만들었다. 이때 고양이 모양의 설치 미술품이 전시되었는데 재료는 다름 아닌 책이었다! 전시회에 가서 독서 상담을 받으면 6권의 책을 추천해주었는데 구입한 책은 전시회가 끝난 뒤에 배송되었다.

- 타이베이 'VVG 섬싱VVG Something'의 인테리어는 공방 같다. 좁은 공간에 긴 나무 탁자가 놓여 있고, 벽에는 수납장 같은 가구들이 쭉 놓여 있다. 그리고 열린 공간마다 책이 펼쳐져 있다.

- 홍콩의 '삼 키 북 컴퍼니SAM KEE Book Co.'는 단순한 서점이 아니라 집 없는 고양이들의 안식처이기도 하다. 책장 꼭대기에서 잠자는 고양이, 선반을 어슬렁거리는 고양이 등 서점 곳곳에서 고양이를 만날 수 있다.

- 일본의 서점 체인 키노쿠니야紀伊國屋書店의 소고 히로시 이사가 2014년 런던 북 페어에서 밝힌 바에 따르면, 일본은 첨단 기술 위주의 나라지만 전자책이 전체 책 시장에서 차지하는 비율은 3퍼센트에 불과하다고 한다. 이는 출판사들이 전자책 출간에 열의를 보이지 않기 때문이 아니라 일본이 전통적으로 상점을 중요시하기 때문이라고 한다. 그렇다고 해서 서점들이 첨단 기술을 이용하지 않는다는 뜻은 아니다. 키노쿠니야 서점의 경우 휴대폰 전화번호를 등록한 고객이 서점 500미터 반경에 접근할 때마다 상세한 신간 안내를 문자메시지로 전송한다.

싱가포르·인도네시아·캄보디아·몽골

북스액추얼리
BooksActually, Singapore

연례 행사로 24시간 서점 운영

싱가포르 북스액추얼리는 내가 본 서점 가운데 가장 아름다운 서점이다. 서점 곳곳에 신간 도서가 깔끔하게 놓여 있고 계산대 옆에는 고양이가 앉아 있다.

북스액추얼리를 운영하는 케니 렉은 말한다.

"2005년 10월에 문을 연 뒤로 정말 앞만 보고 달려왔어요. 저희는 책을 사랑했어요. 아니, 더 정확히 말하자면 저희는 책에 심하게 둘러싸인 채 성장해왔어요. '많이' 둘러싸인 것이 아니라 '심하게' 둘러싸였다고 표현하는 것이 중요해요. 저는 늘 제 사업을 꿈꿔왔어요. 책에 심하게 둘러싸인 채 4년 동안 책을 팔며 경험을 쌓았고, 드디어 북스액추얼리가 탄생했죠.

쭉 건너뛰고 지금을 얘기하자면, 2014년 말에 처음 문을 열었으니 이제 9년이 되었어요. 지금까지 어떻게 해왔는지 저도 모르겠어요. 연말 정산을 할 때면 회계사가 놀라요. 여기저기 사방에서 문을 닫는 서점들이 수두룩한데 우리는 아직도 건재한 데다 수익까지 내고 있으니까요. 그러면 저는 회계사한테 말하죠. '사실은 돈세탁으로 돈을 벌고 있어서…….'

당연히 농담이고요, 북스액추얼리는 이곳을 운영하는 저희가 좋아하는 것에 집중하고 있어요. '좋아하는 것'이라는 말에 아주 확실하게 밑줄을 그어야 해요. 저희가 책을 선별할 때 가장 중요한 기준이 바로 그거예요. 저희가 매일 듣는 음악이 서점에도 흐르고, 저희가 매달 사서 읽는 잡지들이 서점에서 고객에게 판매되는 거죠. 이 서점은 저희가 어떤 사람인지, 또 어떻게 살고 있는지 드러내는 창구예요. 지금이 중세 시대라면 이 서점은 저희의 봉토인 셈이죠.

저희는 특이한 일을 벌이는 것도 좋아해요. 저희가 애정과 증오를 동시에 품고 여는 연례 행사가 있어요. 바로 '24시간 오픈'이죠. 이름 그대로 24시간 내내 서점을 열어요. 그리고 최대한 많은 작가를 초청해서 낭독회, 출간 기념회 등을 열죠. 장시간을 버텨야 하니까 커피와 에너지드링크를 아주 많이 준비한답니다.

저희는 고객, 동료 그리고 고양이 3마리와 함께 성장해왔어요. 대학 생활에 적응하려고 애쓰던 괴짜 대학생 손님이 데이트를 하고 결혼해서 아이를 갖는 모습도 지켜봤죠. 그 아이들도 어쩌면 자라서 각자의 서점을 열게 되겠죠!

여기 싱가포르에서는 '전자책이 서점을 죽이고 있는가'라는 질문을 절대 피할 수 없어요. 저는 농담으로 '덤빌 테면 덤벼!'라고 해요. 싱가포르는 첨단 기술 위주의 나라고, 새로운 기기가 나오면 사람들이 빨리 사용하는 것으로 유명해요. 530만 명 정도인 싱가포르 인구의 4분의 3에게 전자책이 보급됐다고 가정해도, 저는 오히려 기뻐할 거예요. 그 사람들이 모두 책을 읽는다는 뜻이니까요. 일단 전자책으로라도 책을 읽게 만드는 게 중요하죠. 그러면 책을 파는 사람들이 마법 같은 힘을 발휘해서 독자들이 인쇄된 책도 찾게끔 만들 거예요."

홈페이지: www.booksactuallyshop.com

에마 채프먼
Interview

"독립 서점에서 추천해주는 책은 믿을 수 있죠."

에마 채프먼은 소설 《좋은 아내 되는 법How to be a Good Wife》을 썼으며, 현재 자카르타에 살고 있다.

"인도네시아에서 살기 시작한 뒤로 영어 서적을 파는 서점을 아주 소중하게 여기게 됐어요. 가기 쉽지 않거든요. 그래서 신간 서적과 고전을 아주 멋지게 갖춘 '아크사라Aksara' 서점을 발견했을 때 띌

듯이 기뻐했어요. '책 한 권 한 권을 신중하게 골라서 구비했구나' 하는 생각이 드는 서점을 구경하는 건 정말 기쁜 일이죠.

그래서 저는 독립 서점을 좋아해요. 저만큼 독서를 중요하게 여기고 책을 많이 읽는 친구에게 책을 추천받는 거나 다름없거든요. 단순히 수량을 맞춰 서점에 책을 채운 게 아니라 실제로 그 책들을 읽은 사람이 책을 골라 놓은 거잖아요. 그러니까 독립 서점에 가는 것은 인간과 인간의 교류나 마찬가지예요."

디스 북스
D's Books, Phnom Penh

"책은 인류가 스스로에게 준 가장 큰 선물이에요."

2004년에 어느 미국인이 캄보디아 프놈펜 왕궁 뒤에 서점을 열고 여러 언어의 책을 팔기 시작했다. 이것이 캄보디아 최초의 (태국에도 지점이 있다) '디스 북스'다. 자칭 '진짜 책 애호가를 위한 진짜 서점'인 디스 북스는 캄보디아에 3곳이 있는데 캄보디아 여성 반타 두크 덕분에 2011년부터 100퍼센트 캄보디아 소유의 서점이 되었다. 함께 서점에서 일하는 남편 존 두크가 디스 북스를 운영하게 된 아내의 사연을 들려준다.

"반타는 캄보디아 시골에서 가난하고 힘들게 자랐어요. 하지만 반타의 부모님은 온갖 노력을 기울여 반타에게 기본적인 교육을 시켰고, 반타도 열심히 공부해서 도시로 왔죠. 도시로 온 뒤로 반타는 영어 학교를 다니면서 학비를 벌기 위해 갖가지 일을 했어요. 밤 거리에서 전단을 돌리는 일부터, 캄보디아 전통 춤 공연 티켓 판매원, 중국 음식점 종업원, 동네 슈퍼마켓 계산원 등 다양한 일을 했죠. 학비 때문에 하루에 한 끼를 먹을 때도 많았어요.

처음에 캄보디아 디스 북스를 만든 미국인이 식당에서 밥을 먹는데, 반타의 이모가 그곳에서 일하고 있었어요. 어쩌다 보니 그 미국인은 반타의 이모에게 오픈할 새 서점에서 일할 사람을 찾고 있다고 말했고, 반타의 이모는 반타에게 거기서 일하면 어떻겠냐고 말했죠. 면접을 볼 때 반타는 그동안 배운 영어를 최대한 활용했어요. 반타에게는 힘들게 배운 영어를 사용할 절호의 기회였죠. 서점에 취직한 반타는 열심히 일하며 서점을 운영하는 데 필요한 것들을 빼놓지 않고 배웠어요. 덕분에 일을 시작한 지 반년도 안 되서 매니저로 승진했죠. 6년 뒤 반타는 그 서점에서 일하기 시작한 첫날부터 꾸었던 꿈을 이루었어요. 캄보디아에 있는 3곳의 디스 북스를 모두 사들인 거예요. 반타의 성공은 반타가 얼마나 용맹하고 현명하며 똑똑한지 잘 보여줘요. 반타는 정말 놀라운 여성이에요.

서점과 별도로, 반타와 저는 반타의 고향 아이들이 영어 학교에 다닐 수 있도록 지원할 후원자들을 영국에서 찾고 있어요. 앞으로도 계속 후원자를 찾을 거예요. 저희가 시민운동이나 자선 단체 활동을 하는 것은 아니에요. 그저 저희가 중요하다고 생각하는 일을 하는 것뿐이죠.

책은 인류가 스스로에게 준 가장 큰 선물이에요. 지식, 경험, 안

정, 상상을 주거든요. 라디오, 텔레비전, 인터넷도 모두 책에서 나
왔온 것들이죠. 종이에 인쇄된 진짜 책에는 개성이 있어요. 감촉과
냄새와 책장을 넘기는 소리 안에 영혼이 살아 있죠. 이런 것은 모니
터에서 절대 재현될 수 없어요. 다양한 전자책 단말기가 나오면 사
람들이 책을 더 많이 가지고 다닐 수도 있겠죠. 이것은 여러 모로
좋은 일이에요. 하지만 여러 모로 나쁜 일이 될 수도 있어요. 같은
내용의 책이라도 전자책에서는 종이책이 가진 개성이 없어지거든
요. 마법이 사라지죠. 그러니까 '종이책에는 마법이 있고, 실재하는
서점은 그 마법을 살린다.' 이렇게 말하고 싶네요."

리브레리 파피용

Librairie Papillon, Ulaanbaatar

"서점은 독자와 독자의 호기심으로 살아갑니다."

몽골 울란바토르에 있는 '리브레리 파피용'의 슬로건은 다음과
같다(원래는 프랑스어로 적혀 있다).

서점은 독자와 독자의 호기심으로 살아갑니다. 망설이지 마세요. 들
어오세요! 호기심에, 촉각에 힘을 주세요. 인생은 짧고, 책에서 발견
할 것은 많습니다. 책은 맛있고 배부르고 달콤하고 진귀합니다.

우리는 책의 죽음이 임박했다고 오래전부터 단언해왔지만, 그런

단언이야말로 웃음거리라고 말할 수 있다. 이것은 내가 이 책을 쓰기 위한 자료를 조사하며 깨달은 바다.

그리고 깨달은 것이 더 있는데 그것은 서점에 사랑 이야기가 가득하다는 사실이다. 내가 특히 좋아하는 사랑 이야기가 하나 있는데 그 이야기의 배경이 바로 리브레리 파피용이다. 그래서 이 서점 이야기를 마지막에 하려고 아껴두었다.

세바스티앙 마르네는 1998년에 몽골의 수도인 울란바토르로 왔다. 울란바토르라는 말뜻 그대로 해석하면 '붉은 영웅'으로, 이 도시의 역사는 특이하다. 1639년에 처음 절을 중심으로 도시가 세워진 뒤 28번이나 자리를 옮겼다. 그러다가 몽골 스텝 지대의 남북을 가르는 경계인 복드칸산 옆에 뿌리를 내렸다. 복드칸산은 1700년대부터 법으로 보호를 받는 세계에서 가장 오래된 보존림이다.

세바스티앙은 울란바토르 생활에 아주 만족했다. 하지만 프랑스 책을 구하기가 아주 힘들었다. 프랑스에 갈 때마다 여행 가방 하나 가득 책을 가져왔지만 한 달이면 읽을거리가 떨어졌다. 그래서 세바스티앙은 자신이 사는 곳 근처에 프랑스 책들을 갖춘 서점을 내면 좋겠다고 꿈꾸기 시작했다.

"돈을 충분히 모았을 때 약혼녀한테 같이 서점을 운영하면 어떻겠냐고 물어봤어요. 약혼녀는 고맙게도 좋다고 대답하더군요. 그래서 약혼녀와 결혼식을 올릴 때 서점을 선물하겠다고 마음먹었죠. 몽골 사람인 약혼녀는 반년 안에 프랑스어를 익혔고, 우리는

2006년에 서점 문을 열었어요."

결혼 선물로 서점을 받다니, 내가 여태 들어본 가운데 최고의 결혼 선물이다. 세바스티앙 부부는 몽골어, 프랑스어, 영어, 독일어 등 여러 언어로 된 책들을 구비하고 손님들에게 커피와 차를 무료로 제공했다. 세바스티앙은 파리 라틴 지구와 자기 서점의 분위기를 비교한다. 창작의 은신처로 삼기에 아주 좋은, 몽골 스텝 지대 심장부에 있는 서점으로 세계 곳곳에서 작가들이 찾아온다.

도시가 끝나는 곳 너머의 지평선에서부터는 고비 사막이 펼쳐진다. 여름에는 40도까지 오르고, 겨울에는 영하 40도까지 내려가는 거친 날씨의 사막. 그 사막을 지나면 알타이산맥이다. 한때 털북숭이 매머드가 포효했을 것이다. 이제 사막과 산맥은 목동들의 집이다. 고비 사막에서는 캐시미어 산양을 키워서 부드러운 털을 얻는다. 또 알타이산맥의 카자흐인들은 세계에서 유일하게 검독수리를 길들여 사냥에 이용한다. 새끼 때부터 키우고 훈련시켜 함께 사냥하고, 몇 년이 지난 뒤에는 야생으로 돌려보낸다.

하지만 정말 아름다운 이야기는 지금부터다. 1년에 1번, 목부들이 산이나 사막에서 울란바토르로 온다. 그곳에서 목부들은 다음 1년 동안 쓸 것들을 구입한다. 음식과 옷만 사는 게 아니라 책도 산다. 가장 놀라운 이야기가 담긴 삶을 직접 사는 목부들이 세바스티앙을 찾아온다. 어쩌다가 아시아 한가운데에서 책을 팔게 된 특이한 프랑스 남자, 세바스티앙은 목부들에게 사막과 산에 가져가서 읽을 소설을 추천한다. 이때 세바스티앙의 역할은 중요하다. 목부들이 돌아갈 곳에는 반경 수백 킬로미터 안에 다른 서점이 없기 때문이다. 유목 생활을 함께해야 할 책들이므로 중요하지 않을 수 없다. 동화집을 고른 소녀는 눈에 둘러싸여 《백설공주》를 읽을 것이다. '해리 포터 시리즈'를 고른 소녀의 오빠는 자기 옆에는 벌써 올빼미가 있다는 사실에 흐뭇한 미소를 지을 것이다.

우리는 자신의 삶을 들려줄 때 늘 이야기를 이용한다. 우리의 이해를 넘어선 것들을 설명할 때도 이야기를 이용한다. 우리 주위의 어떤 것과 연결된 기분을 느끼고 싶을 때 역시 이야기를 이용한다. 다른 시간, 다른 장소로 탈출할 때에도 도움을 얻는다.

세상 곳곳의 서점에는 이야기가 가득하다. 이동 서점과 비밀 서점부터 한시적으로 열리는 노점, 주민 센터 서점까지 좋은 서점에 들어가는 것은 다른 세상으로 들어가는 것과 같다. 서점은 타임머신이고 우주선이며 이야기를 만드는 곳, 비밀을 저장하는 곳이다. 또한 용을 길들이는 곳, 꿈을 잡는 곳, 사실을 캐내는 곳, 안전한 곳이다. 끝없는 가능성과 집에 가져갈 만한 이야기로 가득한 곳이 서점인 것이다.

사막 한가운데에 있거나 도시 심장부에 있거나 산꼭대기에 있거나 지하철에 있거나, 좋은 이야기와 함께하는 것은 온 세상과 함께하는 것과 같다.

인생은 짧고, 책에서 발견할 것은 많다.

책은 맛있고 배부르고 달콤하고 진귀하다.

이 책을 쓰는 동안 대화를 나누며 영감을 준 서적상, 작가, 서점 애호가 여러분들에게 무한한 감사와 애정을 표합니다. 귀한 시간을 내주고 도움을 주서서 고맙습니다. 여러분은 대단하세요.

이 책을 응원해준 휴 바커와 찰리 캠벨, 이 프로젝트를 지원하기 위해 열심히 애쓴 콘스타블 & 로빈슨과 리틀 브라운의 안드레아 캄포마, 그래엄 코스터, 클라이브 헤바드, 찰리 킹, 에밀리 번스 등 모든 분들께도 감사의 말씀을 전합니다. 여러분께 꼭 보답하겠습니다.

'Books Are My Bag', 이 조직이 영국과 아일랜드 서점을 돕고 지원하기 위해 벌이는 온갖 멋진 활동에 감사 인사를 드립니다.

책에 관한 애정을 듬뿍 담아 수없이 많은 대화를 나눈 팀 갓프리, 오렌 타이처, 프랑수아 뒤브리유, 제시카 페어클리프, 링컨 굴드, 조엘 베커, 얀 클로브스타드, 필립 존스, 닉 스캐멜 모두에게 감사합니다. 또 좋아하는 서점을 트위터와 이메일로 열심히 추천해준 모든 분들, 고맙습니다.

헤이 온 와이까지 다녀오도록 도와주신 샘 반스와 산드라 반스 부부께도 정말 감사합니다.

　그리고 가족과 친구들, 정말 고맙습니다.

　제가 1년 넘게 '서점'이라는 말만 입에 올리는데도 저에게 그만하라고 말하지 않은 참을성 많은 가족과 친구들, 정말이지 아주아주 고맙습니다. 여러분은 정말 대단하고 다정한 사람들이에요(제가 들떠서 횡설수설 떠드는 애기를 누구보다 오래 들어온 마일스에게 특히 더 고맙습니다). '이제 앞으로 서점 이야기는 그만하겠다고 약속한다'고 말하고 싶지만, 그런 일은 절대로 일어나지 않을 것을 모두가 잘 아실테니 앞으로도 부디 너그럽게 저를 받아주세요.

바닐라 향 가득한 서점에서,

젠 캠벨

서점 찾아보기

북숍 스토리

북숍 스토리

북숍 스토리

서점 찾아보기

북숍 스토리

초판 1쇄 인쇄 2017년 9월 15일
초판 2쇄 발행 2017년 11월 10일

지은이 젠 캠벨 | **옮긴이** 조동섭 | **펴낸이** 김종길 | **펴낸곳** 글담출판사
책임편집 김보라 | **편집** 박성연, 이은지, 이경숙, 김진희, 임경단, 김보라, 안아람
디자인 정현주, 박경은, 이유진, 손지원 | **마케팅** 박용철, 임우열 | **홍보** 윤수연 | **관리** 김유리

출판등록 1998년 12월 30일 제2013-000314호
주소 (04043) 서울시 마포구 양화로12길 8-6(서교동) 대륭빌딩 4층
전화 (02)998-7030 | **팩스** (02)998-7924
블로그 blog.naver.com/geuldam4u
페이스북 www.facebook.com/geuldam4u
인스타그램 www.instagram.com/geuldam

ISBN 979-11-87147-20-6 (03300)
책값은 뒤표지에 있습니다.
잘못된 책은 교환해드립니다.

이 도서의 국립중앙도서관 출판시도서목록(CIP)은 e-CIP 홈페이지(www.nl.go.kr/ecip)와
국가자료공동목록시스템(www.nl.go.kr/kolisnet)에서 이용 가능합니다.
(CIP 제어번호 : 2017021546)

글담출판사에서는 참신한 발상과 따뜻한 시선을 담은 원고를 기다립니다.
여러분의 소중한 경험과 지식을 나눠주세요. 원고는 이메일로 보내주시면 됩니다.
이메일 geuldam4u@naver.com